ARGENTINA THE CHAMPION
冠军阿根廷

2022年世界杯
夺冠典藏

《体坛周报》著

金城出版社 GOLD WALL PRESS 西苑出版社 XIYUAN PUBLISHING HOUSE

图书在版编目（CIP）数据

冠军阿根廷：2022年世界杯夺冠典藏 /《体坛周报》 著. — 北京：西苑出版社，2024.3

ISBN 978-7-5151-0896-4

Ⅰ. ①冠… Ⅱ. ①体… Ⅲ. ①足球运动-世界杯-概况-阿根廷-2022 Ⅳ. ①G843.978.3

中国国家版本馆CIP数据核字（2023）第220780号

冠军阿根廷：2022年世界杯夺冠典藏

Guanjun Agenting : 2022 Nian Shijiebei Duoguan Diancang

著　　者　《体坛周报》
责任编辑　王思硕
文字编辑　王振强
责任校对　高　虹
责任印制　李仕杰
开　　本　889毫米×1194毫米　1/16
印　　张　18.5
字　　数　350千字
版　　次　2024年3月第1版
印　　次　2024年3月第1次印刷
印　　刷　鑫艺佳利（天津）印刷有限公司
书　　号　ISBN 978-7-5151-0896-4
定　　价　268.00元

出版发行　金城出版社有限公司　西苑出版社有限公司　北京市朝阳区利泽东二路3号　邮编：100102
发 行 部　(010) 84254364
编 辑 部　(010) 64391966
总 编 室　(010) 88636419
网　　址　http://www.jccb.com.cn
电子邮箱　xiyuanpub@163.com
法律顾问　北京同清律师事务所　13001187977

目录

第1冠

1978 世界杯

金杯之路

第1阶段小组赛 阿根廷2比1匈牙利
14'卢克、83'贝尔托尼/9'乔波

第1阶段小组赛 阿根廷2比1法国
45'(点)帕萨雷拉、73'卢克/60'普拉蒂尼

第1阶段小组赛 阿根廷0比1意大利
67'贝特加

第1阶段小组赛第1小组第2名，3战2胜1负积4分，得失球4比3。

第2阶段小组赛 阿根廷2比0波兰
16' 71'肯佩斯

第2阶段小组赛 阿根廷0比0巴西

第2阶段小组赛 阿根廷6比0秘鲁
21' 49'肯佩斯、43'塔兰蒂尼、50' 72'卢克、67'豪斯曼

第2阶段小组赛B组第1名，3战2胜1平积5分，得失球8比0。

决赛 阿根廷3比1荷兰
38' 105'肯佩斯、115'贝尔托尼/82'南宁加

1978年6月25日，阿根廷击败荷兰，首夺世界杯。队长帕萨雷拉赛后高举奖杯。

第2冠

1986 世界杯

金杯之路

小组赛　阿根廷3比1韩国

6' 46'巴尔达诺、18'鲁杰里/73'朴昌善

小组赛　意大利1比1阿根廷

6'（点)阿尔托贝利/34'马拉多纳

小组赛　阿根廷2比0保加利亚

4'巴尔达诺、77'布鲁查加

A组第1名，3战2胜1平积5分，得失球6比2。

1/8决赛　阿根廷1比0乌拉圭

42'帕斯库利

1/4决赛　阿根廷2比1英格兰

51' 55'马拉多纳/81'莱因克尔

半决赛　阿根廷2比0比利时

51' 63'马拉多纳

决赛　阿根廷3比2西德

23'布朗、56'巴尔达诺、84'布鲁查加/74'鲁梅尼格、81'沃勒尔

1986年6月29日，阿根廷击败西德，再夺世界杯。队长马拉多纳赛后高举奖杯。

第3冠

2022 世界杯

金杯之路

小组赛 阿根廷1比2沙特阿拉伯

10’（点）梅西/48’萨利赫·谢赫里、53’萨拉姆·道萨里

小组赛 阿根廷2比0墨西哥

64’梅西、87’恩佐·费尔南德斯

小组赛 波兰0比2阿根廷

46’麦卡利斯特、67’胡利安·阿尔瓦雷斯

C组第1名，3战2胜1负积6分，得失球5比2。

1/8决赛 阿根廷2比1澳大利亚

35’梅西、57’胡利安·阿尔瓦雷斯/77’（乌龙）恩佐·费尔南德斯

1/4决赛 荷兰2比2阿根廷（点球3比4）

83’ 90+11’韦霍斯特/35’莫利纳、73’（点）梅西

半决赛 阿根廷3比0克罗地亚

34’（点）梅西、39’ 69’胡利安·阿尔瓦雷斯

决赛 阿根廷3比3法国（点球4比2）

23’（点）108’梅西、36’迪马利亚/80’（点）81’ 118’（点）姆巴佩

2022年12月18日，阿根廷击败法国，三度问鼎世界杯。队长梅西赛后高举奖杯。

序

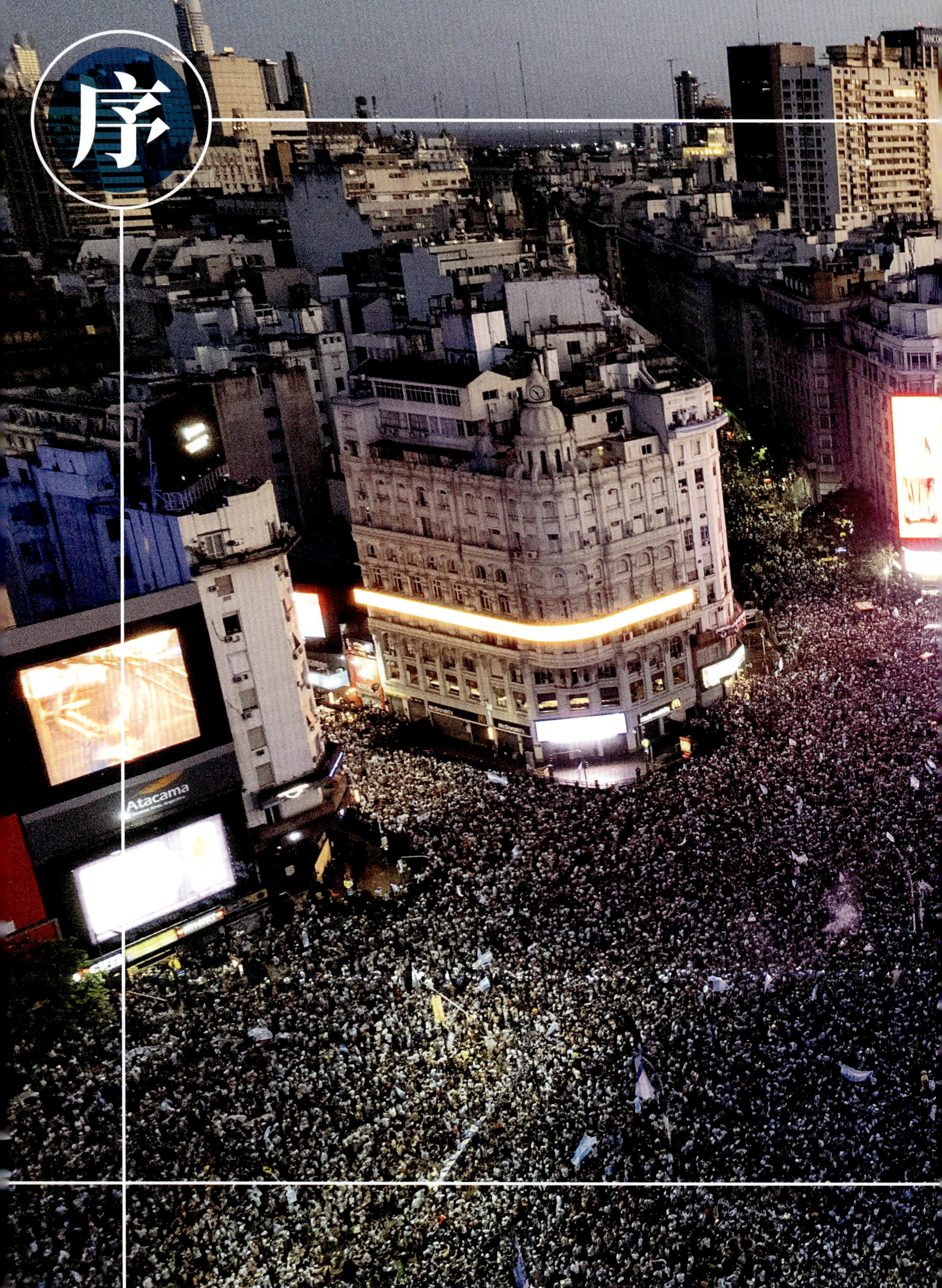

阿根廷有着207年的历史，最早这个国家的大部分人口由来自意大利和西班牙的移民组成。初期发展后，阿根廷在20世纪开始深陷内部纠纷、制度危机和政治分歧，历经无尽烦恼和痛苦。这样的背景下，阿根廷队在1986年墨西哥世界杯夺冠，为民众带来了巨大快乐，马拉多纳则被人们奉若神明。10号，从此成为少年、青年和成年人的标杆，人们对他心怀敬意，而这都源于他对英格兰队的两个进球。因为对1982年马岛战争的回忆，人们都想击败这个对手。很多人也因此原谅了迭戈一生中犯下的一系列错误。

从此，再次成为世界冠军，就成了阿根廷人每四年一次的梦想。有些时候情况很乐观，比如1994年世界杯，直到马拉多纳的兴奋剂检测结果终结了人们的期待。2014年世界杯离梦想成真最为接近，但他们在决赛中输给了德国队，这是梅西错过的一个绝佳机会。2018年世界杯，阿根廷队的溃败让很多球迷觉得梅西时代已经结束了，甚至阿根廷国内销量最大的报纸《号角报》都在头版用上了这样的标题。

最乐观的球迷也不会想到的事情居然发生了。马拉多纳和一些昔日功勋，曾对聘用斯卡洛尼的决定提出很多批评。但正是斯卡洛尼，组建了一支和谐的球队，梅西在这里感到十分舒适，并充分施展着才华。阿根廷队在马拉卡纳从巴西队手中夺走了2021年美洲杯冠军，自此再也没有针对梅西和教练组的责难。对于一支1993年美洲杯后再无夺冠经历的球队来说，这座美洲杯有着巨大价值，同时也有着最高的情感价值。在球迷们看来，梅西之于足球，足球之于梅西，都不再亏欠对方。

重现36年前那种狂欢的巨大幻想，依旧萦绕在阿根廷球迷的脑海中。无论是梅西，还是阿根廷队，都有着这样的期许。这种雄心壮志隐藏在谨慎谦逊之中，原因很简单，这是1986年以来从未实现的梦想，是梅西4次参加世界杯不曾完成的壮举，他们有什么理由在卡塔尔能够创造历史呢?

令人悲观的是，阿根廷队在征程伊始，便经历了两个打击：作为斯卡洛尼时代给梅西传球最多的球员，洛塞尔索因伤无缘大赛；首场比赛，阿根廷1比2不敌沙特。一支输给沙特的球队，能与世界冠军产生什么关联?

然而，随后的比赛中，我们看到了一个重回巅峰期的梅西，带着巨大信念，带领着队友们前行。阿根廷队迸发的能量，令追随者们大吃一惊并充满期待。我们见证了这支球队富有统治力的表现，充满智慧的策略调整，伟大的团队协作，杰出的个人发挥，最终，他们和法国队一起，带来了一部本应该赢得奥斯卡奖的大片。

从首战失利到攀上顶峰，这短短26天中发生的故事和幕后的玄机，留给《体坛周报》的同行们为您讲述和评说。这本《冠军阿根廷：2022年世界杯夺冠典藏》包含了世界杯期间数十篇《体坛周报》原汁原味的报道评论，以及《体坛周报》记者与阿根廷和欧洲媒体在2022年世界杯期间和结束后创作的大量深度稿件，当然，还少不了诸多精美图片和各类详尽资料。我相信，这本纪念特辑会成为您回味和思考阿根廷队神奇旅程的美妙伴侣。

感谢梅西，感谢阿根廷，感谢我们共同热爱的足球。

胡安·巴勃罗·门德斯

《奥莱报》资深记者、编辑，1996年加入该报，负责阿根廷足球和国际足球报道

11

金杯之颂

阿根廷，何以三星

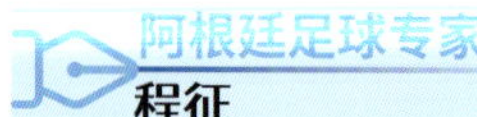

阿根廷足球专家
程征

（本文作者 1982 年毕业于北京外国语大学西班牙语系，曾在南美工作生活 8 年，曾先后供职《中国体育报》和《体坛周报》，1986 年成为中国首批采访世界杯的记者之一，观察和研究阿根廷足球近 40 年）

我站在糖果盒球场陡峭的看台上，我走在罗萨里奥俱乐部的钟楼下，我也到潘帕斯中心地带拉潘帕省观看孩子们的联赛，脑子里只有一个挥之不去的想法：这真是一片神奇的土地。

1
北京，巴阿外交官约战

大约在 1987 年，我认识了阿根廷驻华公使莫里略。一天他对我说："我们组织了一支南美使团足球队，你看能否帮忙联系一些比赛，老是自己玩儿没意思。"

在这之后一年多的时间里，我便充当起这支南美球队的联络员，空闲时间拉场比赛，直到莫里略离开北京。他接近 40 岁的样子，体格健硕，一看就是个喜欢体育的人。他说喜爱所有的运动项目，只要能参加的都要尝

↑ 2022年12月20日，阿根廷队的航班飞抵布宜诺斯艾利斯，队长梅西手捧世界杯奖杯，与主帅斯卡洛尼走出机舱。

← 2022世界杯夺冠庆祝中，阿根廷球迷挥舞国旗。

试一下。我为他们联系的比赛对手中，值得一提的是女足国家队，赛了两场。更多的是体院和一些大学球队，他们都很高兴，这里指的是双方。

南美使团队里还有两个人让我印象深刻，一位是巴西使馆二秘，名字记不得了。小年轻，十分瘦弱，戴着深度近视镜。上场时眼镜当然要摘掉，球不往远处踢，只是独带或传给近处的队友。有一次他用细腻的盘带连过了两个人，莫里略朝我大声喊："看呀，这就是巴西足球！"

阿根廷人是很欣赏巴西人脚下的花活的。后来我在阿根廷期间，看电视转播一场解放者杯赛，一名巴西球员用脚后跟夹起球，从后背向上抛过自己和阻挡队员的头顶，然后绕过对手，重新拿到球，并起脚射门。这样的动作很多踢球者都会，可真正在激烈的比赛中玩出来，以巴西人为最。记得那天和之后的两天，阿根廷电视台对这个球大赞特赞。

而阿根廷和巴西足球相互不服气，尽人皆知。甚至2022年再次当选的巴西总统卢拉，在第一任期初次访问阿根廷时，对东道主总统说了这样一句话："我们两个国家，除了足球之外，其他领域的关系一直是很好的。"

私底下我深知，阿根廷人很佩服巴西人的脚下技术。当然，国与国之间的比赛，两国球迷都为自己的球队呐喊助威。在媒体上，相互叫板和贬损是常有的事，权当一种消遣吧。

我曾请教过阿根廷前足协主席格隆多纳，他怎么看两国足球的不同之处。他说："巴西足球讲求个人能力，阿根廷则是集体意识。这就是我们的区别所在。"这话应该是说到了点子上，倘若你有机会欣赏阿根廷和巴西的国内联赛，会发现前者要比后者好看多了。阿根廷打的

布宜诺斯艾利斯有“南美巴黎”之称。

是快节奏，速度快，冲击力强。而巴西则是温吞水，慢得让你着急。当然，巴西国家队从1994年起与国内联赛脱节，打出另外一种风格，这在后面会说到。

莫里略公使就是位猛冲猛打的前锋，但个人盘带能力上显然不如巴西二秘。

还有一个人也给我印象十分深刻，他就是秘鲁驻华大使，五十多岁了，脑袋上只剩一圈白发，但右路的长驱直入让人叹为观止。北京的南美使团足球队后来没有联系了，而几年之后我和阿根廷公使、秘鲁大使竟然在利马相聚了。

1990年7月，我到秘鲁工作。好像是到了国庆节，在中国使馆的招待酒会上，我看到了莫里略的身影。在异国他乡见面，当然很高兴，拥抱和寒暄起来。我问他，要在秘鲁待几年？他说："这个破地方，连我们的乡下都不如，我才不待呢，再熬两个月就回阿根廷了。”算老熟人了，说话随便，我没在意。问他："那位秘鲁驻华大使今天不知道来没来。”他说，来了，等我给你找来。不一会儿，他在草坪上端着酒杯三三两两交谈的人中，把秘鲁大使拉了过来。他的西装款式、颜色都非常好，不再是球场上的小老头了。大家都很高兴，相谈甚欢。

2 傲慢阿根廷，美丽阿根廷

阿根廷人是傲慢的，他们的国度确实很漂亮，有理由把南美洲其他国家看作乡下，更不会欣赏秘鲁的沙漠和荒山。100年前，阿根廷的经济总量曾是世界第七位，布宜诺斯艾利斯更被称作“南美巴黎”。在大兴土木的时候，布市按照巴黎的样子规划，甚至铺路的石块都进口自西班牙。每个街区一百米见方，街角多设置咖啡馆。这种格局的强迫症范本是巴塞罗那新城区，从空中望下去宛若一张规整的棋盘。布市没有照抄巴塞罗那，还是更像巴黎，把能改造成方格状的地方都改造了，而原有的一些主要街道还保留。尤其是拉普拉塔河沿岸和博卡老区，尽量保留自然走向和原有格局，和塞纳河两岸一样。

20世纪七八十年代，阿根廷经济大滑坡，风光不再，但瘦死的骆驼比马大。医疗、教育仍然免费，社会福利还是南美洲最好的。在布市生活，经常可以听到救护车鸣笛，人们一有点病痛，依然习惯叫救护车。另一个习惯是度假，1月份布市几乎变成空城，大家都去海边、林区或安第斯山区优哉游哉。来这里打工的和以前差不多，都是来自“乡下”，但这个“乡下”还包括巴拉圭、玻利维亚和秘鲁。

生活水平下降了，但人们依旧穿戴整齐，架子不能倒。走在街上，常常可以看到打扮一丝不苟、西装革履、手提公文包的人，说不定等会儿他们就去挤城铁。他们一如既往地严肃，照样还是看不起来自穷乡僻壤的人。傲慢是骨子里的，改不掉，变成破落户之后尤甚。有乌拉圭和智利的朋友这样谈论阿根廷人：他们这群人不食人间烟火，自高自大，不肯搭理人，好像谁都欠他们的。实际上，周边国家的人都这么看阿根廷人。

阿根廷人的性格是扭曲的。如果你到了巴西，马上就会感到一种扑面而来的欢乐。对面走来的姑娘，很可能向你投来一个迷人的微笑。而一进入阿根廷，你见不到这样的情形。大家都板着脸，不苟言笑。除非熟人，你们可以说笑，路人则一定会有一种压抑感。

贫富分化在很多国家都存在。其中，穷人会朝着极端演变，贫穷导致社会治安混乱。我对《奥莱报》的同事说，想去看看马拉多纳小时候的家。他们说：“可以，但你要带上一支枪。”

3 挣扎不屈的探戈

中国的读书人或伪读书人，最喜欢提及的阿根廷作家是博尔赫斯，但是博尔赫斯并不喜欢足球。他所推崇的作品是《马丁·菲耶罗》，称其为阿根廷的史诗。这部作品是何塞·埃尔南德斯在19世纪中叶靠后的作品。长诗叙述的是高乔人马丁·菲耶罗的生活，政府征兵，他被迫背井离乡。

布宜诺斯艾利斯郊外的贫民区菲奥里托，是马拉多纳儿时生活的地方。

后来他回到家乡，妻子已经亡故，只见到儿子。他们诚恳叙谈，而后各自出发，奔向新的生活。新的生活也是拼争，为了自己的身份而奋斗。

高乔人的身份是不被认可的，他们是西班牙人和印第安人的混血儿。既不为西班牙人承认，也不为后来的移民认同，那么他们只有拼争，完全凭借自己的力量。暴烈、剽悍的性格由此养成，持刀策马，在潘帕斯大草原上奋斗。烤肉和马黛茶是他们的最爱。如今高乔人已融入后来的移民之中，只留下他们的性格和烤肉、马黛茶。这一切已经完全由今天的阿根廷人所继承，并融进了他们的血液之中。

很多人在考究梅西的家世，已扒得差不多了。大致上梅西的太爷爷于100多年前从意大利来到阿根廷讨生活，他的母亲则是西班牙加泰罗尼亚移民后裔。考据说马拉多纳有一点点印第安人血统，我曾经问过他，他予以否认。意大利人来阿根廷的高峰期是在1890年到1910年，远离故土，思乡情切，于是在博卡区老码头附近，逐渐出现了探戈。探戈是舞蹈，也是歌曲曲式。

一次我和一位音乐造诣很深的朋友聊天，说探戈音乐里充斥了切分音。他说，何止里面，一开始就是切分音，有挣扎、不屈的意向。我恍然大悟，是的，这和阿根廷人的性格特点相吻合。从另一个方面说，又何尝不是高乔人性格的另一种表现形式呢。它严肃，不苟言笑，猛回头，有一点儿生硬，却更是不屈的写照。

再看看桑巴吧，欢乐，无边的欢乐，巴西人的性格特点完全地显露出来。巴西和阿根廷，他们是那么不同，迥然不同。桑巴源自非洲，那里贫穷，但人们不知道贫穷为何物。巴西足球也充满欢乐，与巴西人的性格相像极了。阿根廷的足球则与探戈一脉相承，不屈，永远向前冲。还记得巴蒂斯图塔那一头金发在奔跑时飘逸的样子吗？有球迷告诉我，就喜欢阿根廷球员这种状态。

4 巴西杂耍，阿根廷冲锋

足球传到阿根廷，是它在英国成型为现代足球之际，由英国的船员、银行和商贸公司员工带来的。这个小小的神奇玩意儿，立即被南美人无条件地接受了。球形物体在脚下踢着玩儿，自古有之，而在有了现代规则之后，才被整合为全新的运动形式。至于足球风格的形成，则因人而异，更确切地说因水土不同而不同。巴西人逐渐玩成杂耍式，阿根廷人则玩成了冲锋式。

始于1916年的美洲杯足球赛，早期一直没有巴西的地位。到1995年为止，是阿根廷和乌拉圭的天下，各获得过14届冠军，巴西仅仅得到过4次。直到国家队改变风格，巴西才多拿了几次奖杯。说巴西人自顾自

《马丁·菲耶罗》被视作阿根廷民族文学的瑰宝。

1993年美洲杯决赛，巴蒂斯图塔独中两元，带领阿根廷2比1击败墨西哥夺冠。这是阿根廷第十四次捧起美洲杯，截至此时巴西仅在美洲杯4次夺冠。

地玩耍、杂耍并不为过，他们顶不住阿根廷和乌拉圭的冲锋足球。乌拉圭和阿根廷人同种同宗，两国只隔了巴拉那河和下游的拉普拉塔河，在足球风格上几乎一致。能拼善战，为他们赢得了荣誉。

然而，巴西人却绕过阿根廷和乌拉圭，在世界杯赛场上把欧洲球队玩晕了，从1958年到1970年夺得三届冠军。那时候，美洲之外的人只知道巴西足球，自然让阿根廷人十分不舒服。他们当然要奋起直追，阿根廷队后来在世界杯也证明了自己，获得1978年和1986年的冠军。再往后，巴西1994年终于改变打法，用邓加来硬的。实际上，巴西球员有深厚的底子，改打欧式战术便可无敌。2002年的巴西教练斯科拉里早期则是在国内饱受指责的人物，据说他的名言是“往他们腿上踢”。后来巴西的球员已融入欧洲足球，且光彩夺目，夺得世界杯便顺理成章了。而阿根廷，风格一直没有改变，他们要用高乔人的精神，向世界杯再次宣战。

5 巨星时代

1978年阿根廷首次获得世界杯冠军时，冲出了肯佩斯。但是，那届的荣誉，阿根廷人更多地给予了教练梅诺蒂。他们呈现着阿根廷的传统足球，即疯狂进攻型。在南美足球史上，阿根廷一直这么打，早年乌拉圭队在世界杯上两次为自己正名，而阿根廷却没有机会。因而，阿根廷这次夺冠是以老打法出头，赢得世界尊重的战役。本来也是，一样的打法，乌拉圭两次称王，为什么不给阿根廷一次机会呢？世界杯赛场各种风格掺杂，不像南美洲那样单纯，加上分组的因素，容易出现意外。突破各种纷扰的因素，完全凭借自己的风格和实力夺冠，阿根廷终于做到了。

简单说，那时候南美足球奉行的信条还是“进攻是最好的防守”，尚未跟上时代的步伐。纪录片《世界在你脚下》很多人都看过，实际上并没有赞颂阿根廷，反而像为荷兰队唱挽歌。欧洲人的偏见是原因之一，但荷兰人的全攻全守战术的确是一种创新，且给人带来美妙的感受。那么，阿根廷将以怎样的方式面对呢？

此时阿根廷国内的情况发生了一些变化，马拉多纳横空出世。1982年世界杯，他在梅诺蒂带领下已登场亮相，牛刀小试，没有成功。这之后比拉尔多接过教鞭，第一件事便是任

↑ 1986年世界杯，马拉多纳带领阿根廷队夺取冠军。

命马拉多纳为队长，而此时他还没有与远在巴塞罗那队的小马见面。超级球星的出现，是懂足球的阿根廷人有目共睹的事，谁当教练都要用，而且要用好。从此，阿根廷进入了超级球星时代——1986 年的巨星马拉多纳，以及 2022 年的巨星梅西。阿根廷总体风格上需要做一些调整，但思路很简单：围绕超级球星做文章。

不过，说起容易做起难。比拉尔多的尝试从失败起步，包括 1985 年 1 月在尼赫鲁金杯赛上输给中国队。比拉尔多的思路是，改变只攻不守的教条，打造坚强的后防线，至于前场则完全交给马拉多纳自由发挥。打造后防线的工作受到国内媒体的强烈指责，因为人们看惯了攻势足球，享受巧妙的进攻配合。甚至梅诺蒂也站出来，成为比拉尔多的反对派。这种争论在 1986 年世界杯开打之后仍在继续，直到 1/4 决赛上击败英格兰队为止。然后是对球队战术保持沉默，对马拉多纳给予赞誉。直到最终捧起冠军奖杯，梅诺蒂代表反对派说了一句话：“我得承认，这也是获得胜利的一种方式。”

时光转眼来到 2010 年，马拉多纳已从小马变成老马，小梅西该担大任了。马教练想套用 1986 年的方式，让梅西扮演自己的角色，在前场组织进攻。梅西踢得很不错，尽管他更习惯的位置在右路。可是马教练的防守却没有练好，并没有打造成一道坚强的防线。后来在德国队面前被击溃，像洪水决堤一样不可收拾。有了超级球星并非万事大吉，还要有教练的布局做依托。

2022 年的卡塔尔世界杯，梅西已是最后一搏，此前的两届大赛均未能成功。尤其是 2014 年巴西世界杯，功亏一篑，得到了亚军。在卡塔尔大赛之前，对梅西寄予希望的人数在下降。35 岁的老将了，经验是无疑的，只是体能令人担忧，而且此前他参加的 4 届大赛都没能问鼎。

然而，老将梅西老而弥坚，而且多次展现出 25 岁的水准。加上主教练斯卡洛尼调度恰当，用人日趋成熟，最终捧得冠军奖杯。梅西在比赛中的表现征服了全世界，这里无须赘述，他已经步入与马拉多纳齐名的巨人行列。

6
亲历上帝之手

1986 年墨西哥世界杯，是中国老一代阿根廷球迷与这支球队缘分的起点，我则有幸前往实地进行采访。同阿根廷记者拼车前往训练场，观赏马拉多纳和队友们的训练。也参加了人头攒动的新闻发布会，听马拉多纳用稚嫩的嗓音回答记者的提问。国际足联主席阿维兰热在会上表示，希望中国能够主办 2002 年世界杯。然而，后来中国没接这个茬，殊为可惜。

这之后，就是 1/4 决赛了，我在阿兹特克体育场看台上，目睹了马拉多纳打入英格兰队的“上帝之手”，以及稍后连过五人的“千里奔袭”。第一粒进球看台上的欢呼声浪压过了质疑的声音，也就是只有欢呼，听不到质疑。现场的大屏幕是不允许播出回放镜头的，新闻中心也没有电视录像可供参考。那时的科技水平就是这样，与今天没法相比。甚至电视台和次日的报纸上，“上帝之手”占据的时段和版面都很小，更多被世界杯史上最伟大的进球“千里奔袭”霸占。

第二粒进球，无须多言，它的历史地位当时便引起轰动。在全场的欢呼和声浪中，记者们大声交换着看法，声音小了听不见。中外记者一致认可，这完全可以认定为有史以来最伟大的进球，大家的意见就是在这样激动人心的时刻，在观众的欢呼声浪中，达到了出奇的一致。

决赛也是在这个球场进行的，我们依旧坐在主席台上方的记者席。我对马拉多纳的分球印象最深，他在中路神一般的传递，为左路布鲁查加制造了绝佳机会。这次助攻的分寸感极强，角度和力度都是最好的，类似卡塔尔世界杯上梅西的手术刀式传球。和 2022 年决赛几乎如出一辙，阿根廷队先进两球，后被西德队追平。而后则是布鲁查加的绝杀，在接到马拉多纳的分球之后。和卡塔尔大赛所不同的是，比赛是在 90 分钟之内见分晓的，布鲁查加的致命一击在下半场第 39 分钟完成。

7
切 · 格瓦拉与梅西

布宜诺斯艾利斯的街头，常年销售四大传奇人物的肖像：切·格瓦拉、

1986 年世界杯 1/4 决赛英阿之战，马拉多纳留下经典的“上帝之手”进球。

2022世界杯夺冠庆祝中，阿根廷球迷亮出印有马拉多纳和梅西肖像的旗帜。

加德尔、庇隆夫人和马拉多纳。他们是阿根廷精神的代表，也是高乔人性格和探戈神韵的集中体现。他们都勇敢无畏，对理想忠贞不渝，但命运又对他们不予眷顾。当然，他们都有一点左倾，也就是不乏偏激。那么，梅西会变成阿根廷的第五位传奇吗？

阿根廷之外的人最熟悉的应该是切·格瓦拉，一个为全人类解放而坚持游击战的人，青年人心中永远的偶像，死于玻利维亚政府军手中时仅仅39岁。加德尔是一位伟大的探戈歌唱家，也是竞技队的球迷，每当德比大战时，他都会站在看台上引吭高歌。加德尔也把探戈传播到北美和欧洲，只可惜在45岁时飞往哥伦比亚途中因飞机失事而身亡。庇隆夫人艾薇塔为穷人和妇女事业奋斗了一生，有“阿根廷永不凋谢的玫瑰”之称，在33岁时死于癌症。

我或多或少有一点迷信，曾为马拉多纳的身体担忧。他的主要问题是脾气乖戾而暴躁，加上心脏等器官疾病，能活到多大年岁很难说。最终他活到了60岁，就现代医学而言，本该让他活得更长久些。

梅西则是阿根廷的新一代传奇，他的身上流淌着阿根廷人的血液，有着高乔人的勇敢、倔强和不屈不挠精神。他深深爱着那片生他养他的土地，那里就是潘帕斯大草原。中国人的户口本上习惯填写籍贯，而南美人的身份证上则标注出生地。你在哪里出生便是那里的人，这样似乎更合理。梅西自13岁起便前往巴塞罗那，家人后来也移居西班牙，但每逢圣诞节和新年，他们都要回到阿根廷，回到罗萨里奥。当年对这片土地的不认同，已经逐渐烟消云散，潘帕斯就是他的家。但我个人认为，梅西大可不必进入传奇名人堂。他是新阿根廷人，没有了被欧洲抛弃的背景。欧洲更需要他，要抛弃也是他抛弃欧洲。

8 更宏大的“瓜迪奥拉”

时光荏苒，到了2022年世界杯，我已经退休7年。这也是我所盼望的，端着红酒杯，坐在家中的沙发上，从电视大屏幕上享受大赛的轻松和惬意。此时的欣赏，没有了写稿子的压力，可以肆意抒发心中的情绪，高兴或不满的。而做记者时，你是不能放肆的，要仔细看赛场上发生的一切，因而从某种程度上来说也必须压抑自己的情绪。我很幸运，虽然隔着屏幕，却得到了最大的享受，因为我又一次看到了自己所喜欢的阿根廷队捧起了大力神杯。

卡塔尔世界杯，很多人在说“诸神的黄昏”。那么，诸神谢幕之后会怎么样，阿根廷足球靠什么续命？江山代有才人出，我们大可不必忧虑。还是从阿根廷足球原有的模式来分析一下吧，以期更好地欣赏和享受那片神奇土地上滚动的皮球。

瓜迪奥拉 10 来年前到阿根廷去了一趟，说：“我就是看了阿根廷足球之后，才在巴塞罗那打起短传战术。”阿根廷人恍然大悟，我们自己的传统足球不正是追求传递配合吗，巴萨的风格是我们的理想型，只是这种梦想我们一直没有实现。

但他们在卡塔尔做到了，最有代表性的就是决赛中的第 2 粒进球：5 次传球，基本上都是一脚出球，最后迪马利亚轰开法国队的大门。大开大阖，酣畅淋漓。传球距离远，却十分精准，让每位接球者都十分舒服，并能立即进行下一步的处理。有人说，这是教科书般的传递和进球，此言不虚。

这个球当然是阿根廷足球的极致作品，可以吹几辈子。然而，它又是可遇而不可求的，没有每位参与者的深厚基本功，便无法做到。书到用时方恨少，阿根廷人足球的“书”读得很多，所以机会来临时一个个都跟得上，甚至能下意识地做出最佳反应。

那么，巴萨式短传控球，和世界杯上的长传进攻，哪一个才是阿根廷真正的追求和梦想呢？从我个人的感觉来看，应该是这样：阿根廷足球的传递配合 + 进击精神，才是这个国家足球的精华所在。瓜迪奥拉把它缩小了，做得十分精巧。阿根廷人则不会走那条路，那也是一件十分艰苦的事。他们一般在中距离传球上做文章，这里的活动空间并不小，实际操作的可能性更大。至于出现大的空当，有长传配合攻门的机会，那就再好不过了。长期练短传，会不会使眼界变得狭小，就像那位巴西使馆二秘，我不知道。

在 1986 年到 2022 年之间，阿根廷队打的是巨星战术，只有 2002 年没有巨星，2006 年梅西还小。贝尔萨带队的时代，本来希望是很大的，只是他本人初临大赛，紧张有余。预选赛始终不召巴蒂斯图塔，进入决赛圈却让他首发出战，也是一个败笔。佩克尔曼一反贝尔萨的做法，让里克尔梅上阵，却也没能取得好成绩。

眼下的确没有新的巨星苗子出现，该怎么打呢？这个好像不是我们要关心的事，我只想在未来的阿根廷队中寻找传统足球的影子。不管是长传、短传，还是中距离传递，都那么精准，尽量做到天衣无缝。这一切，加上勇猛的冲锋精神。这样的阿根廷队会出现的，他们会向着新的胜利，进发！

1986 年，本文作者首次现场采访世界杯，此后他还完成过对马拉多纳等阿根廷巨星的采访。

阿根廷队历届世界杯战绩

赛事	成绩（名次）	赛	胜	平	负	得失球
乌拉圭1930	亚军	5	4	0	1	18:9
意大利1934	16强（第9）	1	0	0	1	2:3
法国1938	退出					
巴西1950	退出					
瑞士1954	退出					
瑞典1958	小组赛（第13）	3	1	0	2	5:10
智利1962	小组赛（第10）	3	1	1	1	2:3
英格兰1966	8强（第5）	4	2	1	1	4:2
墨西哥1970	未晋级决赛圈					
西德1974	第2阶段小组赛（第8）	6	1	2	3	9:12
阿根廷1978	冠军	7	5	1	1	15:4
西班牙1982	第2阶段小组赛（第11）	5	2	0	3	8:7
墨西哥1986	冠军	7	6	1	0	14:5
意大利1990	亚军	7	2	3	2	5:4
美国1994	16强（第10）	4	2	0	2	8:6
法国1998	8强（第6）	5	3	1	1	10:4
韩日2002	小组赛（第18）	3	1	1	1	2:2
德国2006	8强（第6）	5	3	2	0	11:3
南非2010	8强（第5）	5	4	0	1	10:6
巴西2014	亚军	7	5	1	1	8:4
俄罗斯2018	16强（第16）	4	1	1	2	6:9
卡塔尔2022	冠军	7	4	2	1	15:8
总计	18次参赛3次夺冠	88	47	17	24	152:101

2022的神奇冠军之旅

《体坛周报》赴卡塔尔特派记者
梁宏业

阿根廷队36年后再次夺得世界杯冠军，梅西在自己的第五届世界杯，也很可能是他最后一届世界杯中，终于举起了大力神杯。一切最终都有了完美的结局，但其过程之曲折令人难以想象。

超级强大的精神力量

阿根廷队并非像法国队或巴西队一样，拥有一套顶尖的阵容。那么，他们是靠什么夺冠的？首先就是坚毅的精神，随后是聪明的踢法，当然还有主帅的足智多谋。

强大的精神力，是一切的基础。决赛对法国的九曲回转，正是阿根廷本届杯赛的写照。1/4决赛对荷兰以及决赛，他们都曾两球领先，但都被对手扳平。不同的是，决赛更加曲折，加时赛阿根廷再度领先，却再度被扳平。然而，这支球队从不曾被击垮，他们似乎能够面对一切艰难局面，并找出解决办法。

对荷兰时，阿根廷在加时赛上半场稳住局面，最后10分钟发起猛攻，尽管未能收获进球，但在点球大战中笑到最后。对法国的决赛，在葬送好局、士气受挫情况下，梅西在加时赛再次率领球队打出一波攻势高潮，体现出球队极强的竞争力。而两次点球大战完胜对手，同样是阿根廷精神力强大的体现。

神奇教练点石成金

不仅球员们能面对各种困难，教练组也能。这支世界杯冠军球队的成员，与2021年那支美洲杯冠军队有着不少不同。这是因为阿根廷队在本届世界杯开始前遭遇了极大困难，大量此前一起磨合了4年的主力不是有伤就是状态不佳，作为中场核心之一

2022年12月18日，在卢赛尔球场的盛典气氛中，阿根廷队捧起世界杯。

世界杯决赛点球获胜，阿根廷将士狂奔庆祝。

的洛塞尔索因手术未能进入大名单，而来到卡塔尔的劳塔罗·马丁内斯、帕雷德斯、阿库尼亚等主力球员也不在理想状态。要在一个短暂的杯赛征程中，解决这么多伤病和球员状态问题，并非易事，但斯卡洛尼做到了，还是以极为大胆的方式。

本届世界杯最佳新人恩佐·费尔南德斯，以及决赛最佳球员之一麦卡利斯特，以难以置信的速度，完成了对洛塞尔索和帕雷德斯的替代，呈现的水平甚至超过前人。麦卡利斯特在决赛的表现堪称传控大师，而在世界杯开始前，他只是国家队边缘人物，常显得有些笨拙。恩佐的经历更加神奇，他之前甚至只为阿根廷队替补出场打过3场友谊赛，结果却在众多天才涌现的本届世界杯中成为最佳新人。同样有惊人表现的还有胡利安·阿尔瓦雷斯，他完美而高效地取代了劳塔罗。这些意外的英雄，随着球队在7场比赛中一起成长，最终修成正果。

对此，我们不得不称赞不拘一格用人的主帅斯卡洛尼。本届世界杯中，有哪位主帅敢临时起用之前从未为国家队打过竞技性比赛的年轻球员打主力后腰？有谁能像他一样，让意甲豪门主力中锋劳塔罗坐在替补席，而使用一年前才进入国家队的英超豪门替补？又有谁像他一样，在首战失利后，一场又一场调换阵形改变战术，却总能收获理想效果？

35岁梅西战胜自我

恩佐、麦卡利斯特、阿尔瓦雷斯、德保罗、奥塔门迪、埃米利亚诺·马丁内斯、莫利纳，当然还有迪马利亚，都成为球迷们赛后呼喊的名字，但阿根廷队的核心只能有一个，梅西。

决赛中，梅西同样面临着生存还是毁灭的挑战。对手扳平2比2的进球，就是科芒从梅西脚下断球后发起的反击。如果阿根廷队因此未能夺冠，那梅西会活在自己的失误葬送了阿根廷世界冠军希望的阴影中。但梅西没有一蹶不振，他比别人更相信自己的能力，更渴望拿下比赛胜利。当加时赛站在对手防线和中场线之间拿球时，他发挥了威力。当不在状态的劳塔罗再次起脚射门时，他带着满腔的进球执念冲到门前把球补进。两场点球大战，梅西都是第一个出场，承担最大的压力，但也都不辱使命。小组赛出战波兰时，梅西罚丢过点球，但他此后打进了所有点球，重新战胜了自己。

有人曾讽刺梅西永远是那个落后就低着脑袋、没有斗志的家伙，但那肯定不是这个35岁的梅西。除了小组首战对沙特和末轮对波兰，阿根廷其余5场比赛，梅西均是当场最佳球员。梅西还成为世界杯历史上第一位从1/8决赛到决赛，每场淘汰赛都进球的球员，在一切逆境中都能看到梅西的身影。

最终，这支并不拥有全部最好的球员，甚至队中很多人都不在最好状态的阿根廷，成了冠军。我们看到了一位44岁的世界杯冠军教练，我们还看到一位35岁仍能继续带领球队扼住命运咽喉的梅西……我们看到了这么多不可能，以至于我们不得不承认，这是阿根廷队的一次神奇之旅。

400万蓝白，第3星盛典

《体坛周报》特约记者
吴昊宇

当蒙铁尔在世界杯决赛的点球大战中一蹴而就，场上的球员们迅速将梅西围在中间，场边的艾马尔紧紧拥抱斯卡洛尼，其余教练组成员也一拥而上。全体球员，以及卢赛尔球场的阿根廷球迷们陷入疯狂。与此同时，全世界阿根廷人聚居的地方，都已经成为蓝白色的海洋，从阿根廷国内的每一个角落，到阿根廷移民众多的西班牙、意大利等欧洲国家。

梅西在领奖台上搓着双手，从国际足联主席因凡蒂诺手中接过金杯。随着梅西将奖杯举过头顶，全场再次沸腾。此前阿根廷全队已经向同样伟大的决赛失利一方法国队送上了掌声，随后陆续上台领取了世界杯金牌。梅西不止一次将头埋在拥抱他的人群之中，沉浸在夺冠喜悦中无法自拔。梅西的老战友阿圭罗将他扛在肩上，留下了复刻1986年世界杯马拉多纳的经典场景。

在法国队离开球场3小时后，阿根廷队才离开球场。帕雷德斯将香槟喷向聚集的记者们，队员们陆续走上球队大巴，大巴缓缓驶向阿根廷队位

← 2022年12月20日，阿根廷队的巡游大巴被布宜诺斯艾利斯街头的人山人海包围。

→ 2022年12月20日，阿根廷队返回祖国，走出机舱前，斯卡洛尼在梅西身后难掩喜悦之情。

于卡塔尔大学驻地。

36年的等待，队史第三座大力神杯，狂喜岂会一夜间消散。真正的庆典，留在两天后的布宜诺斯艾利斯。

“迭戈，你可以安息了”

阿根廷队在卡塔尔驻地休息了最后一晚，同时也少不了在卡塔尔大学城里继续庆祝一番，第二天他们收拾行囊前往机场，准备踏上归国旅途。阿根廷队的航班需要在罗马中转，算上转机时间，几乎用了整整一天才抵达首都布宜诺斯艾利斯。

在阿根廷国内，政府宣布批准

声音

该死的2014年就该夺冠

巡游庆典开始前，梅西通过社交媒体账号发文，抒发了夺冠后的感想：“从格兰多利（梅西加盟的第一家俱乐部）时期，到卡塔尔世界杯，已经过去了快30年。这将近30年中，足球给了我很多快乐，也给了我很多悲伤。我一直梦想着成为世界冠军，也从未放弃过努力，尽管我知道，这个目标有可能永远也实现不了。

“我们收获的这座奖杯，也同样属于那些参加了之前数届世界杯却没能如愿的人们。比如2014年世界杯，我们也配得上夺冠，我们战斗到了最后，刻苦训练，大家与我一样，对冠军充满渴望。尽管迎来了那个该死的结果，但我们配得上夺冠。

“这座奖杯也属于迭戈，他在天堂中鼓舞着我们。属于所有一直支持国家队的人，他们没有那么看重结果，但一直看重我们的夺冠愿望，即使结果不如愿，他们也一如既往地支持。当然，这座冠军也属于这个美好的团队，属于教练组，属于所有为国家队工作的幕后人员。他们夜以继日地工作，为我们服务。

“很多时候，失败是前进和学习道路上必不可少的因素。只有在尝过失望的滋味后，才能抵达成功的彼岸。衷心感谢大家，阿根廷加油！”

阿根廷队夺冠巡游庆典中，奥塔门迪、迪马利亚、梅西、德保罗、帕雷德斯（左起）的五人组，成为花车上的一道风景线。

阿根廷冠军成员于当地时间12月20日（周二）中午开始，在布市进行大巴巡游，同时宣布当天全国放假一天。政府公布了大巴巡游的路线图，阿根廷队的大巴计划从位于埃塞萨的国家队大本营出发，沿着里基耶高速公路前往5月25日高速公路，随后在圣胡安大道出口进入布宜诺斯艾利斯市内，并沿着7月9日大道一路向北，通过解放大道到达地标方尖碑，并在游行庆典结束之后沿原路返回。

阿根廷人一夜无眠，直到深夜还在疯狂庆祝，而在回家路上的世界冠军们仍沉浸在喜悦之中，丝毫顾不上旅途的疲倦。后卫塔利亚菲科发布在社交媒体上的视频中，全队在飞机上唱着歌曲——

“我出生在阿根廷，这里是属于迭戈·马拉多纳和梅西的土地，我们是马尔维纳斯的孩子。我们不会忘记，我们无法给你解释，输给德国队的决赛，让我们难过了整整8年，但那已经结束了。今年在卡塔尔，我们赢得了与法国队的决战，世界杯再次成为我们的囊中物。伙计们，我们可以开始庆祝了，我们赢得了第三个世界杯冠军，我们是世界冠军，我们要为梅西而欢呼。关于迭戈（马拉多纳），我们已经告诉他，你可以安息了，永远。”

20日凌晨2点半左右，阿根廷队的班机终于抵达布宜诺斯艾利斯埃塞萨机场，机场已铺好红毯等待英雄们归来。经历了长途飞行的阿根廷将帅并不感到疲惫，他们在凌晨4点仍人山人海的布宜诺斯艾利斯，与成千上万民众共同庆贺这幸福时刻。梅西与德保罗、奥塔门迪、迪马利亚和帕雷德斯一字排开，坐在已经印上三颗星的敞篷大巴后部，梅西不断向车下的人群挥手致意。街上早已被围得水泄不通，阿根廷的大巴只能缓缓前行，大约用了两小时才抵达驻地，此时已是凌晨4点半。而在途中，还出现了帕雷德斯的帽子被电缆刮掉的插曲。

回到驻地的阿根廷队稍做休整，并在20日中午开启正式的庆功游行。但疯狂的民众难以等到那个时候，庆

国家队时隔36年再捧大力神杯，阿根廷球迷在街头狂欢。

功游行的目的地方尖碑附近已经聚集了众多民众，这注定是布宜诺斯艾利斯市民的不眠之夜。在阿根廷队驻地，梅西晒出了喝着马黛茶以及抱着大力神杯入睡的照片。早上6点，金手套奖得主埃米利亚诺·马丁内斯在社交媒体晒起了利桑德罗·马丁内斯和克里斯蒂安·罗梅罗对战《FIFA》足球游戏的照片。

梅西的五人组和葡萄酒

阿根廷将帅并没有休息几小时，上午11时左右，劳塔罗在社交媒体上晒出了队员们在驻地用餐的合照，站在中间的劳塔罗佩戴着世界杯金牌。约莫1小时后，在警车护送下，阿根廷队的三星大巴开出驻地，大巴一上街，狂欢的人群便一拥而上。

据估算，此时在阿根廷的夺冠游行道路上已经聚集了上百万人。眼下是阿根廷的盛夏时节，又正值正午时分，气温已经达到30摄氏度以上。炎热的天气难阻人们的热情，人群之中，马拉多纳与梅西共同举起大力神杯的巨幅海报屡屡出现，蓝白色的海洋覆盖着布市每一条街道。不少癫狂的球迷爬到了路边的电线杆和树干之上，人群屡屡陷入混乱，警察不止一次出面维持秩序。这次参与庆祝游行的民众总计达到了400余万人，整个布市进入万人空巷的状态。

梅西与迪马利亚、帕雷德斯、德保罗和奥塔门迪的“固定五人组”仍然坐在敞篷大巴车的后部，心情上佳的梅西手拿一整杯葡萄酒喝了个痛快，还时不时与身边的迪马利亚和德保罗进行自拍。德保罗在社交账号上晒出球员们载歌载舞的场面，利桑德罗·马丁内斯和莫利纳敲着战鼓，胡利安·阿尔瓦雷斯身披一件紫色衬衫，高举着蓝白相间的遮阳伞放声歌唱。天气愈发炎热，不少球员都脱掉了上衣，光着脊梁继续载歌载舞，享用啤酒。

由于民众过于热情，阿根廷队的露天大巴行驶极为缓慢，走出驻地约3小时之后，大巴才缓缓驶入城市中心区。而等待英雄们到来的球迷们也

并未完全闲着，一群人爬上行驶而来的卡车放声歌唱，继续带动着所有人的情绪。“谁今天不唱不跳，谁就是巴西人。”阿根廷球迷们庆贺的时候还不忘揶揄一把老对手巴西。

当大巴缓缓进入布市中心区，民众的热情彻底被点燃，蓝白色的纸片漫天飞舞着，大家齐整地唱起那首歌曲：“我出生在阿根廷，这里是属于迭戈·马拉多纳和梅西的土地……”歌声此起彼伏，坐在敞篷大巴车头附近的主教练斯卡洛尼和身后的梅西等队员纷纷起身，向球迷们挥手致意。跟在车尾的人群激动万分，“梅西，梅西”的喊声一浪高过一浪。而在决赛后表现得宠辱不惊的斯卡洛尼，此时也脱掉了上衣，加入和弟子们的狂欢之中。

陆路不通，那就飞

数百万人沉浸在狂欢之中，秩序难免混乱，场面屡次险些失控，还有几名球迷试图从桥上跳到敞篷大巴上。现场人员过多，以及安保布置不力，让夺冠巡游一度陷入停滞，阿根廷队的大巴甚至无法向前移动一步。

最终出于安全考虑，阿根廷安保当局派出了三架直升机来接阿根廷将帅飞往足协总部。三架直升机载着球员们飞过布宜诺斯艾利斯上空，飞过了原本计划行驶过的高速公路和方尖碑。阿根廷足协主席塔皮亚通过社交媒体向守候许久的广大球迷致歉：“护送我们的安保机构告知我们无法继续前行，因此不能在方尖碑向大家致意，代表所有球员向你们表示由衷的歉意，真的很遗憾。”

随后塔皮亚又发推特感谢了安保团队：“感谢你们的辛勤工作，确保没有意外发生。”而在球员乘直升机离开后，民众并未就此散去，仍有大批球迷聚集在方尖碑附近狂欢，并在球员们乘坐的直升机飞过时发出欢呼。

在乘机抵达国家队驻地后，阿根廷球员们纷纷更新社交媒体。利桑德罗·马丁内斯写道：“不追求钱，追

↑ 出于安全考虑，阿根廷队将帅最终乘直升机飞过原本计划乘车驶过的高速公路和方尖碑。

← 阿根廷队敞篷大巴驶上布宜诺斯艾利斯街头，场景蔚为壮观。

求荣耀，在我们的国家，和我们的球迷在一起，就是这样。”帕雷德斯写道：“感谢上帝让我成为一个阿根廷人！”埃米利亚诺·马丁内斯发出和队友们的自拍并配文：“和我们的球迷一起度过了最美妙的一天，谢谢所有人给予的爱。”罗梅罗写道：“数百万球迷，多么疯狂，把大力神杯带回家，多么幸福，看着球迷们团结一心，多么美好。”虽然巡游庆典戛然而止，但大批民众仍不愿离开街头，身披蓝白相间的阿根廷国旗继续载歌载舞。

经历完两天的疯狂，阿根廷队的球员们原地解散，回到家中，与家人分享夺冠喜悦，随后返回各自俱乐部，为下半赛季继续奋斗。

场外

大马丁为何针对姆巴佩？

姆巴佩曾称南美足球水平不如欧洲，那么，阿根廷队最终亲手击败姆巴佩的法国，并为南美时隔 20 年重夺世界杯冠军，便因此而有了额外的快意。埃米利亚诺·马丁内斯赛后在更衣室号召“为姆巴佩默哀一分钟”，无疑是个有些过头的玩笑。而巡游庆典中，有球迷扔给大马丁一个贴着姆巴佩照片的玩具娃娃，大马丁高兴地摆弄起来，此景让法国人看了自然不快。比较起来，梅西对俱乐部队友保持着足够的尊重，庆典中有人扔给他一个忍者神龟的玩具，梅西只是笑了笑，扔了回去。

法国足协给阿根廷足协发去了投诉信，抗议大马丁的“过分举动”。不过，在更多人眼中，大马丁其实并无真正的恶意，而只是在亢奋情绪下选择了不够得体的庆祝方式。要知道，在姆巴佩看低南美足球的言论后，大马丁很快便驳斥姆总对实情缺少了解，因此后来的举动也算事出有因。巴黎圣日耳曼主帅加尔捷便选择息事宁人，拒绝对大马丁做出评论，阿斯顿维拉主帅埃梅里也只是表示会与大马丁谈谈如何控制情绪。至于坊间流传的“维拉可能开除大马丁”，纯粹是无厘头谣言罢了。

2022年12月20日，阿根廷队的花车游行提前结束，全队最终乘直升机飞过原本计划乘车驶过的高速公路和方尖碑。

蓝白让政治走开

《体坛周报》足球评论员
王勤伯

12月20日，阿根廷队原定在布宜诺斯艾利斯市中心的庆祝游行，路程尚未及半即宣告提前结束，球员们乘坐直升机离开现场，然后各自回家。庆祝未能按预定计划实现，民众的狂热是重要原因，同时也是阿根廷球员为了让政治彻底走开而付出的代价。

一场狂欢，民众和球队的见面地点与方式是关键。马拉多纳时代的阿根廷赢得世界杯冠亚军后，都会去总统府阳台接受广场上人民的山呼海啸。这是一个天然的好地点，可以站在人民面前，同时又比较安全。就算地面交通瘫痪，球队也可乘直升机到达。然而，这个礼仪却在梅西这一代中断了。梅西和队友们只想纯净地享受足球的胜利，他们坚持让政治走开，甚至坚持到夺冠以后。

这不再是格隆多纳时代

和法国总统马克龙在多哈的高调亮相不同，阿根廷除了驻卡塔尔大使，政府高级官员在世界杯决赛场全部隐身。马克龙曾对阿根廷总统阿尔韦托·费尔南德斯发出召唤，费尔南德斯为什么不去？他自己的解释是“迷信归迷信”，意即他不去阿根廷才能夺冠。

事实是阿根廷球员集体抵制了费尔南德斯。球队的信息是通过足协传递给政府的。球员们希望自己的成绩不和阿根廷政界任何人联系在一起，不管当权派还是在野派。无论决赛胜利还是失败，让自己的形象和政客们粘贴在一起都不符合团队精神。

拒绝总统来决赛不算太严重，阿根廷夺冠最重要。毕竟阿根廷目前面临严重经济危机，外汇紧缺，费尔南德斯政府不久前才建议官员减少出外旅行。然而夺冠以后，阿根廷球员仍然拒绝回国去总统府，继续要求官员们走开，这就让费尔南德斯抓狂了。

从阿根廷全队在多哈登机开始，费尔南德斯及其副手们反复和阿根廷足协主席塔皮亚联络，提出各种条件。

2014年阿根廷获得世界亚军回国，也曾在总统府受到当时的女总统基什内尔接见。录像资料显示，梅西和阿圭罗在总统发言时一脸铁青。不过当时阿根廷足坛是格隆多纳家族一手遮天，一切都是老格隆多纳决定，球队在此类事务上没有话语权。塔皮亚是阿根廷足协结束格氏多年独裁后的民选主席，他在任期内克服了费尔南德斯政府联合一些利益集团做掉他的企图。塔皮亚的支持来自阿根廷的足球俱乐部，也来自阿根廷国家队。

费尔南德斯曾以为，通过世界杯期间对塔皮亚的一系列恭维，可以消除后者对他扶持打手逼宫的记恨。但就算塔皮亚没有报复之心，他也绝对不会拿这种事情对球员施压，因为他管理国家队的原则一直是尊重球员的看法。一直到12月20日上午，费尔南德斯政府得到的答复都是一个：球队不同意，球员们希望这场胜利完全属于阿根廷人民，而不是属于任何一届阿根廷政府。

总统苦肉计无效

阿根廷队20日凌晨抵达布宜诺斯艾利斯国际机场，从机场到附近的阿根廷足协基地这段路，全队在敞篷大巴上接受了彻夜等候的球迷们的庆祝。20日上午起床后，球员们自己商讨游行路线。接近正午，球队大巴在骑警开道下出发，目的地是布宜诺斯艾利斯地标建筑方尖碑所在的共和国广场。一直到球员大巴出发后，阿根廷媒体还在报道说，总统府继续试图说服球员们去见他。

为了和梅西及队友们获得一张合影，总统真的拼到疯。他在19日就限制部分职员进入总统府，也禁止持证记者入内。后一举措甚至是1983年阿根廷结束独裁后的第一次，令阿根廷媒体圈震惊。但总统发言人说，为了给会面提供更好的环境，记者不是这种场合的主角。

↑ 马拉多纳生前曾与阿根廷总统阿尔韦托·费尔南德斯有过愉快会面。

↑ 1986年世界杯夺冠后，马拉多纳曾携奖杯接受阿根廷时任总统阿方辛的接见。

这是费尔南德斯为了说服阿根廷球员去总统府而使出的苦肉计。在球队最初拒绝后，他提出的条件是自己在私下见球队，不在公众面前露面，只有球员上阳台。为了表明诚意，他想说："你们看，我把记者都提前赶走了……"

老马为何热衷政治？

梅西和队友们为什么对费尔南德斯如此抵制？当然可以列举很多事实，首先是费尔南德斯政府的问题导致了今天阿根廷重现通胀吓人的局面；其次是费尔南德斯曾试图对塔皮亚使坏；第三，费尔南德斯对梅西也不算有真正好感。2020年疫情第一波物资短缺时期，梅西好不容易从国际上搜罗到的一批呼吸机，却连续几个月被阿根廷海关扣在机场。

费尔南德斯是庇隆主义者。阿根廷庇隆主义的足球英雄是马拉多纳。这是为什么阿根廷副总统（2014年的女总统）基什内尔在感谢梅西、祝贺国家队时一定加上一句："那句马拉多纳式'你瞅什么，窝窝'终于赢得了阿根廷人的心。"

这样说对梅西公平吗？当然很不公平。梅西没义务去角色扮演迭戈，也绝不是要角色扮演迭戈才能赢得阿根廷人的心。而且，"窝窝"是梅西在一场气氛特殊的比赛后的爆发。他的个性总体很温和，内向，不喜欢参与政治争议，也不想做人民领袖，这是和马拉多纳的不同，很显然和庇隆主义不太兼容。

庇隆在驻罗马期间对墨索里尼崇拜至极，认为阿根廷学美或学苏都不可能，应该学意大利。他把法西斯主义包装得更贴近劳苦大众，不仅老百姓这样相信，很多学者也容易犯错。

马拉多纳属于深受庇隆主义教育熏陶的一代人，又经历了美国扶持的恐怖军事独裁时期，他以非常积极的姿态参与政治无可厚非。20世纪80年代阿根廷人刚刚结束独裁创痛，1986年率队从世界杯凯旋，马拉多纳对当时的总统阿方辛说："这座奖杯比上一座更有价值，因为我们代表的是一个民主国家。"

梅西一代不一样

梅西一代则完全出生和成长在阿根廷恢复民主制以后。他们经历的是阿根廷民主制度各种弊端造成的痛苦、腐败、空头支票、虚假繁荣和经济泡沫，这一代球员选择远离政治是非常可贵的，和时代的需求吻合。也就是说，球队的决定和政治派别关系不大，球员们就是希望和政客们分开得彻彻底底。

球员们不去总统府，选择游街，导致了人群聚集水泄不通的困局，费尔南德斯对此同样有"贡献"。他在19日宣布20日（周二）是全国假期，庆祝国家队夺冠。这个决定被批评得很厉害，包括来自费尔南德斯自己的

↑ 阿根廷队球员们希望世界杯的胜利完全属于阿根廷人民，而不是属于任何一届阿根廷政府。

派别。因为目前阿根廷处于经济危机时期，很多商家就是希望依靠12月圣诞节前的购物潮多少挣点，全民放假商店关门等于少了一个营业日，困难中的雇主还需要给休假的员工支付假日带薪工资。庆祝发生在首都，全国各地却都跟着关门休息。很多人正是因为有假期，所以赶去了首都，一开始警方预计布宜诺斯艾利斯街上有200万人在等待国家队，之后又把数字更新为400万人！

即使本党内部也有反对，费尔南德斯还是要宣布20日全国放假，因为庇隆主义者一直坚信，幸福是由强大的政府来提供和保障的。就算这次放假本质是加戏（想请假的人完全可以请假，但不必由雇主买单），但也符合庇隆主义对人民幸福的理解。

这种想法当然是陈旧的。但这样也可以看出阿根廷社会的一个长期症结：阿国政治远远没有阿国足球一样的现代化和自我更新能力。

声音

我会选梅西当总统

毛里西奥·马克里曾于2015年至2019年间担任阿根廷总统。本届世界杯，在阿根廷打入八强后，马克里就曾表示：“我会选梅西当总统，是的。现在最重要的事情，就是球队在享受足球，气氛很好，这要归功于主教练斯卡洛尼。梅西不只是世界最佳球员。在多哈，80%的人都想让梅西成为世界冠军。”

值得一提的是，世界杯后，阿根廷一份超过2500人参加的民调显示，43.7%的人希望选举梅西担任阿根廷总统，17.5%的人不排斥这个选项，37.8%的人持反对态度，另有1%的人表示难以回答这个问题。

↑ 马克里担任总统期间，曾拜访梅西等阿根廷队成员。

2022年12月18日，斯卡洛尼身着1997年作为球员夺得U20世青赛冠军时的阿根廷球衣，手握大力神杯庆祝。

云层上的菜鸟

《体坛周报》赴卡塔尔特派记者
梁宏业

44岁的斯卡洛尼已经进入了阿根廷足球历史的奥林匹亚众神殿，但哪怕是在夺冠之后，他还是那么谦卑，除了激动和感动之外，他首先向大家透露了一段梅西激励他、鼓励他卸去重担的小故事。翻看斯卡洛尼这4年，我们不得不说，他能带队夺得世界杯，甚至是他能带队撑下来4年，都是个奇迹。

谁是斯卡洛尼的贵人?

斯卡洛尼的确参与了上届世界杯，当时是作为主帅桑保利幕后团队的一员。桑保利执教塞维利亚时，斯卡洛尼就给他当助手，后又追随他得到了阿根廷足协的合同。并不成功的2018世界杯后，斯卡洛尼经历了一生中最奇幻的旅程，直到在卢赛尔球场捧起大力神杯。

2018年俄罗斯世界杯后，阿根廷队处于百废待兴的阶段，在寻求一位信得过的主帅的同时，也要处理和桑保利的合同问题，并不富裕的阿根廷足协要赔偿近千万美元给桑保利。而在接触各位目标教练时，阿根廷足协发现大多数名帅都并不愿意执教这支需要大换血、面临人才断档、梅西是否留队也成疑的球队。阿根廷本土名帅其实并不少，但常年在欧洲打拼的波切蒂诺和西蒙尼都不想接手国家队。阿根廷足协也和瓜迪奥拉联系过，得到的回复是：瓜迪奥拉正在集中精神带曼城，而且刚刚续约……

一句话，没人愿意接手这样一支阿根廷队。无奈之下，本来要执教U20国青队的斯卡洛尼成了国家队代理主帅。当“临时工”期间，斯卡洛尼带队打的6场友谊赛成绩还不错，敢于大量使用新人，还在客场2比2打平德国队，让人们看到希望，也让足协主席塔皮亚有了继续任用斯卡洛尼的勇气。

一直以来，外界对谁确定了斯卡

作为阿根廷队技术总监，耄耋之年的昔日功勋主帅梅诺蒂（左）强调，聘用斯卡洛尼并非自己的功劳。

利昂内尔·斯卡洛尼

Lionel Scaloni

生日	1978.5.16
出生地	阿根廷圣菲省
身高	1.82米
球员时代位置	右后卫、右前卫

俱乐部球员生涯

1995-1996	纽维尔老伙计	12场0球
1996-1997	拉普拉塔大学生	37场7球
1998-2006	拉科鲁尼亚	200场14球
2006	西汉姆联（租借）	13场0球
2006-2007	桑坦德竞技	30场1球
2007-2013	拉齐奥	52场1球
2008-2009	马洛卡（租借）	28场0球
2013-2015	亚特兰大	15场0球

注：出场进球为联赛数据。

国字号球员生涯

1997	阿根廷U20	7场2球
2003-2006	阿根廷队	7场0球

执教生涯

2016-2017	塞维利亚（助教）	-
2017-2018	阿根廷队（助教）	-
2018	阿根廷U20	6战4胜1平1负
2018-	阿根廷队	57战37胜15平5负

球员生涯荣誉

西甲冠军×1	1999-2000
国王杯冠军×1	2001-02
西班牙超级杯冠军×2	2000、2002
U20世青赛冠军×1	1997

执教生涯荣誉

世界杯冠军×1	2022
美洲杯冠军×1	2021
美欧杯冠军×1	2022

洛尼担任国家队主帅有个错觉。斯卡洛尼是在1978年世界杯冠军教头、阿根廷足球哲学家梅诺蒂出任国家队技术总监后，被正式确立为主帅的，所以不少人以为是梅诺蒂选中了斯卡洛尼。但2021年斯卡洛尼带队打进世界杯正赛后，梅诺蒂撕开了这块贴在自己身上的金子。

看看梅诺蒂的话，你就知道斯卡洛尼转正有多惊险："塔皮亚跟我说要让斯卡洛尼当主帅，这把我吓坏了，我不认识他。（塔皮亚）让我和他们教练组几个人开会聊聊，我当时是带着担忧的心情参加这个会的。更让我不安的是，当时斯卡洛尼手里只有5个月的短约，到美洲杯结束。但他们跟我说不用着急，还有时间（指看美洲杯结果）。塔皮亚说，他们首先要把球迷拉回国家队身边，这是我认同的。但确定斯卡洛尼当主帅是塔皮亚的功劳，不是我的。"

简单说就是，当时的阿根廷队既没有钱，也没有一支出色的球队来吸引名帅，所以只能让斯卡洛尼一步步带。塔皮亚也没办法，他想找梅诺蒂这个权威人士来给斯卡洛尼站台，以增加说服力。对斯卡洛尼持有怀疑的，实际上不只梅诺蒂，当时还健在的马拉多纳就曾指出："斯卡洛尼是个好小伙，问题不是出在他身上，他是被人推到主帅位置的。问题是，明天他可能自认为自己是主帅了，要带队去打世界杯了。不，他可以去参加摩托车世界杯大奖赛，但不是足球世界杯。"

可以说，斯卡洛尼一直不停地在阿根廷队续命，从临时执教表现不错，到5个月短工仔，再到2019年美洲杯率领一支被很多评论员称为"历史最差"的阿根廷队夺得季军，只是因为裁判问题在半决赛输给了巴西队，让人有点意外地收获了惊喜和期望。斯卡洛尼也正是在2019年美洲杯后，获得了一份执教到2022年世界杯的合同，再次得到续命。直到2021年美洲杯，斯卡洛尼率队夺冠，结束了阿根廷队长达28年的无冠历史，这时已经没有人再对他有所怀疑。

捕获人心，隐藏梅西

在阿根廷队终于举起大力神杯后，斯卡洛尼在新闻发布会上给大家讲了一段梅西鼓励自己、让自己卸掉包袱的轶事："在世预赛0比0战平巴西队后，梅西还没有回巴黎，我给他打了电话，讲了我的担心。我告诉他，我们未来可能会让球迷们失望，因为现在对我们的期望太大了。但梅西对我说：'这又怎么了？我们会成功的，我们要一起全力以赴，最终如果不成功也没什么。'梅西的话让我如释重负。"

梅西在2018年世界杯失败后，没有宣布退出国家队，此前他有过一次美洲杯失利后退出国家队的事件，梅西不想重蹈覆辙。但那时候，梅西距离国家队是更远而不是更近，他想先看看新主帅和新球队到底是什么样。很难说斯卡洛尼的资历能让梅西信服，毕竟像马蒂诺和桑保利这样在阿根廷乃至美洲足坛都算是名帅的教练，也不能让梅西信服。梅西需要的是一名能和自己良好沟通、能听取球员意见而不是独断专行的主帅。

斯卡洛尼最终带着6场友谊赛的良好成绩单，凭借自己真挚坦诚的交流能力，顺利说服了梅西重返国家队。但在2019年巴西美洲杯首场比赛中，阿根廷就0比2输给了哥伦比亚。此后的训练中，阿根廷媒体从远处山上用长焦镜头拍到球队在训练场开了40分钟的会，队长梅西首先带着严肃的表情发言，随后斯卡洛尼多次用肢体语言安抚梅西，并做了长篇发言。最终阿根廷队没有分崩离析，而是像本届世界杯一样越踢越好，球

2021年7月10日，美洲杯决赛中，梅西突破蒂亚戈·席尔瓦的防守。阿根廷夺得美洲杯，标志着斯卡洛尼对阿根廷队的改造获得成功。

队也在试验使用更多新人，最终拿到季军，让人们第一次对斯卡洛尼的阿根廷队有了期待。

在阿根廷队从南美区世预赛出线后，梅诺蒂谈到斯卡洛尼的优点时说道："斯卡洛尼是一个能和球员们真诚相待的人，他能说服球员们信任他。"这在本届世界杯也有所体现，斯卡洛尼在新闻发布会上多次提到："我们经常和球员们讨论对手，讨论该怎么打击对手，也讨论用什么方式防住对手。"也就是说，斯卡洛尼每场的战术选择和变化，很多时候是全队认可并提前知晓的。而桑保利犯的一个错误就是独断专行，也许2018年世界杯第2场小组赛对克罗地亚变阵三中卫并非那么不可取，但桑保利没有得到球员的拥护，全队反而认为他的战术是球队前进的绊脚石。

实际上，本届世界杯阿根廷队也多次使用三后卫战术，却没发生任何奇怪的事。所以说，很多时候球队踢什么阵形并不是最关键的，最关键的应该是球员们能否完全理解教练的理念，能否和教练取得共识。斯卡洛尼曾经如此说道："执教梅西是我的荣幸，包括执教其他球员。梅西能够传递给队友们的，是我从来没有见过的，我从来没有见过谁能对队友这么有影响力。这真的太好了。"

斯卡洛尼在战术上对球队和梅西最大的贡献，是创造了一个"不依靠梅西才是最好地利用梅西"的思想。这是梅西踢得最好的一届世界杯，除了小组赛对沙特和波兰，另外5场比赛梅西场场最佳。阿根廷的中后场球员并非拿到球后，无论如何都往梅西脚下传，甚至在决赛中，梅西一次高举单臂大声喊着恩佐·费尔南德斯要球，而此时恩佐正习惯性地想把球分到左路。

斯卡洛尼的这套战术思想，可以被称为"隐藏梅西"战术，让梅西像所有其他球员一样，随时可能拿球也可能不拿球，即使不通过梅西，也能以其他方式打出有威胁的进攻。这使对手无法把所有防守精力都放在梅西身上，反而能让突然接球的梅西，发挥出人意料的打击作用。

“安切洛蒂”哪有流派？

阿根廷队夺得了世界杯冠军，但我们甚至无法说清他们究竟是一支踢什么流派足球的球队，这和西班牙队夺得 2010 年世界杯冠军后传控流风靡世界正好相反。如果非要说斯卡洛尼的阿根廷队有个什么流派，那就是获胜流，一切都以获胜为核心。

他们可以在淘汰荷兰队和克罗地亚队时，踢出控球率少于对手的比赛；也可以在决赛对法国队时，踢出控球率多于对手的比赛。一切看比赛需要，而不是以流派自居。这可能也是最近两年来，国际足坛的一个特有流派，比如 2021/2022 赛季的皇马，战胜紧逼流利物浦、淘汰控球流曼城、击败防守紧凑流切尔西、翻盘巨星流巴黎圣日耳曼，踢的就是一种很难用流派定义的足球。你可以说他们踢的是综合流，为了胜利，该在什么阶段踢什么流就能踢出什么流的流派。

阿根廷足球的流派之争早已有之。当年穆里尼奥执教皇马和瓜迪奥拉执教巴萨时的反击流和控球流之争，在阿根廷从来都不是新鲜事。因为这个国家太久之前就出现了梅诺蒂流派和比拉尔多流派之争，两位大师以完全相反的风格为阿根廷拿下了第一座和第二座世界杯。梅诺蒂要求球队准备充分、配合娴熟、打出好球；而比拉尔多为了获胜可以无所不用其极，包括用针扎对手、给对方球员喝下了迷药的水，通过马拉多纳和卡尼吉亚的个人能力打出高效反击，这些都能被一些人接受，也被另一些人坚决反对。

然而，我们很难把斯卡洛尼的成功，归结于他是梅诺蒂派或者比拉尔多派，甚至在斯卡洛尼的阿根廷队第三次为这个国家举起世界杯时，已经没有人提及流派之争。有人想把斯卡洛尼的足球归到第三个门派贝尔萨派，但贝尔萨擅长让自己的球队打出

2022年世界杯半决赛前，斯卡洛尼在训练场上颠着球若有所思。

世界杯决赛取胜后，斯卡洛尼带着孩子踏上卢赛尔球场草皮，享受冠军时刻。

高节奏高频率的足球，斯卡洛尼的足球并非如此。

有时候，一些伟大的教练，并不是那些宁可死在自己的流派和信仰中也要坚持的顽固派。比如铸造西班牙传控足球基础的阿拉贡内斯，踢了一辈子防守反击，却因为西班牙队拥有的天才中场太多，而敢把球队改造成传控流，甚至早于瓜迪奥拉的巴萨而成功。意大利人安切洛蒂也是个能屈能伸的教练，既有上 4 个边后卫保存胜利果实的“丑剧”，也有上 4 个 10 号打出美丽足球的正剧，而他第二次带皇马可谓把两者融会贯通。斯卡洛尼更像安切洛蒂，尽管在赢得决赛以前，这对斯卡洛尼来说可能是个过高的评价。

斯卡洛尼的阿根廷队在赛前被人们大为看好的一个原因，是这支球队的整体性很强，在打到对方禁区前往往可以踢出精彩的连续一脚传球，有着水银泻地一般的美感，而且他们也善于打主动控制，似乎模板是最强盛时期的西班牙队。尽管阿根廷队在小组赛中战战兢兢，但也一直是控球率完全超过对手的强队踢法，直到决赛的前 65 分钟，他们打出了本届世界杯上最精彩的攻势足球，把法国队踢出幻觉，不知道自己在参加什么比赛。

但斯卡洛尼的阿根廷队，也有赛到丑时只需丑的表现。比如 2021 年美洲杯在马拉卡纳战胜巴西队，便是一场典型的决赛，双方都在不停地踢人中断比赛，两队核心内马尔和梅西都屡次受到侵犯被放倒，阿根廷队更是在内马尔身上轮流犯规吃到 4 张黄牌。就这样，在一场场面丑陋、双方都机会寥寥的比赛中，阿根廷队凭借迪马利亚的反击进球拿下了比赛。而在本届世界杯上，这样的场景也是屡见不鲜：对墨西哥队梅西刚一进球，斯卡洛尼就变阵五后卫打防守反击；对荷兰队更是直接首发就踢五后卫，甚至把控球权主动让给对手；半决赛也是一样，克罗地亚队在踢得更美丽

在布宜诺斯艾利斯的夺冠庆典期间，斯卡洛尼站在敞篷大巴车顶，向球迷们挥手致意。

的时刻，被阿根廷队打了2次反击，诞生了2粒进球。

所以最终我们不能用一种主义、一种流派、一种概念、一种足球意识形态，来概括斯卡洛尼的阿根廷队。也许就像斯卡洛尼所说的："决赛是用来赢的，不是用来踢的。但我们也要踢，我们需要在比赛每个阶段打出需要打出的足球。"又或者再简单些，如梅西概括的："这支球队知道在每个不同的时刻需要怎么踢，我们该进攻的时候进攻，该防守的时候防守。"最终，足球还是胜者为王的游戏，你的足球哲学再出色，没有胜利也无人信服，正所谓败军之将何以言勇，人们只爱听胜利者讲述自己的故事。

梅诺蒂式重建

斯卡洛尼已经拿到了美洲杯和世界杯冠军，人们说他是可以和阿根廷宗师级人物梅诺蒂和比拉尔多坐在一桌吃饭的人物了。尽管斯卡洛尼从来不接受自己能和两位宗师相提并论，但斯卡洛尼与梅诺蒂以及比拉尔多有何相似之处呢？

比拉尔多教练生涯最亮丽的一笔，是剥夺了帕萨雷拉的队长袖标，戴在马拉多纳臂上，最终高度依靠马拉多纳而得到了回报，阿根廷连续两届世界杯打进决赛，其中在1986年的墨西哥阿兹特克体育场捧起大力神杯。以此类推，斯卡洛尼也是高度绑定梅西，尽管没有比拉尔多那么露骨。

梅诺蒂则是另一个存在。他在夺得1978年本土世界杯时的最大功绩，是对国家队工作的整顿。梅诺蒂树立了两个规矩：没有任何俱乐部利益可以超过国家队利益，没有任何俱乐部主帅能高于国家队主帅。他为球队复兴做了长达4年的准备工作，召入大量新人进行重建。

斯卡洛尼在2018年世界杯后首先出任阿根廷队代理主帅，随后签了5个月短约，通过2019年美洲杯的考验才获得长约，并在本届世界杯前和足协续约到2026年下一个世界杯周期。如果和梅诺蒂当年的立威行为相比，斯卡洛尼这个2018年还是菜鸟的主帅没有任何可比性，但如果按照完成重建的标准来看，两人可谓一脉相承。

梅诺蒂之前，阿根廷队也是百废待兴，没有知名主帅愿意接手，和后来斯卡洛尼的情况一样。梅诺蒂保留了肯佩斯这样的明星，同时也深入阿根廷各个内陆俱乐部，而不局限于博卡和河床，找来了诸如帕萨雷拉、何塞·巴伦西亚和加列戈等未来之星，梅诺蒂甚至一度把17岁的马拉多纳召入队中，但没有把他的名字写进世界杯最终名单。

阿根廷国家队在1978年世界杯夺冠后，阿根廷国青1979年便在马拉多纳率领下，在日本夺得世青赛冠军。直到2007年加拿大世青赛，阿根廷U20共拿过6次冠军、1次亚军和1次殿军，梅西便出自2005年荷兰世青赛冠军队，阿圭罗则是在2007年加拿大世青赛冠军队中出彩，那个时代的阿根廷并不缺乏人才。

梅诺蒂的传承者，首先是一位没有夺得世界杯冠军的名帅——帕萨雷拉。帕萨雷拉成为后马拉多纳时代的主帅，他只留下了巴蒂斯图塔和西蒙尼等少数球员，然后就开始给球队大换血。后来人们看到阿亚拉、奥特加、萨内蒂、贝隆、克雷斯波、阿尔梅达、加拉多甚至是很年轻的里克尔梅的名字，并不会感到惊奇，但当时帕萨雷拉按照梅诺蒂起用他之时的思路，起用这批年轻人时，却遭到了媒体的严厉批评。

斯卡洛尼虽然并不由帕萨雷拉招入，而是在佩克尔曼时代进入国家队，但他的教练组成员阿亚拉的确是帕萨雷拉的学生，帕萨雷拉的老师梅诺蒂则直接是斯卡洛尼的主管——阿根廷

1998年世界杯，后马拉多纳时代的阿根廷队依然阵容豪华，拥有巴蒂斯图塔、奥特加、贝隆、西蒙尼、萨内蒂、阿亚拉等世界级球星。而斯卡洛尼执教时期，阿根廷队在梅西等少量球星之外，更多是由实力派球员组成。

世界杯决赛后，斯卡洛尼与他的伯乐、阿根廷足协主席塔皮亚（左）在卢赛尔球场外同奖杯合影。

队的技术总监。所以斯卡洛尼对国家队的重建也是可以说是一脉传承。

斯卡洛尼首次带队对阵危地马拉，就先后让 11 名新人出场，此后 4 年再未止步。塔皮亚在本届世界杯前曾自豪地说："我们 26 名球员中有 19 人是首次参加世界杯，我们讲究的是持续性，如果这都不能称之为有计划，那什么是有计划？"世界杯决赛，阿根廷首发 11 人中有 7 人是首次参加世界杯（只有梅西、迪马利亚、塔利亚菲科和奥塔门迪除外），这都是斯卡洛尼建队的成果。

不拘一格降人才

上任之初，斯卡洛尼就选中了帕雷德斯、洛塞尔索、佩泽拉 3 名新人，留用了塔利亚菲科，随后逐渐确定了德保罗核心三中场之一的地位，在 2019 年美洲杯上又确定了劳塔罗的主力位置。但斯卡洛尼遇到的一个问题，是帕萨雷拉等前任教练没有遇到的——

2007 年世青赛后，阿根廷 U20 就再未打进过半决赛，阿根廷足球出现了罕见的人才不继，这对国家队主帅来说绝不是好消息。这要求他必须更广泛地寻找可用之才，比如本届世界杯的第三中卫利桑德罗 · 马丁内斯，他在 2019 年首次被召入阿根廷队时，还在阿根廷国防与司法俱乐部踢球，后腰吉多 · 罗德里格斯则在墨西哥美洲踢球，而在泽尼特踢球的帕雷德斯和在乌迪内斯踢球的德保罗，在当时已算上等选材。

2019 年美洲杯后，斯卡洛尼继续充实阵容。他选中阿森纳替补埃米利亚诺 · 马丁内斯成为主力门将，后者最终在美洲杯和世界杯的 3 场点球大战中大显神威。而另一位世界杯决赛表现杰出的球员麦卡利斯特，彼时还只是从布莱顿租借至博卡青年效力。决赛罚进最后一个点球的蒙铁尔尚为河床右后卫，都没有登陆欧洲。

即便在美洲杯击败巴西夺冠后，斯卡洛尼也没有停下脚步。他在世界杯前做得最正确的一件事，就是带上了刚在本菲卡出彩 3 个月的恩佐 · 费尔南德斯。在此之前，恩佐不曾代表国家队踢过正式比赛，却在世界杯中途成为绝对主力，并在决赛表现出色，一举拿下了赛事最佳新人奖。

斯卡洛尼并非仅仅是带领一支球队夺得了世界杯。这支球队并非任何人的遗产，而是由他亲手建成。甚至在卡塔尔，他还对建设好的球队又进行了小小的重建，让恩佐、胡利安·阿尔瓦雷斯和麦卡利斯特取代了状态不好或因伤缺席的帕雷德斯、劳塔罗和洛塞尔索。所以，我们应该给予这位曾经的菜鸟教练、草根教练以最高的赞美。

世界杯夺冠后，斯卡洛尼与球员们狂喜庆祝。

最强变脸大师

竞技网专栏作家
迈克尔·考克斯

这就是世界杯，它很少属于传奇球队，通常也不会属于赛事中表现最好的一方。赢得世界杯，不需要你一直踢得精彩，需要的只是你一直踢下去。赢得世界杯，关键往往在于限制对手的发挥，而这取决于每一个细节。

阿根廷并不是一支完美的球队。他们在小组赛阶段输给了沙特阿拉伯。无论是1/4决赛对阵荷兰，还是决赛对阵法国，他们都曾经2球领先，最终却被扳平，只能靠点球大战获胜。没有在1/8决赛对阵澳大利亚时遭遇同样的命运，甚至显得他们有些走运。然而在战术上，阿根廷队在比赛中长时间地保持压制，尤其是在开局阶段。此外，他们还最大程度上释放了队内最佳球员的能量。

阵在变，兵在换

主帅斯卡洛尼在世界杯上甚至没有常规计划。对阵沙特阿拉伯和墨西哥时，他使用了一套442，这一阵形在随后对阵波兰的小组赛中变成433。来到淘汰赛，斯卡洛尼在对阵澳大利亚的比赛中回到了442，又在下半场变阵为532。随后面对荷兰，他沿用了这套532阵形，而在对阵克罗地亚时，他又改回了442。决赛遭遇法国，阿根廷人排出了433——没有任何一支赢得世界杯的球队，可以在阵形上如此灵活。

即使在他唯一一次没有变阵的比赛中，也就是对阵墨西哥的小组赛，斯卡洛尼也更换了一半的首发球员。就像以往那些赢得世界杯的队伍一样，斯卡洛尼的球队在本届杯赛期间，突然发掘了一些关键球员。

麦卡利斯特没有进入阿根廷首战的先发名单，但他在随后6场比赛中悉数首发出场。中场的另一个位置上，阿根廷首场比赛的先发是帕雷德斯，次战则是吉多·罗德里格斯，然而到头来，恩佐·费尔南德斯将这个角色据为己有——他起初不过是球队的第三选择。胡利安·阿尔瓦雷斯从板凳席上开启自己的世界杯之旅，对阵波兰一役他被放在左边锋位置上，直到淘汰赛阶段才开始作为首发中锋出战，斯卡洛尼的阵法渐入佳境。

与澳大利亚一战，在阿根廷队的 442 阵形中，梅西的位置比起往常更加回撤，考虑到澳大利亚队的无球踢法，梅西得以在球场的纵深区域施展自己的影响力。迎战荷兰时，斯卡洛尼变阵 532，在防线上增加了一个人，用翼卫对抗翼卫。莫利纳和阿库尼亚消弭了邓弗里斯和布林德的威胁，但他们的贡献不止于此：莫利纳利用后插上，接到梅西的传球为球队首开纪录；阿库尼亚则赢得了扩大比分的点球。

半决赛面对克罗地亚，阿根廷队的 442 阵形，特点是中场站位非常紧凑，这是为了阻挡克罗地亚在中场部署的出色传球手。阿尔瓦雷斯进行了大量跑动，他在无球状态下负责干扰对方阵中的布罗佐维奇，而在机会到来时，阿尔瓦雷斯冲破了克罗地亚人的防线，制造了前两个进球。此后，得益于梅西的精彩助攻，他又一次通过跑动，打入了球队的第 3 球。

妙用迪马利亚

毫无疑问，梅西的杰作就是本届世界杯的最佳助攻，这足以解释为什么梅西可以享受不参与防守的特权——他需要节省精力，以便在进攻端爆发。从根本上说，这是梅西的世界杯胜利：7 个进球，3 个助攻。斯卡洛尼完全围绕着梅西的需要来组建球队，即使后者在世界杯期间扮演了

↑ 胡利安·阿尔瓦雷斯（左）和恩佐·费尔南德斯在世界杯征程中半途跻身主力阵容，成为斯卡洛尼用兵的妙笔。

世界杯决赛中，斯卡洛尼在场边倾听左翼奇兵迪马利亚（左）的见解。

三种不同的角色：二前锋、右边锋、伪9号。无论阵形如何，梅西最终都出现在了他最喜欢的位置。

梅西周围是一群出色的球员，却不是伟大的球星。即便如此，他们理解梅西的才华，并乐于为他奔跑，尤其是阿尔瓦雷斯和德保罗。人们不可避免地将2022年的梅西与1986年的马拉多纳做比较，这当然是因为他们共同的国籍，但即使不考虑到他们都是阿根廷人，这种比较也是合情合理的：在过去几届世界杯中，没有任何一支冠军队如此倚仗一名球员的个体发挥。即使是2002年的巴西，在前场也有“3R”的交相辉映，直到罗纳尔多统治决赛。

在斯卡洛尼的所有比赛计划中，决赛的安排是最具攻击性，也最有成效的。迪马利亚在决赛中回归，顶替帕雷德斯进入首发，这并不令人意外。真正令人意外的是，他出现在了左侧。

迪马利亚在本届世界杯原本踢的是右路——2021年美洲杯决赛对阵巴西，他也是在右路成为比赛胜负手的。看起来，迪马利亚似乎会在这一侧，帮助压制姆巴佩和特奥·埃尔南德斯所在法国左路的威力。迪马利亚有着出色的进攻能力，但他在多年间始终为了球队的平衡扮演着“打工人”，帮助梅西、C罗和姆巴佩分别在阿根廷、皇家马德里和巴黎圣日耳曼大放异彩。

决赛场上，迪马利亚反常地出现在433阵形的左侧，梅西则来到右侧。这是一场豪赌：特奥·埃尔南德斯因此得以自由插上，与姆巴佩打配合。就在阿根廷首开纪录之前，法国的左路二人组打出了威胁攻势，他们在边线附近赢得了一个任意球，帮助吉鲁完成了头球攻门。在阿根廷的中场三人组中，德保罗的位置在右侧，他显然太累了。

然而，斯卡洛尼的变招带来了两大利好：首先，梅西一如既往地无须参与防守，他可以自由地利用特奥插上后留下的空间，并频繁参与组织进攻；更重要的是，迪马利亚在左路带来了强劲的攻势。斯卡洛尼选择在这一侧使用迪马利亚，似乎有些让人费解：法国队在本届世界杯上临时使用

斯卡洛尼在阿根廷队的豪华助教团为人津津乐道，艾马尔（左）、萨穆埃尔（右二）和阿亚拉（右）都是昔日蓝白军团的知名球星。

的右后卫孔德，此前在防守端并未遭遇困境，而另一端的特奥在防守中的漏洞显然更大。即便如此，球员时代就踢右后卫的斯卡洛尼，或许有着这样的直觉：中卫出身的孔德改打右后卫，对于边路攻击手的速度和诡计可能会缺乏准备。

如果斯卡洛尼果真是这么想的，那他猜对了。迪马利亚被登贝莱犯规，为球队赢得了打破僵局的点球。此后，迪马利亚再次神兵天降，用一个精彩的技术动作为球队打入第二球，这次进攻依然来自阿根廷对特奥身后空间的利用。迪马利亚在整个上半场的表现都很出色，他来到边路外线攻击孔德，又回到中路试图与梅西打配合，这样的发挥让人们想到2014年欧冠决赛，当时迪马利亚也在左路奉献了精彩表演。

决赛，拒绝谨慎

有些奇怪的是，此前频繁在世界杯上变阵五后卫的斯卡洛尼，在决赛下半场并没有选择这么做。或许他回想起了对阵澳大利亚的那场比赛，认为自己当时变阵五后卫过于谨慎，并让对手得以吹响进攻号角，为己方带来了不必要的压力。实际上，在下半场初期，法国队几乎没有反攻的势头，所以你可以理解斯卡洛尼不变阵的决定。第64分钟，迪马利亚不可避免地耗尽精力，斯卡洛尼在左路换上了阿库尼亚，让后者与塔利亚菲科联袂出战——一年前的美洲杯决赛上，他也是在相似的时刻做出了这样的调整，尽管考虑到巴西队在那场比赛中的变阵，这样的对策似乎更有意义。

阿根廷继续踢442，只是扮演左中场角色的实际上是一名左后卫。那边厢，德尚的球队在调整过后，在前场拥有速度飞快的四人组：姆巴佩、科洛·穆瓦尼、小图拉姆和科芒。令人惊讶的是，斯卡洛尼并未像对阵澳大利亚一役那样，换上利桑德罗·马丁内斯，让球队增加一名中后卫。突然间，阿根廷看起来破绽百出。

加时赛激动人心，但在战术层面

↑ 2006年世界杯上，斯卡洛尼与梅西是阿根廷队队友。16年过去，斯卡洛尼成为梅西夺取金杯的领路人。

上，这几乎是一种失控状态。有些人相信，换人名额的增加会让主帅更好地控制比赛，但实际上或许正好相反：加时赛结束时，阿根廷已经用掉了6个换人名额，法国则用了7个，因为拉比奥的离场是由于脑震荡。换人名额越多，场上的新鲜力量就越多，教练们似乎就越难控制比赛节奏。梅西再度帮助阿根廷领先之后，斯卡洛尼在比赛最后几分钟确实切换到了五后卫，但球队在终场前又送给对手一个点球。

配得上每一场胜利

这支阿根廷队与之前的世界杯冠军队有哪些相似之处？我们在世界杯开幕前，就列举了过往赢家们的几大共性：

（1）无须在小组赛阶段光芒四射。阿根廷输掉了他们的首场比赛，而在第二场对阵墨西哥的中场休息时，他们距离小组出局只差一个丢球。

（2）主教练倾向于信任那些久经沙场的明星球员。比起大多数冠军主帅，斯卡洛尼在本届世界杯上做出的人员调整更多，但他在决赛中依然选择信任迪马利亚，并因此收获了回报。放在斯卡洛尼的位置，或许其他主帅会选择信任那些在淘汰赛阶段表现良好或至少完整参与了淘汰赛阶段的球员。

（3）在通往冠军的征程中，球队经常会做出一次重要的阵形调整。阿根廷队当然非常符合这一点。

（4）淘汰赛阶段保持不失球非常重要。这一点不适用于阿根廷——他们在4场淘汰赛中只有1次保住城门不失。

（5）冠军队通常会需要通过加时赛和点球决胜的考验。阿根廷队经历了2次点球互射，才举起大力神杯，正如一年前夺得欧洲杯的意大利，他们同样通过了2次点球大考。

即便如此，也鲜少有人认为这支阿根廷队配不上冠军。他们在全部4场淘汰赛中都是踢得更好的一方，在7场比赛里的预期进球数都高于对手；阿根廷人的豪放气魄，成就了一场名局——或许是史上最伟大的世界杯决赛；阿根廷队长，则是这项运动有史以来见证过的最佳球员。他们将被历史牢记。

世界杯颁奖仪式上，斯卡洛尼幸福地抚摸大力神杯。

史话

如果没有“助攻”杰拉德……

球员时代，主司右后卫的斯卡洛尼也是国脚级球员，代表阿根廷队参赛 7 场，在 2006 年世界杯 16 强 2 比 1 墨西哥一役打满 120 分钟。不过，他终究算不上知名球星，征战过西甲、英超和意甲，但从未效力豪门。

然而，球龄久一些的球迷耳熟能详的一个名场面，其实离不开斯卡洛尼的参与。2005/2006 赛季下半程，斯卡洛尼租借至西汉姆联踢了半年。当季足总杯决赛，杰拉德那记永载史册的补时世界波，帮助利物浦续命并最终夺冠。很多人或许从未注意到，那粒进球的源头，正是斯卡洛尼的一次解围。那脚解围算不上多大失误，但确实本可踢得再远一些，或处理更冷静一些，而不是让红军可以立刻组织新一波攻势。西汉姆主帅帕杜半开玩笑说，他“永远不会原谅”斯卡洛尼，队友阿什顿也感叹：往看台上踢就好了啊！

斯卡洛尼在铁锤帮其实人缘不错，刚加盟时，队友博比 · 萨莫拉看他一句英语都不会，就主动拉他去伦敦夜店快活，大家逐渐发现斯卡洛尼很合群，很喜欢参与更衣室笑话。然而，那场决赛后，斯卡洛尼“一路哭着回了伦敦”，他认为，当夏西汉姆没把他买断，原因就在那一脚。英媒调笑道：“这就是蝴蝶效应。如果不是他给杰拉德送礼，他可能就不会返回西班牙，可能就不会遇到妻子埃莉萨，不会有两个儿子，扬和诺尼，后来可能就不会成为阿根廷队主帅，可能就不会让梅西确立自己在足球万神殿的至高地位。”

好主席奠基好时代

《体坛周报》特约记者
吴昊宇

当阿根廷在卢赛尔球场击败法国，时隔36年再度登上世界巅峰时，阿根廷足协主席克劳迪奥·塔皮亚身着一身西装出现在领奖台上。他与阿根廷将帅一样，亲吻了大力神杯。

可以说，正是塔皮亚对足协和国家队工作领导有方，对主帅斯卡洛尼及其团队给予充分信任，成就了这次捧杯。塔皮亚在世界杯开始前就宣布斯卡洛尼帅位始终稳固，而心无旁骛的阿根廷将帅也在卡塔尔拧成一股绳，最终圆梦。

乱局后，塔皮亚拨乱反正

从1979年到2014年，阿根廷足协经历了漫长的格隆多纳时代，其间有腐败等各类丑闻爆出，但至少在前期成绩还是相当不错，有1986年的大力神杯和数座美洲杯为证。2014年7月格隆多纳去世，足协的乱象也就此开始。

2015年年底足协选举发生咄咄怪事：75人参与投票，竟唱出76张选票，两位候选人打成38平。2016年夏天，阿根廷重选足协掌门人，但候选人塞古拉因丑闻而退选，只好让足协办公室秘书临时接手主席职务。在此期间，阿根廷足协各项事务几乎

↑ 世界杯颁奖典礼上，塔皮亚举起大力神杯。

停摆，媒体爆出足协多名员工拿不到工资，甚至要让梅西等明星球员自掏腰包为他们补贴工资的丑闻。

这段时期，虽然阿根廷两度打入美洲杯决赛，但全队难以在关键时刻团结一致，两次被智利抢走冠军。心灰意冷的梅西在2016年输掉美洲杯决赛后，一度宣布退出国家队。

2017年，在国际足联监督下，阿根廷足协重选主席，克劳迪奥·塔

花絮

把主席刻在身上

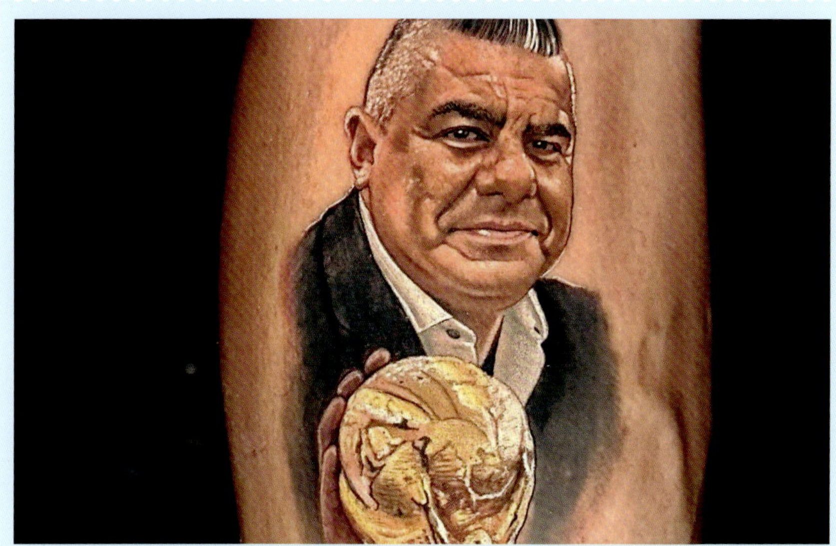

阿根廷队夺取世界杯后，球迷以任何方式表达对梅西等球星的崇拜都不会令人吃惊。但多少有些意外的是，一些球迷还把阿根廷足协主席塔皮亚的肖像文在了自己身体上。由此不难看出球迷对塔皮亚这些年领导阿根廷足球前进的认可。

塔皮亚对此感到受宠若惊，他发推表示："文身意味着永恒，世界杯冠军也是！我们是这座星球上，对足球最富有激情的国家！非常感谢。加油，阿根廷！"

此外，功成名就的塔皮亚还在家乡圣胡安被授予荣誉市民称号。塔皮亚感恩道："感谢你，我亲爱的圣胡安。孩提时代，我从未梦想过能有这么多美好的事情发生在自己身上。成为家乡的荣誉市民令我无比自豪。我深知，是父母的良好教导指引我走上了这条人生道路。"

塔皮亚清楚，他取得的功绩，离不开他与斯卡洛尼之间的相互成就。有传闻称，世界杯前才续约至2026年的斯卡洛尼可能在夺冠后急流勇退，但塔皮亚坚称："我毫不怀疑，他会继续担任阿根廷队主教练。我俩都是说话算数的人。我们握了手，对彼此说了愿意。刚聘请他时，99%的人都觉得我们错了、疯了。但这支球队带来了3座奖杯，给人民带来了快乐。"

↑ 格隆多纳（右）从1979年开始担任阿根廷足协主席，一直任职到2014年去世。他的35年任期有功绩也有争议，聘请马拉多纳担任国家队主帅肯定是其中一项不成功的决策。

皮亚赢得了选举。塔皮亚此前担任巴拉卡斯中央俱乐部主席接近20年，借此进入了阿根廷足球圈的权力中心。虽然此时阿根廷足协已经没有了以往直接组织国内联赛的权力，但塔皮亚出色的人脉和将联赛转播权卖了个好价钱的举动，还是为他赢得了民心。塔皮亚逐步掌控了联赛的权柄，并一步步推行着自己的阿根廷联赛复兴计划。

塔皮亚要求阿根廷国内联赛逐步“欧化”，赛程、升降级制度和联赛数量也要向欧洲联赛看齐，并帮助阿根廷联赛拿到了高额转播合约。对于严重受经济和疫情等因素影响的阿根廷足坛，能拉到钱的塔皮亚无疑是最佳掌舵人。2020年5月，新一轮足协主席选举中，塔皮亚全票连任，他至少会任职到2025年。

提拔少帅，力挺少帅

除了让联赛逐步完善，塔皮亚在任期内对于国字号青年队伍的大力发展也值得称道。他任内，阿根廷从U15到U19国字号都拿到了南美冠军，虽然U20没能如愿夺冠，但也顺利进入了世青赛赛场。在国青队

塔皮亚对斯卡洛尼用人不疑，世界杯前夕还与之续约到2026年。足协主席同国家队主帅以及核心梅西的精诚合作，为阿根廷带来了世界冠军。

↑ 2022年12月20日夺冠庆典中，塔皮亚与阿根廷将士们欢喜合影。

中得到淬炼的众多国脚，在本届世界杯成为夺冠的骨干力量，如克里斯蒂安·罗梅罗、胡利安·阿尔瓦雷斯和利桑德罗·马丁内斯等人。此外，塔皮亚治下的足协也始终在发展女足国家队，2019年，阿根廷女足时隔12年重回世界杯。

而对于成年国家队，塔皮亚在上任之初也希望进行大刀阔斧的改革，因此解雇了世预赛成绩不佳的包萨，从塞维利亚挖来桑保利。可惜结果不如预期，桑保利的国家队在2018年世界杯成绩不佳，塔皮亚只好开启新一轮选帅。他试图联系西蒙尼和波切蒂诺这些在欧洲俱乐部炙手可热的教头，但他们都无意接手阿根廷队，加雷卡、佩莱格里诺、加拉多等名字也曾进入阿根廷足协的视野。

但在上述人选都被否决后，塔皮亚最终选择无条件信任自己提拔的少帅斯卡洛尼。斯卡洛尼在几场友谊赛中通过“考核”，拿到了塔皮亚送上的正式合约。即使外界不断批评塔皮亚选择菜鸟教练来镇国家队这个场子，塔皮亚也不为所动。2019年美洲杯，阿根廷队在半决赛败给巴西，但塔皮亚还是选择留下斯卡洛尼的教练组，他笃定这个班子可以带队冲击卡塔尔世界杯冠军。最终，他如愿看到了国家队在2021年美洲杯封王，而在世界杯前夕与教练组续约到2026年、给予无条件信任后，又等来了在卡塔尔的圆梦。

做好后援，安抚好梅西

2016年美洲杯丢冠后，心灰意冷的梅西冲冠一怒，宣布退出国家队。虽然后来在包萨劝说下回归，但由于之前的混乱管理，梅西与阿根廷足协之间必定存在嫌隙。塔皮亚一上任，最重要的事情就是将国家队队长安抚好。

在任何场合，塔皮亚都会给梅西最好的待遇。2019年美洲杯输给巴西，梅西赛后怒喷南美足联，还在季军赛被红牌罚下。塔皮亚此时并未煽风点火，而是积极与南美足联和国际足联通融，力求为梅西减轻禁赛处罚。而在2021年阿根廷队出战美洲杯前，足协为全体球员和教练组成员都接种了疫苗，甚至专门前往巴塞罗那为梅西进行接种。2021年美洲杯上，各队颇多球员感染“新冠”，但阿根廷阵中全无阳性，为夺冠打下基础。比起昔日的混乱管理，阿根廷足协如今终于起到了为国家队保驾护航的作用。

就本次世界杯而言，斯卡洛尼的成熟和才智没有辜负主席的重托。足协主席信任主帅、安抚梅西，主帅让梅西踢得更舒适，队友团结在梅西身旁，这三项重要因素，帮助阿根廷队收获了第三座大力神杯。

我们为什么热爱梅西？

《体坛周报》足球评论员
林良锋

梅西捧杯，功德圆满。

拼了五届世界杯，最后一刻，梅西圆梦了，全世界松了一口气。说全世界不准确，C罗社媒上那四五亿粉丝，是不是也“同此凉热”？不好说。然而，乐见梅西完成未竟事业的人是多数。梅西捧杯的瞬间，多少人哭得涕泗横流，不能自持，仿佛是自己亲自走完了那心力交瘁的旅程。

捧杯，不仅是梅西个人的光荣、阿根廷的光荣，更不只是卡塔尔炫耀财富的道具，它属于足球，属于热爱这项运动、将它视为精神支柱的人。布宜诺斯艾利斯街头万头攒动，各国球迷为梅西加油喝彩，此情此景，你不禁要问：为什么那么多人希望梅西修成正果？为什么不带倾向的人，同样会被这个精灵折服，愿意看到他登上足坛的巅峰？

最完美决赛

部分答案在决赛。

自巴西在墨西哥三夺雷米特杯以来，我们从未见过这么精彩的一场世界杯决赛——主角、配角、群演个个尽责尽职，该有的元素都有，跌宕起伏，峰回路转，悬念贯彻始终。两个多小时的拼搏，既有个人英雄主义的风采，也有集体配合的曼妙。阿根廷先声夺人，直到第80分钟他们仍是占据上风的一方；法国在法定时间尾声苏醒，以闪电般的反击将比赛拖进加时，并在加时赛再次扳平。

这场决赛，双方不消极，不玩世，倾情奉献，直到再无余勇可贾，将命运交给上天。等了半个多世纪，世界杯终于给了球迷一场回味无穷的史诗级决赛。进球和上届决赛持平，也是6球，但本届的3比3更刺激，更扣人心弦。不到最后一刻，你不可能知道下一个拐角，老天给你准备了惊喜，还是惊吓。

在巴西永久保留雷米特杯和梅西封王之间，阿根廷四进决赛，两度捧杯。两次夺冠，阿根廷都赢得惊险。两次决赛阿根廷都领先，都打进3球，肯佩斯在1978年梅开二度，马拉多纳在1986年助攻两回。区别是，荷兰人迫使阿根廷再打半小时才认输；西德追平不到3分钟，老马便以一记穿针般精确的直传，为布鲁查加打进制胜球铺平了道路。

梅西领衔的阿根廷，把两次夺冠的戏份揉在一起仍意犹未尽，还将比赛推到互射点球的悬崖边上，心脏不好都消受不了这番“美意”。荷兰由南宁加扳回一个，西德由鲁梅尼格和沃勒尔扳了俩，姆巴佩包办了法国的3球，难度一次比一次高。在新王和旧主的交锋中，梅西笑到最后，拿全了国际赛事的荣誉。卡塔尔酋长亲手给梅西穿上象征王室身份的黑色丝袍，满足了我们对梅西加冕的最后期待。

这个举动，曾在名片《阿拉伯的劳伦斯》中出现过。劳伦斯冒着生命危险，将一位在沙漠中掉队的战友，从濒死的边缘拉回营地，得到贝都因人的拥戴。他们烧掉了劳伦斯的英军制服，给他披上了白色的部落罩袍。

世界杯决赛中，梅西带球突破，身后的于帕梅卡诺（左）和楚阿梅尼苦苦追赶。

2022年12月22日，布宜诺斯艾利斯的画师绘制梅西捧杯壁画。

这是颇有象征意义的举动：暗示英国人和阿拉伯人是兄弟。但那不过是英国人缅怀自己在阿拉伯世界作威作福的幻想，和梅西此次玄袍加身有着本质不同。

为梅西买票

卡塔尔人斥资2000多亿美元主办世界杯，十几年来受到英国为首的西方媒体持续贬斥和骚扰，但得偿所愿——旗下两位巨星会师决赛，梅西以巴黎圣日耳曼（而不是巴塞罗那）球员身份，为东道主挣足了面子。阿根廷国内并非乐土，民生的困苦折磨着成千上万的普通百姓，梅西带回了大力神，将他们（暂时）从苦难的日常拯救出来，享受难得的快乐和自豪。

这一点，肯佩斯和老马都做到了。肯佩斯为阿根廷首夺世界杯立下头功，之后寂寂无闻；马拉多纳的轨迹大同小异，卫冕途中淘汰意大利，开罪东道主，随后受到多方迫害，争议声中黯然收山。梅西不一样，很多人，在很多场合，说过很多次：梅西是球迷（买票）看球的乐趣，原始乐趣。

梅西的个人能力比肩马拉多纳，是老马的正经衣钵传人。但他没有老马的争议和负面新闻，活得干干净净，纯粹自得。在梅西身上，我们还能看到昔日南美足球未经商业化侵蚀的痕

梅罗相争十余年后，2022年世界杯令愈加广泛的球迷认定，两人之间高下已分。

迹，带球突破令人心旌荡漾，传球美妙给人视觉享受。你看球，不就希望看到一个充满朝气的孩子，球一上脚就舞龙一般把对手甩在身后，风驰电掣直捣黄龙？不就是想看他把皮球玩得出神入化，送到匪夷所思的空间？

当年看老马带球长驱直入，耳边会响起“越过高山，越过平原，跨过奔腾的黄河长江”的壮丽乐曲。等了二十多年，我们又在梅西身上找回了那种感觉。不久，我们可能会在另一位那不勒斯球员克瓦拉茨赫利亚的身上，看到梅西的身影。梅西的个头，和普通球迷一样，难怪很多人会在梅西那里找到灵感，找到共鸣。老马当年就是这样征服了广大球迷，球迷觉得他是人而不是神，有缺点，有神力，充满魅力。

梅罗大反差

老马陨落后，足坛涌现出一代又一代球星，很多人成就不比老马差，挣得更是比老马多了不知多少倍，但他们和球迷的距离越来越远，不只是物理上，更是心灵上。看他们一眼，要一次签名，合一次影，成了追星族的奢望。仅仅是外观上的接近，以及梅西的个人能力，他无法征服那么多球迷的心。梅西的人品，奋斗的历程，更打动人。

在俱乐部层面，梅西的成就远远超过贝利和马拉多纳，虽然客观上梅西生活在不同时代，条件更好，但有没有世界杯，是界定梅西配不配成为第三代球王的唯一标准。梅西在阿根廷的经历，并不顺利，敌对球迷拿他的美洲杯失意寻开心，调侃为了梅西圆梦，美洲杯变成了“每周杯”。梅西并没有因为被巴萨放弃，放弃为阿根廷争取荣誉，反而更坚定了拿到世界杯的决心。8年前在巴西，与世界杯擦肩而过，凝视大力神杯的一幕，令无数人为之动容。过了8年，身体老化，机能下降，意志稍微薄弱的人，可能就算了，很多阿根廷球员就是这么算了的。

梅西没在巴西拿到世界杯，但拿到了美洲杯，又在美洲之外，拿到了世界杯。这就不只是个人能力，而是更多的付出和牺牲才能换来的。梅西带着全队前进，和他的宿敌C罗附在集体身上吸血，形成了鲜明的对比。梅西对巴萨的感情极为深厚，即使被迫离队，他也不曾说过巴萨的坏话，不曾借媒体羞辱旧主。这又是人品上，和C罗的巨大反差。以小我成全大我，不自大甩锅，这也是梅西为什么可以赢得中立球迷的欢心和支持。

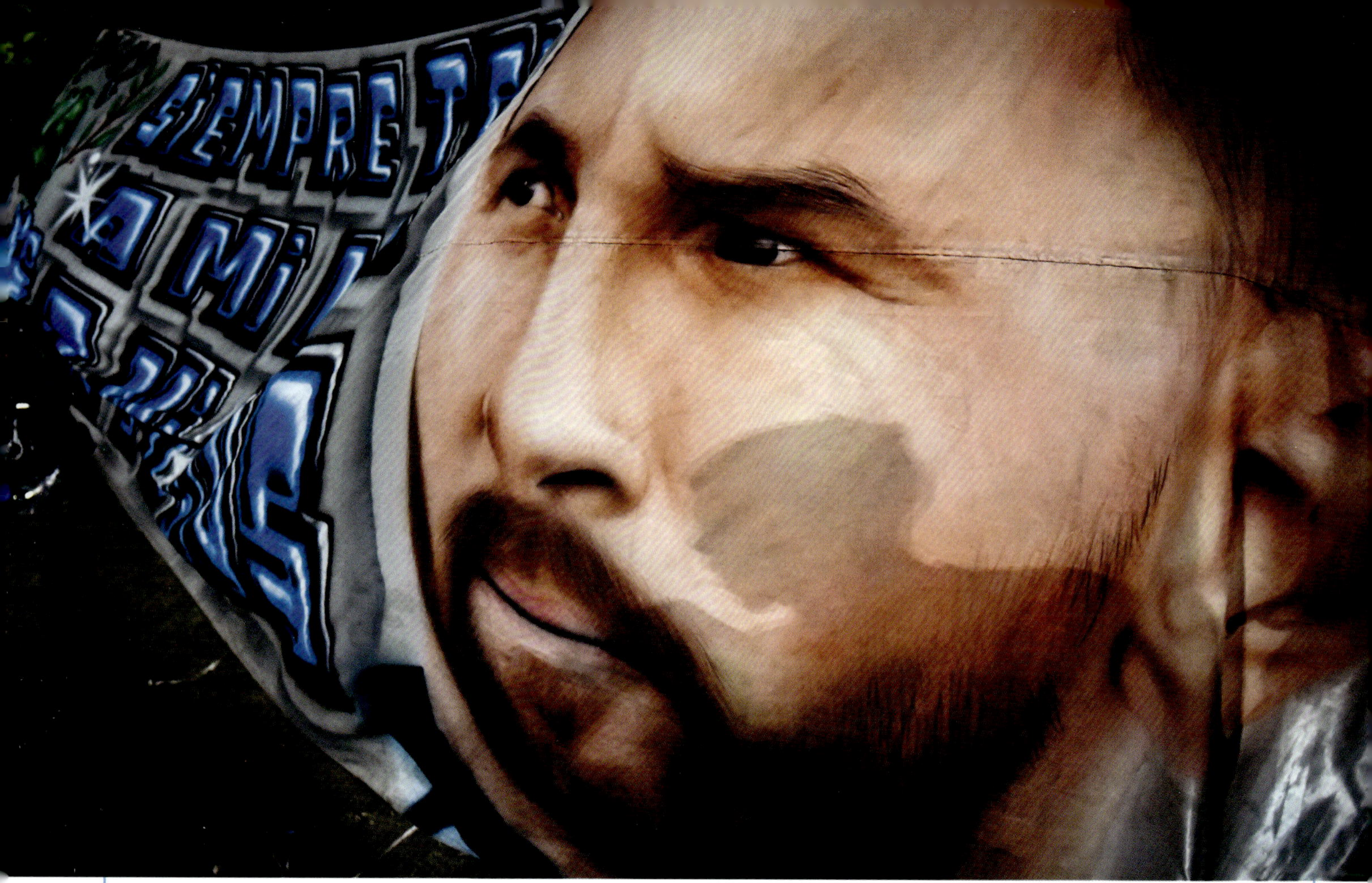

卡通梅西的窝窝和骆驼

《体坛周报》足球评论员
王勤伯

除了传奇、英雄、巨星、球王、精灵、永恒，到底还有什么词汇可以描述此刻的梅西？

梅西赛后那疲惫又幸福的身影，不可能不让热爱足球的人百感交集。幸福的焦点就是传奇的终点，你知道终于期盼到了什么，也终究要失去什么。梅西的5届世界杯生涯是漫长的，又短暂到像青春一样转瞬即逝，我们唯一的幸运是在自己生命中有幸见证这样一个人物从开始到结束。

梅西赛后和阿根廷队多年厨师安东尼娅女士的抱头痛哭，让全世界无数媒体误以为抱住梅西的是他的母亲。1986年世界杯夺冠后，马拉多纳便曾在电台直播里和母亲对话：“妈妈，我为你踢球。”

这是一届属于母亲和女性的世界杯。赛场第一次出现女裁判，阿根廷、巴西等国第一次有女性全程参与比赛解说。世界杯开赛前，阿根廷刚刚为“五月广场母亲”领袖赫贝女士举行持续3天的全国哀悼。无论是20世纪70年代恐怖独裁统治时期，还是21世纪初危机后的困难时期，阿根廷社会抵抗和坚守的核心力量一直是女性。本届世界杯期间，76岁的阿根廷球迷奶奶克里斯蒂娜爆红网络，

↑ 世界杯决赛后，阿根廷多年女厨师安东尼娅与梅西激动相拥。

← 2022年12月19日，布宜诺斯艾利斯街头，正在等待阿根廷队凯旋的球迷亮出印有梅西肖像的横幅。

阿根廷球迷在街上到处认奶奶唱歌，“奶奶啊，啦啦啦啦啦啦”。

然而，当我们还在谈论过往，回忆这场世界杯决赛到底更像1998年（上半时）还是1986年，梅西早已背对沉重的历史华丽转身。本届世界杯在阿根廷国内出现的一个非常重要的趋势是，人们不再拿梅西和马拉多纳比较，只是一起庆祝他们。年轻一代更珍视梅西这个属于自己时代的英雄，而不是跟随老一代去苛求梅西完成对马拉多纳的角色扮演。没有谁有义务活在他人的历史里，活在上一代或上上一代的历史里，更没有谁有义务被教化去角色扮演前人故事。这种趋势也在世界其他地方的阿根廷迷和梅西迷里明显增长。

马拉多纳时代的足球刻画着冷战时代不可抹去的国族叙事痕迹，尤其是阿根廷独裁政权为了转移国内危机对外发动战争，最终导致了对整个社会的深刻伤害和自己垮台。梅西出生在这段历史完全结束以后，他的“90后”队友们对其更是陌生，给他们留下印记更多的是21世纪初阿根廷危机里的混乱和饥饿，每一代人都有属于自己的痛苦、记忆、感受和抗争。

马拉多纳塑造了足球世界里最伟大的流行文化形象，一个踢足球的摇滚明星。梅西则是足球历史上最伟大的卡通人物，一个踢足球的画中人。马拉多纳以摇滚明星的方式激扬到跌落，梅西则让我们见证了最经典的卡通剧本：他的开始并不完美，甚至有身体上的严重劣势，他从不放弃梦想，他曾经重重跌落，又一次次站起来，在剧终前的最后一幕大戏，剧情仍然如此悬念交加跌宕起伏精彩纷呈，但梅西以领袖的身份赢得了终极胜利。

就是这个卡通人物为21世纪的足球运动带来了最大的附加值，让更多的儿童喜欢和参与足球，让孩子们看到那张长了胡子也不像大人的面孔露出笑容。意大利国家电视台解说员、名宿阿达尼在半决赛梅西晃过格瓦尔迪奥尔时激动地说：“梅西用足球把爱传递给每一个人，他可以过掉一切，哪怕在沙漠里过骆驼！”

这就是卡通！卡通世界里的英雄。那些胡利安，那些恩佐，那些迪布，何尝不是梅西曾经传播的爱换回的收获？这挫败、放逐、回归和胜利的剧情像是《狮子王》，不同的是梅西的语境没有英语片里的爹味，没有一个父亲讲述“看，辛巴”，而是一个倔强的孩子王带着战斗的火焰说：“你瞅啥呢，窝窝？”

不要问梅西以后还有谁。在梅西远去的时候，我们或许会突然发现卡通已死。法国足球值得尊敬，但也令人无奈，法国仅仅点球输过世界杯决赛。贝利所说的“非洲球队赢得世界冠军”已在法国身上实现。法国从20世纪90年代开始以速度为要义的青训选人体系，一支球队拥有其他几支球队都凑不齐的短跑高手，再搭配机会主义踢法，对于多数对手是完全无解的。姆巴佩并不卡通，他更像科幻片里的生化人类领军者。

我仅仅懊恼没更多写过梅西，这是我记者生涯的遗憾，但我相信你们很多人都会理解我此刻的感受，在这个伟大精灵即将离去时，才觉得自己欠着他一点什么。

世界杯决赛后，梅西与妻儿享受胜利时刻。

2022年世界杯决赛后，被阿圭罗扛在肩头的梅西手捧世界杯，享受众人的簇拥和欢呼。

王的进化

阿根廷《国家报》记者
弗朗西斯科·斯基亚沃

阿根廷队在卡塔尔赢得世界杯，对于阿根廷民众产生的鼓舞是空前的，以至于在布宜诺斯艾利斯的庆典活动中，两名男子试图从一座桥上跳入阿根廷队的敞篷大巴中，其中有一人如愿跳了进去，但很快被“请”了出去，另一位从车边滑了下去，掉在人头攒动的道路上。如此乱象是由这支从卡塔尔载誉而归的冠军之师缔造的，而队长梅西也以这座世界杯冠军，进入了世界运动员的“总统山”行列。

羞涩的梅西

诚然，在对阵法国的那场近乎疯狂的决赛开始前，梅西就已经赢得了全阿根廷乃至全世界球迷的心。但最终亲吻大力神杯的一幕，就像是王子的故事一样，他打破了诅咒，得到了美妙的爱情，也是他毕生寻找的爱情。随后，400余万人涌上了布宜诺斯艾利斯街头，首都陷入人潮人海之中，这有时令人印象深刻，有时也让人感

2005年U20世青赛，梅西率领阿根廷队夺冠，并以6球穿走金靴，当选赛事最佳球员。

声音

夺冠后，他会踢到2026

2022年世界杯，梅西终圆梦。阿根廷名宿巴尔达诺接受采访时，透露了自己与梅西在世界杯开赛前的一段对话。

"世界杯开赛前一周，我对梅西进行了一次采访。我在镜头外跟他开玩笑说：'好吧，你已经位居参加过5届世界杯的球员行列了。'离开之前梅西对我说：'如果我获得了世界杯冠军，我就会把球衣留着，一直等到下一届世界杯。'我也不清楚会如何，但这份乐观会帮助他继续留在国家队一段时间。我们看看他能否参加下届世界杯吧。"巴尔达诺这样说道。

此外巴尔达诺也表示："我从未见过梅西的状态如此放松和成熟，他这段时间经历了这辈子能承受的最大压力，但他看起来非常放松。这就是足球的不可思议之处。在马拉卡纳赢得美洲杯冠军对他帮助很大，梅西得到了解脱。我从未见过这么多人，因为一名球员，如此希望一个国家赢得世界杯。最终，国王获得了他需要的王冠。"

到恐惧。

今天看起来，梅西是无所不能的，他赢得了可以赢得的一切，在他35岁的这一年。而这，或许已经是他职业生涯的最后阶段。自2005年8月起，梅西披上阿根廷球衣已长达17年，而这一切并不顺利。现役阿根廷队长在国家队首秀就被红牌罚下，他曾在自己的国家遭到反对和嘘声，甚至曾表示自己的国家队生涯已经结束。而在这一切过后，梅西在国家队的这个结局也变得更加具备史诗般的色彩。

自从在佩克尔曼率领的那支国

2014年世界杯决赛后，梅西凝望大力神杯却又只能与之擦肩而过。

家队对阵匈牙利的比赛中上演首秀以来，梅西身上发生过太多变化。曾经的他是个羞涩、没有太多人关注的男孩，而如今他是个时常会冲冠一怒的男人。虽然最了解他的人曾发誓称，在关起门来的情况下，梅西总是有很多话想说。

2004年，梅西被紧急召入阿根廷青年队，以免被西班牙队征召。之后，在青年队的优异发挥就是他给阿根廷民众最好的介绍信，当时阿根廷上下对于下一个马拉多纳的诞生充满期待。这当然不会是异想天开，但这恰恰不是梅西希望看到的，他在诺坎普球场震惊世人，但他不喜欢把自己与马拉多纳进行比较。

梅西总有一些和阿根廷民众不同的地方，其中有一条——虽然这不是决定性的——那就是他的气质很不阿根廷，他更像是一个西班牙人。巴塞罗那的球衣对他而言是最重要的，他一开始甚至不会唱阿根廷国歌，因为他并不知道阿根廷国歌的歌词。因为这些，梅西自己一度很苦恼，而只要可以，他更愿意躲到家乡罗萨里奥，那里是他最好的避风港。

遭嘘的梅西

2005年梅西随阿根廷国青队在荷兰夺得了U20世界杯冠军，2008年梅西随阿根廷国奥队在北京奥运会收获金牌，这些似乎是他实现伟大愿望的跳板，那就是跟随阿根廷成年队夺得一个个冠军头衔，他最终做到了，只是用了太长时间。

身边的球员和教练一批批更换，但围绕在他身旁的始终都是失望，在某种程度上，梅西自己也受到了束缚。他随队参加了一届届世界杯，却像多米诺骨牌一样不断倒塌。2006年在德国，梅西打入了世界杯处子球；2010年在南非，阿根廷队由马拉多纳率领，但梅西颗粒无收；2014年在巴西，梅西打入4球，并帮助阿根廷队获得亚军。虽然已经隐隐有了和大众和解的迹象，但在萨韦利亚带领下，那支阿根廷队的拼抢能力大于创造力。2018年俄罗斯世界杯上的阿根廷是一场灾难，桑保利和一些球员的国家队生涯也走到了终点。

美洲杯赛场上，或多或少充斥着

2021年7月10日，梅西率队夺取美洲杯桂冠后深情亲吻奖杯，这是阿根廷队28年来的首座大赛冠军。

同样的失望，最典型的就是2011年本土美洲杯。那原本应当是为梅西量身定制的一届杯赛，却以最惨痛的失利告终，更重要的是，梅西在自己的国家，准确地说，是在圣达菲，被自己国家的民众送上了口哨声和嘘声。在这之前，梅西与阿根廷队在2007年委内瑞拉美洲杯收获亚军，接下来的2015年和2016年两届美洲杯，阿根廷上演了同样的剧情，两度在决赛中点球大战输给智利无缘冠军，2016年美洲杯后，还出现了梅西宣布退出国家队的意外。

不一样的梅西

问题在2019年起逐步被理顺，虽然还是没有夺冠，但斯卡洛尼已开始塑造一支可以争夺冠军的球队。2021年的马拉卡纳球场，梅西终于找到了打开枷锁的钥匙，他捧起了奖杯，自己国家队生涯的第一个。

比起冠军更重要的是，在这期间的一系列事件中，梅西完全赢得了阿根廷人的心。他逐步在国家队展现出另外一种神态，那是另一种相对比较有冲击力的表现方式。有时，他看起来更加极端，愈发接近一名“叛逆者”。这当然也是利昂内尔·梅西本人，绝大多数阿根廷人对他的这种变化表示赞赏。

我们经历了梅西到目前为止的所有变化，从一个少年到一个男人，从一个丈夫到一位父亲，从一个晚辈到一位长辈。他的造型也不断在变化，从长发到短发，蓄起了胡须，有了密密麻麻的文身。时间见证着梅西的不断变化，这些变化是显而易见的，唯一不变的是天蓝色和白色相间的那件球衣。

对于所有阿根廷人，也对于世界上绝大部分地区的人，梅西已经成为他们心中英雄的化身，尤其是对于那些看到他后会眼中发光的孩子们。阿根廷10号已经与全阿根廷，以及这个世界达成了永恒的和解，在出征卡塔尔世界杯之前，他就已经做到了这一点。而当一切尘埃落定，一架直升机飞越布宜诺斯艾利斯的方尖碑，梅西就在上面，他飞越布宜诺斯艾利斯上空，手捧大力神杯。数千万人为他的庆祝冠军动态点赞，一切都是最美好的安排，除此之外，已别无所求。

球王之辩

《体坛周报》特约记者
吴昊宇

以阿根廷绝对核心身份夺得世界杯冠军，让梅西了却了职业生涯最后的遗憾，也让此前已经拥有7座金球奖和4座欧冠奖杯的他，真正可以进入世界足坛历史第一人的候选当中。相比于两位举世公认的球王贝利与马拉多纳，梅西能否与他们争夺历史第一人的位置？这是世界各路媒体和足坛名宿乐此不疲的话题，恐怕也永远不会争出个标准答案。

梅西俱乐部生涯远胜

西班牙《马卡报》撰文称，梅西以梦幻般的方式夺取世界杯冠军，这令他能与贝利、马拉多纳平起平坐。正是世界杯冠军让梅西达到了这个位置。贝利曾三夺世界杯，第一次时只有17岁；马拉多纳在1986年作为领袖带领阿根廷称雄，可惜1990年没有复制这一神迹。只有时间能证明，未来是否还能有更多球员与这两人处在同一位置，但就梅西而言，在全世界都在鼓励他冲击这个位置时，他做到了。

ESPN的文章指出，梅西已经坐上了贝利与马拉多纳坐过的王座，他是最好的球员，这已无须辩驳，而是事实。不仅因为梅西为阿根廷赢得了世界杯，也因为阿根廷这支球队有时会放下捧起世界杯的手臂，但又是梅西为球队将这支手臂举了起来。决赛就是如此，梅西帮助阿根廷收获2球领先，但球队险些将半抱入怀的奖杯又送了出去，加时赛中又是梅西让阿根廷距离奖杯更近一步，但再一次被法国追平，点球大战中，梅西为球队开启了胜利之门。足球是集体运动，但如果要选出一个在球场内外都无可挑剔的代表人物，那么来自罗萨里奥的男孩，梅西，无疑就是那个人，他或许是这个星球上有史以来最好的球员，谁如果怀疑，那么谁可能就不是地球人。

法新社的文章表示，长期以来，因为没有世界杯奖杯，梅西始终难与贝利和马拉多纳相提并论，但如今，梅西已足以同两位球王级人物并肩。法新社同时指出，如果比起荣誉的数量和范围，梅西甚至比贝利与马拉多纳还要辉煌，贝利拥有3座世界杯，但相比于梅西，巴西球王的俱乐部生涯相形见绌，梅西在巴萨的巅峰时期4次站上欧洲之巅。马拉多纳拥有世界杯冠军，但球员生涯在那不勒斯和巴塞罗那均未捧起过欧冠奖杯。

当然，也有相反的论点指出，目前梅西所处的时代是对于进攻球员保护更好的时代。1966年世界杯，贝利因为遭遇粗暴铲球而不幸因伤退出，马拉多纳整个职业生涯几乎都受到粗暴对待。

“无世界杯也是No.1”

世界杯决赛前，1986年世界杯决赛接到马拉多纳助攻并打入制胜球的布鲁查加，曾在接受法新社采访时表示：“梅西是一名史诗级别的球员，虽然我认为他比不上马拉多纳。”布鲁查加还表示：“过去70年里，有5名球员可以被视为世界上最好的球员，迪斯蒂法诺、克鲁伊夫、贝利、马拉多纳和梅西，无论梅西能否赢得世界杯冠军，他都是历史上最好的5

↑ 马拉多纳俱乐部生涯的最高成就，是带领那不勒斯两夺意甲冠军，还曾获得过联盟杯冠军。

↑ 在瓜迪奥拉眼中，即便没有获得世界杯冠军，梅西也是当之无愧的史上最伟大球员。

名球员之一，我也希望他能赢得世界杯冠军。”

现任曼城主帅，曾执教过梅西的瓜迪奥拉说得很直接：“我说过很多次，梅西就是历史最佳球员，贝利和马拉多纳更多代表一种情怀，很难想象会再出现一名球员完成梅西所取得的成就。梅西即使没有赢得世界杯冠军，他在足球界已经做到的事情都不会让我改变看法。当然，这也正常，很多人都会在意输赢，而世界杯冠军无疑是梅西已经很令人难以置信的职业生涯中点缀上的最后一颗樱桃。”

究竟谁沾了时代的光？

关于梅西是否是历史最佳球员，英国《镜报》的两位专栏作家约翰·克罗斯和安迪·邓恩展开了一番辩论。作为《镜报》首席体育撰稿人，约翰·克罗斯表示：“每次看到梅西踢球，你都会意识到自己置身于一个伟大球员的表演之中，他的控球技术令人着迷，我多次看过他的现场表演，这是你永远都不会忘记的经历。在梅西与C罗的辩论中，我曾有相当一段时间站在C罗这边，但随着时间推移，你会发现梅西是无与伦比的。梅西、贝利与马拉多纳是定义了不同足球时代的球员，我们很幸运能够经历梅西的伟大时代。足球是不断变化的，现在比赛已经发生了翻天覆地的变化，对于球员的技术和体力要求也更高，因此梅西就是历史上最好的球员。”

但作为《镜报》足球专栏作家的邓恩有着不同观点：“梅西是我见证过的最伟大的足球运动员，但有史以

↑ 贝利曾在1966世界杯与葡萄牙的比赛中，被对手凶狠铲伤。

来最伟大的足球运动员是贝利。我确实没有在现场观看过贝利比赛，但莎士比亚还活着的时候我也不在场，这不妨碍莎士比亚是史上最伟大的剧作家。我读过莎士比亚的作品，我也看过贝利的比赛录像。就世界杯而言，贝利是无与伦比的，他 17 岁就在世界杯半决赛上演帽子戏法，决赛中也打入 2 球，这还只是他 3 次世界杯冠军之旅中的第一次。目前的足球看重数据，球员对比赛的贡献可能会通过进球和助攻数据衡量，但观看到贝利的影像时，你会发现这种美好是不能量化的。当然，梅西也一样。”

邓恩同时表示：“足球现在的确节奏更快，对于体能和技术的要求也更高，但想象一下，假如贝利能够享受世界上最好的球员得到的保护措施，像梅西和 C 罗那样得到官方的看重，会是何种情景？ 1966 年贝利在世界杯上受伤下场，放到现在，当时犯规的葡萄牙球员若昂 · 莫赖斯很可能会被罚下，但当值主裁判只是对他进行了口头警告。”

声音

迭戈一定在欢笑

阿根廷夺冠，梅西圆梦。此时正在病榻上度过生命最后时光的球王贝利，通过其官方社媒账号发文道贺：“今天，足球继续用迷人的方式讲述着自己的故事。梅西赢得了他的第一座世界杯，他值得拥有。姆巴佩，我亲爱的朋友，在决赛中 4 次破门（含点球大战命中）。这是我们这项运动的未来，能看到这一切如同获得馈赠。我也想祝贺摩洛哥，他们的表现非常出色，看到非洲在闪耀实在太好了。恭喜阿根廷！迭戈现在一定在欢笑。”

而数年前的一段采访中，贝利则谈到了当代最佳与历史最佳的话题：“今天，我认为，毫无疑问，最佳球员是梅西。他会不会成为历史最佳之一？是的，他当然有机会。不过，在欧洲，曾有过很多很出色的球员，比如贝肯鲍尔，他是个美妙的球员，还有迪斯蒂法诺，他是个为皇马效力的阿根廷球员，还有来自阿根廷的马拉多纳。但就目前来说，梅西是最好的。”

齐肩迭戈？超越迭戈？

《体坛周报》记者
梁熙明

时代以无与伦比的剧情，为梅西，为阿根廷，也为所有为这个游戏痴迷的人，奉献了最好的礼物。

历经九九八十一难，背负着生涯连续被大比分翻盘逆转的责难，背负着始终与马拉多纳比较的阴影，背负着连输三次决赛的诅咒，甚至在这场决赛中两次似乎已唾手可得，亲自打入看起来已经决定胜负的绝杀球，这已经超越了马拉多纳1986年决赛最终给布鲁查加那一传，终于眼看圆满的时刻，可上苍还是要当着他的面，残忍地把一切收走。

最终，所有压在梅西身上的痛苦和折磨，打动了上苍，让上苍觉得，够了。

足球，众生皆苦。它注定了在无限光芒的今夜之前，你必须承受无尽的磨难。无数名流，在他们的光环背面，是道不尽的失落、壮烈、英雄泪。

1978年阿根廷第一次夺得世界杯，同时意味着同时身兼布鲁日主帅的荷兰队主帅哈佩尔，在一个月内连输欧冠、世界杯两大决赛；里皮以输三届欧冠决赛的代价，换取一次世界杯决赛点球大战的胜利；德尚在点球输掉这场决赛后，成为史上第一位输遍欧冠、欧洲杯、世界杯决赛的大满贯亚军主帅。幸好，他已经有了2018年世界杯冠军保底，否则那将是何等万劫不复？

所以，上苍或许是觉得姆巴佩的天赋太过，如果23岁就连拿两个世界杯太顺，必须给这位决赛戴帽的小子一点挫折。之前，梅西的生涯是如此辉煌灿烂，以至于有人说，梅西的人生不需要一个世界杯证明。不，他需要，无论是历史定位，还是他的内心，都无比的需要。

如果说马拉多纳的1986年是独奏，梅西的2022年，是领奏。2014年世界杯后，克雷斯波的评价一直在被反复引用：梅西与马拉多纳的区别，是布鲁查加进了。这也被视为对2014年世界杯决赛伊瓜因的含蓄批评。但是，2022年世界杯的梅西证明了，真正的英雄即使在暮年，首战翻车给沙特后，也会拖着一口气力挽狂澜。7场比赛6场进球，4场淘汰赛场场破门，对荷兰、克罗地亚的神妙助攻，塑造了一届当之无愧属于梅西的世界杯。

很久以来，在足坛众多頎流眼中，梅西的历史定位就被视为坐三望二，他与马拉多纳之间，只差一座世界杯。

2014年世界杯决赛憾负之后，接着欧冠连年被大翻盘，2014年世界杯、2015年美洲杯以及2016年百年美洲杯连续三次屈居亚军，多少让这个看法有所动摇，就连梅西本人，一度也萌生退意。但在35岁高龄，他还是以不屈的斗志和惊人的毅力，以及深不可测的功底，为自己、也为阿根廷圆梦，告慰了马拉多纳在天之灵。

最后一个点球打进的时刻，标志着梅西终于跨越了这一步。梅马都在经典比赛中留下过神魔表演，但俱乐部荣誉榜，生涯书写的各种难以企及的历史纪录，梅西早就压倒了马拉多纳。马拉多纳在那不勒斯的两次欧冠经历，一次一轮，一次二轮；在巴萨的优胜者杯，对曼联也经历过2比0到0比3的惊天大逆转。至于美洲杯，则是空白。

集体荣誉、个人荣誉、天赋、历史纪录，梅西超越马拉多纳，当之无愧！以梦为马，不负韶华。一个不事张扬，不是激烈的反叛性格，从孩童时代起就保持谦和的模范优等生，完全凭借个人的天赋、毅力，为这段属于他的历史，奉献最绚烂的结局。

在梅西身上，完美地契合了鲍伯·迪伦的那首传世歌谣：一个人要走多少路，才能成为真正的人？白鸽要飞跃几重大海，才能在沙滩上安眠？山峰要屹立多久，才是沧海桑田？一个人要仰望多少次，才能望见苍穹？

答案，飘在风里。

（本文仅代表作者观点）

↑ 贝利和马拉多纳谁更伟大的话题，争了30多年没有答案。2022年世界杯后，话题正式升级为“贝马梅”序列题。

贝马梅序列

《体坛周报》记者
林良锋

梅西，老几？

这当然是与贝利和马拉多纳相提并论。世界杯，有如帝王的冕冠，被梅西高高举起，是球王登基的象征。梅西当之无愧。球王三世，只是时间排序，不是地位高低。我们必然会追问：贝、马、梅，谁排第一？

为何双罗齐祖不是球王？

马拉多纳之后，“球王”这个词极少被国内球迷和媒体册封给谁。齐达内、大罗、小罗都有世界杯，但没人给他们追加“球王”的尊号。在人们的心目当中，他们和球王还有距离。

当得起“球王”这个称号，拿过世界杯是前提。但有世界杯远远不够（史上拥有世界冠军头衔的球员好几百），你还必须具备一流的功夫，是全队核心，赛事最佳。克鲁伊夫差那么一点点，普拉蒂尼两次倒在半决赛，济科没进过四强，迪斯蒂法诺从未踢过世界杯（随西班牙去了智利，但一分钟没上）。

太难了。

又问：齐达内、大罗、小罗为什么够不上球王，大罗名义上还是两次世界杯得主？

要么，职业生涯有污点。齐达内在世界杯多次染红，更在决赛上演“共工氏怒触不周山”，一头将马特拉齐顶翻被逐，连累法国痛失世界杯。堪堪登基之际，掀翻了属于自己的王座。

要么，极盛期匆匆，成就略逊。

大罗三大杯独缺欧冠，效力国际米兰无意甲，效力皇马唯西甲。小罗倒是世界杯、美洲杯都有，欧冠、西甲和意甲一个没落，但2002年世界杯只是最佳男配，主角是大罗。在梅西第一次打进世界杯决赛的年龄，小罗已经在走下坡路。不到31岁返回巴西，退出主流。在梅西夺得世界杯的岁数，小罗已实质上退役。两位巴西巨星，一位被伤病拖累，经年卧榻；一位活得率性，看淡名利。他们都是《博斯曼法案》后的划时代巨星，巅峰三五年后，不复往昔之盛。

2022年12月22日，阿根廷罗萨里奥的建筑上展示出梅西巨幅画像。

梅西史上三甲无疑

梅西不一样。

从2005年成名迄今，梅西屹立珠峰将近廿载，鲜有低潮，在俱乐部赛事和奖项评选中，荣誉成就全面压倒三位前辈。有好事者算过，如果贝利老马能参评金球，分别能拿7次和2次，但梅西2023年拿到了第8座。进入竞技生涯暮年，梅西还能再上层楼，于国际大赛一再实现突破，连膺美洲杯、世界杯，彻底跻身史上三甲。

但和贝利、马拉多纳争座次，就不那么直截了当。以梅西的天赋，参加5届世界杯，比贝、马都多，本该不只1届抡元，却从2008年代表阿根廷夺得奥运金牌起，拼了十几年才在35岁高龄得偿夙愿。收获成人赛事的最高荣誉，既令人欣慰，也略显美中不足。如果2014年的冠军是他，凭借2座金杯，外加13粒世界杯进球压贝利一头，以及更辉煌的俱乐部生涯，梅西坐第一把交椅，毫无争议。即使只有1座世界杯，梅西35岁修成正果，又比两位前辈强。职业足球吃青春饭，过了30岁身体机能下行是自然法则，越是顶级赛事，就越是拼意志品质而不仅是能力。

老马夺世界杯时25岁，比梅西足足年轻10岁，决赛没有进球。贝利两届决赛进了3球，1970年决赛进球时不到30岁，梅西一届进两个。老马在1986年世界杯打进5球，也

场外

请梅西留印桑巴圣殿

12月19日，阿根廷队夺得世界杯冠军的第二天，巴西里约州体育局正式向梅西发函，邀请他留足印于马拉卡纳球场名人大道。马拉卡纳是巴西足球圣殿，它是里约州公共财产，归里约州体育局管理。如果梅西接受邀请，他将成为第一位留足印于马拉卡纳名人大道的阿根廷人。

CONVITE

LIONEL ANDRES MESSI CUCCITTINI

Lionel Messi

La Superintendencia de Deportes del Estado de Río de Janeiro - SUDERJ, una autarquía del Gobierno del Estado, tiene el honor de invitarlo a dejar sus huellas en el Paseo de la Fama del Maracaná, eternizando su nombre en la historia del fútbol mundial y del Maracaná. junto a estrellas como Pelé, Garrincha, Rivelino, Ronaldo Fenômeno y varios otros nombres relevantes que ya han pisado el.

Calçada da Fama do Maracanã.

Rio de Janeiro, 19 de Dezembro de 2022

Adriano José dos Santos
PRESIDENTE DA SUDERJ

GOVERNO DO ESTADO RIO DE JANEIRO

SUDERJ

在邀请信上，里约州体育局写道："利昂内尔·梅西：里约州体育局很荣幸地邀请你留足印于马拉卡纳名人大道，使你与贝利、加林查、里维利诺和罗纳尔多等其他许多已经留足印于此的巨星一起，名字在世界足球历史上和马拉卡纳历史上永存。"

据里约州体育局说，2019年巴西美洲杯期间，里约州方面曾邀请梅西6月24日，他32岁生日那天，留足印于马拉卡纳名人大道，但那一次没有留成；这一次，邀请是正式的，邀请信将以公文的方式发给阿根廷足协。

里约州体育局局长阿德里亚诺·桑托斯表示："梅西已经在球场内外展示了他所有的重要性。他是一位已经处于足球历史最高水平很多年的球员。世界杯夺冠只是一个美丽而成功的职业生涯的加冕。再没有比马拉卡纳向他做出这一致敬更公平的了。梅西绝对是位足球天才。"

截至梅西受邀之际，共有105位巨星留足印于马拉卡纳名人大道，其中98人是巴西人，只有玛塔是女性。另有7位国外巨星留下足印，分别是尤西比奥（葡萄牙）、埃利亚斯·菲格罗阿（智利）、罗梅里托（巴拉圭）、贝肯鲍尔（德国）、德扬·佩特科维奇（塞尔维亚）、吉贾（乌拉圭）和阿布雷乌（乌拉圭）。

↑ 世界杯夺冠后，梅西晒出与大力神杯共眠的照片。

是银靴，没有点球，但有一个举世闻名的手球，并不光彩。梅西淘汰赛场场进球，媲美1970年的巴西人雅伊尔济尼奥（史上唯一世界杯场场进球的球员，区别是那时只有3场淘汰赛，梅西有4场），7个进球有4个点球，但个个来得堂堂正正。世界杯史上，35岁或以上球员在决赛进球有两人，瑞典人利德霍尔姆在1958年决赛进球时，差3个月36岁，但进两球的只有梅西。

梅西的对手，是俱乐部队友姆巴佩，未来10年足坛几乎唯一的大神级球星，法国整体实力也略高阿根廷一筹。贝利的对手意大利、老马的对手西德，阵中都没有姆巴佩这个档次的劲敌。论难度，梅西最高，其次老马，第三贝利。

贝利的地位和三夺世界杯紧密地结合在一起。马拉多纳继位，也是因为世界杯。贝利之前，足坛不曾见过一位职业生涯如此稳定高产的前锋——参加4届世界杯届届进球，一头一尾两届都极为出色，尤其1970年这届，贝利将技术、意识和智慧发挥得淋漓尽致。不仅有对捷克斯洛伐克时的60米远射差点吊死门将（回敬前任主教练萨尔达尼亚造谣说自己近视眼），还有半决赛对乌拉圭，人球分过门将的机敏和诙谐，决赛助攻卡洛斯·阿尔贝托，更是千古绝唱。

贝利是1970年世界杯完美巴西的主角，皇冠上的明珠。没有贝利，巴西也能捧杯，有贝利，巴西夺冠更加绚丽多姿。而在马拉多纳之前，世界杯从未见过谁能凭一己之力决定冠军归属。老马在八强对英格兰千里走单骑，对比利时正面强突连过 4 人得分，不亚于贝利在 1970 年决赛的表演。梅西的决赛进球难称惊艳，但策划的第 2 球，是集体配合的佳作，足以载入史册。

梅罗之争不复存在

贝、马、梅都年少成名。贝利在瑞典初试啼声便夺得世界杯，年方十七，此后一发不可收拾，4 年后在智利蝉联，最终于阿兹特克为巴西永葆雷米特杯。参加 4 届夺冠 3 次，贝利空前绝后，就凭这一点，其历史地位难以撼动。

马拉多纳本该像贝利那样，舞象学射的年华就在世界杯大放异彩，但主教练梅诺蒂最终没有选他。1982 年第一次参加世界杯，马拉多纳没有冠军，只有红牌，4 年后再战，他一改上届的鲁莽，以成熟和霸气将阿根廷带成冠军。梅西的第一届世界杯，平平无奇，随后三届也始终未能踢出球王的水平。贝利能让全队发挥更好，老马能凭个人能力独立解题，梅西必须有匹配的打法才能将自身价值最大化，从个人参与和掌控的程度，老马的作用大于贝利大于梅西。

最后比职业成就，贝利在国家队有世界杯但没有美洲杯（老马也没有美洲杯），代表桑托斯拿全了国内外各级赛事锦标，在转会不自由、各队实力平均的年代，两线成绩高于老马，但低于梅西。综合评分，贝利在世界杯夺冠次数上领先，借此奠定的地位难被超越，梅西在拿到美洲杯之前，俱乐部的成就碾压两位前辈，拿到美洲杯和世界杯后，反超马拉多纳占据次席。如果他再踢两年国家队，多拿一届美洲杯，地位将更坚不可摧。至于他和 C 罗的双骄之争，也在本届世界杯正式落下帷幕，水落石出。

（本文仅代表作者观点）

贝利和马拉多纳相爱相杀多年，但在不少人眼中，贝利独揽 3 座世界杯的伟绩足以确立他历史第一人的地位。

金杯英雄谱

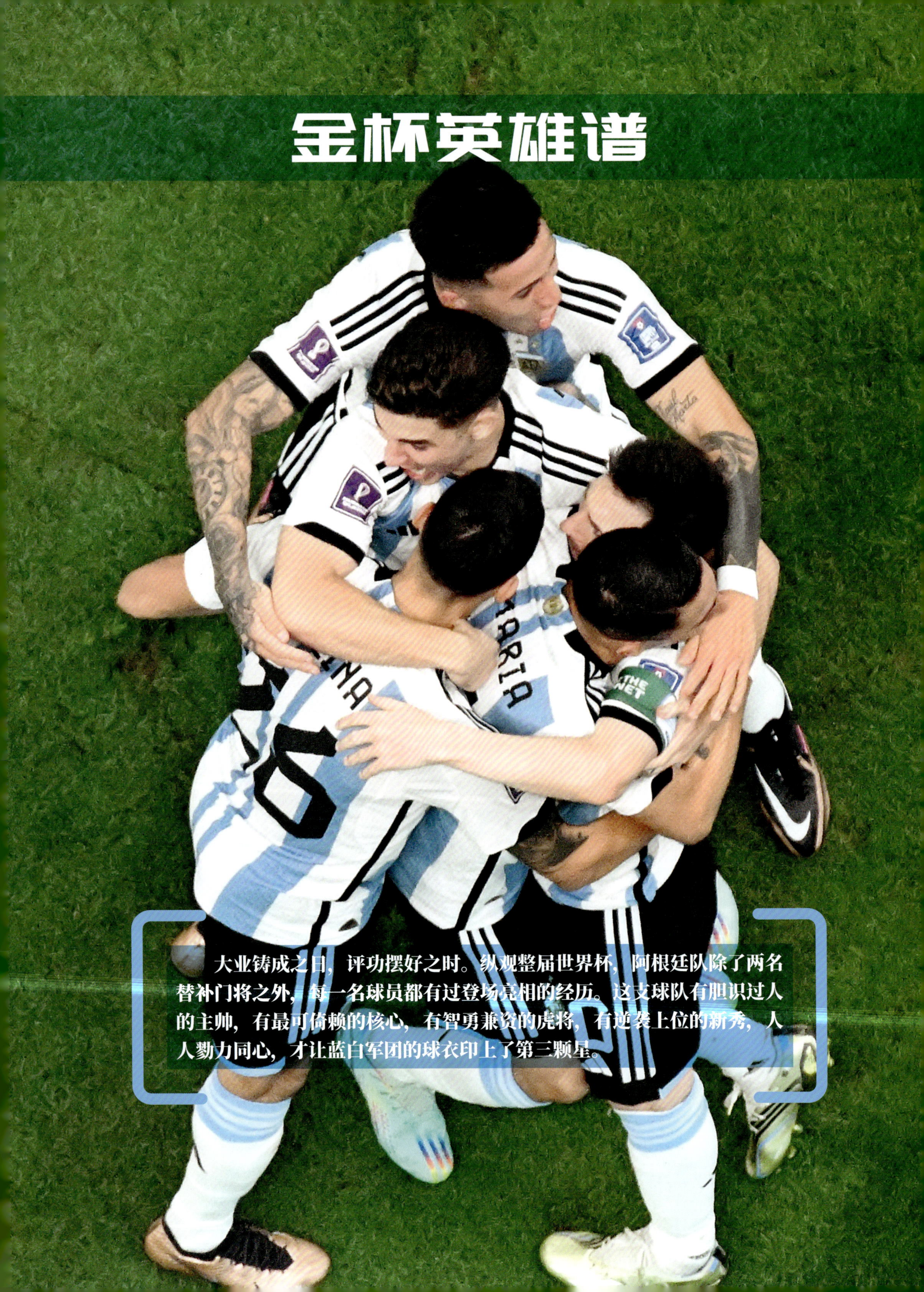

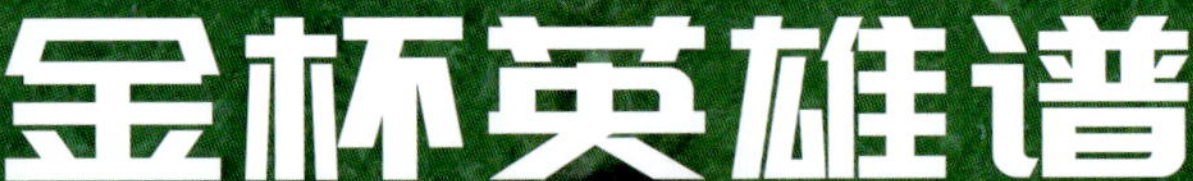

大业铸成之日，评功摆好之时。纵观整届世界杯，阿根廷队除了两名替补门将之外，每一名球员都有过登场亮相的经历。这支球队有胆识过人的主帅，有最可倚赖的核心，有智勇兼资的虎将，有逆袭上位的新秀，人人勠力同心，才让蓝白军团的球衣印上了第三颗星。

帅 斯卡洛尼 Lionel Scaloni

1978.05.16出生	阿根廷人
2018.08.02上任	57场37胜15平5负

本届世界杯

7战4胜2平1负，得失球15比8

（2场点球大战胜利在统计上计为平局）

首战负于沙特后，斯卡洛尼大胆提拔多名新人，针对不同对手不断变换战术，收获丰厚回报。在淘汰赛中，迎战荷兰，阿根廷变阵5后卫遏制对方反击；面对克罗地亚，阿根廷让出球权收缩防守，并用反击摧毁对手；决赛面对体能储备上不如自己的法国，阿根廷开场就施展疯狂逼抢，也成功抢到了开局。虽然在临场调整上还有细微提升空间，但作为一队统帅，斯卡洛尼本届世界杯的表现已经足够满分。

1 阿尔马尼 Franco Armani

1986.10.16	189厘米/88千克
18场0球	右足
门将	
阿甲河床	320万

本届世界杯

未出场

在埃米利亚诺·马丁内斯上位前，阿尔马尼曾是阿根廷的主力门将，2018年世界杯和2019年美洲杯上都曾作为主力门将出赛，但表现不如人意。在2021年被马丁内斯夺走主力位置后，阿尔马尼并未有任何怨言，而是继续作为替补为国家队服役。最后的颁奖阶段，身披1号球衣的阿尔马尼也得到了第一个上台领取世界杯金牌的机会。

2 福伊特 Juan Foyth

1998.01.12	187厘米/83千克
17场0球	右足
右后卫/中后卫/后腰	
西甲比利亚雷亚尔	2500万

本届世界杯

1场4分钟0球0助攻

比利亚雷亚尔边后卫，几年前一度是阿根廷右后卫位置的首选。但由于刚伤愈复出状态不佳，本届世界杯前的热身赛上他并未拿出令人信服的表现。到了正赛上，他也只能作为莫利纳和蒙铁尔两名右后卫的替补。福伊特最终在半决赛对阵克罗地亚大局已定之时得到了几分钟出场机会，表现中规中矩。作为替补中的替补，他也算完成了任务。

3 塔利亚菲科 Nicolas Tagliafico

1992.08.31	172厘米/65千克
48场0球	左足
左后卫/中后卫/左前卫	
法甲里昂	900万

本届世界杯

6场372分钟0球0助攻

里昂边卫，在首战对阵沙特时首发出场，但表现不佳，被提前换下，随后阿根廷左闸首发一直被阿库尼亚占据，塔利亚菲科难以得到太多出场时间。然而在半决赛顶替停赛的阿库尼亚首发出场，以及决赛临危受命首发出战时，他都很好地完成了任务。他在进攻端不如阿库尼亚亮眼，但防守端表现不辱使命。

4 蒙铁尔 Gonzalo Montiel

1997.01.01	176厘米/69千克
22场0球	右足
右后卫/右前卫	
西甲塞维利亚	1200万

本届世界杯

4场118分钟0球0助攻

塞维利亚右边卫，是2021年美洲杯夺冠的功臣之一。本届世界杯，他在小组赛次轮对阵墨西哥一战首发出战，但其他时间里只能让位给莫利纳。对阵荷兰一战他替补出场，吃到黄牌，半决赛对阵克罗地亚不得不停赛。决赛中替补出场的他在加时赛中手球送点，让法国再度扳平比分，但点球大战他戴罪立功，射入制胜球。

5 帕雷德斯 Leandro Paredes

1994.06.29	180厘米/75千克
51场4球	右足
后腰/中前卫	
意甲尤文图斯	1500万

本届世界杯

5场224分钟0球1助攻

作为原本阿根廷中场"铁三角"一员，本季在尤文枯坐板凳的帕雷德斯不在理想状态。首战首发出场的他表现不佳，让位给恩佐之后，阿根廷表现更好。淘汰赛几次替补出场，帕雷德斯在防守端表现中规中矩。半决赛对阵克罗地亚，首发的帕雷德斯也完成了遏制莫德里奇和科瓦契奇领衔的格子军中场的任务。在对阵荷兰和决赛对决法国的点球大战中，帕雷德斯均立下了功劳。

6 佩泽拉 German Pezzella

1991.06.27	187厘米/82千克
35场2球	右足
中后卫	
西甲皇家贝蒂斯	500万

本届世界杯

3场57分钟0球0助攻

佩泽拉在2021年美洲杯的夺冠旅程中发挥了重要作用，但在本届世界杯多少带点"灾星"属性。对阵荷兰最后时刻，他替补出场后送出禁区前沿的致命任意球，导致对手上演绝平，险些断送阿根廷的晋级梦想。决赛中斯卡洛尼在加时赛换上他以加强防守，但他再次经历了被绝平的磨难。

7 德保罗 Rodrigo De Paul

1994.05.24	180厘米/70千克
51场2球	右足
中前卫/进攻型中场	
西甲马德里竞技	4000万

本届世界杯

7场602分钟0球0助攻

真正的永动机，梅西身旁最可靠的护卫。场下与梅西形影不离的德保罗，在场上也始终在为梅西领衔的攻击线保驾护航。即使不像2021年美洲杯助攻迪马利亚在决赛攻入制胜球那般出彩，但永远不惜力奔跑的德保罗仍是阿根廷中场不可或缺之人，本届杯赛他在7场比赛中全部首发出战。对阵澳大利亚，德保罗的积极逼抢导致对方门将瑞安出现失误，也造就了阿尔瓦雷斯的进球。

8 阿库尼亚 Marcos Acuna

1991.10.28	172厘米/69千克
49场0球	左足
左后卫/左前卫/左边锋	
西甲塞维利亚	1400万

本届世界杯

6场374分钟0球1助攻

阿根廷左路助推器。首战沙特，阿库尼亚以替补身份开场，结果球队左路进攻完全瘫痪，下半时他上阵后，才有所改善。随后阿库尼亚成为主力，对阵荷兰的1/4决赛上，他冲到对方腹地制造了扩大比分的点球。其余时间里，他在攻防两端的表现也无可指摘。他在半决赛的黄牌停赛和决赛前被撤下首发略显可惜，但决赛替补出场后完成任务，外脚背传中差点帮助劳塔罗上演绝杀。

注：资料牌中均为世界杯后更新的数据。身价估值数据来自"转会市场"网站，货币单位为欧元。

9 阿尔瓦雷斯 Julian Alvarez

2000.01.31	170厘米/71千克
19场7球	右足
中锋/边锋	
英超曼城	5000万

本届世界杯

7场467分钟4球1助攻

“小蜘蛛”在世界杯化身“蜘蛛侠”，劳塔罗的低迷让他逆袭成为绝对主力，而他也用优秀的射术和不懈的跑动坐稳了首发中锋位置。成为梅西首席僚机后，除了对波兰上半场略显紧张，阿尔瓦雷斯的发挥堪称完美，共打入 4 球，半决赛独造 3 球，让阿根廷轻松战胜克罗地亚杀进决赛。对阵法国虽然没有进球，但他持续不断的逼抢和骚扰始终影响着对手的节奏。

10 梅西 Lionel Messi

1987.06.24	170厘米/67千克
172场98球	左足
二前锋/右边锋/中锋	
法甲巴黎圣日耳曼	5000万

本届世界杯

7场690分钟7球3助攻

还需要描述梅西的表现吗？已经习惯于破掉一系列纪录的他，再度缔造了众多纪录。26 次世界杯出场超越马特乌斯，成为历史第一；8 次助攻追平马拉多纳保持的世界杯纪录；从 16 强到决赛，4 场淘汰赛都进球，世界杯历史首见。决赛独中两元，点球大战罚入关键的第一个点球，整届杯赛贡献 7 球 3 助攻，制造 21 次得分机会，梅西无疑是本届世界杯最具决定性的球员。

11 迪马利亚 Angel Di Maria

1988.02.14	180厘米/75千克
129场28球	左足
右边锋/左边锋/进攻型中场	
意甲尤文图斯	1000万

本届世界杯

5场290分钟1球2助攻

纵使年龄已老，纵使伤病缠身，纵使整个淘汰赛阶段很少出场，但决赛首发出战 60 分钟的“老天使”证明自己仍是不折不扣的大场面先生、决赛专家。他用造点和破门为阿根廷确立优势，也弥补了 8 年前错失决赛的遗憾。他下场后，队友们先抑后扬，让哭成泪人的他没有再度留下无限遗憾。除决赛的亮眼发挥外，梅西在小组赛对墨西哥的关键进球，也是来自迪马利亚的助攻。

12 鲁利 Geronimo Rulli

1992.05.20	189厘米/84千克
4场0球	右足
门将	
西甲比利亚雷亚尔	1000万

本届世界杯

未出场

比利亚雷亚尔门将，本届世界杯没有得到出场机会，但作为“气氛组”重要成员，你总能看到他在替补席耍宝的场面。此外，梅西在对阵克罗地亚的半决赛后透露，鲁利和大马丁给过他主罚点球的建议，提醒他利瓦科维奇扑救低球能力很强，因此梅西选择了将球打向球门上角。作为替补门将，幕后的鲁利也有自己一份功劳。

13 罗梅罗 Cristian Romero

1998.04.27	185厘米/79千克
19场1球	右足
中后卫	
英超托特纳姆热刺	6000万

本届世界杯

7场548分钟0球0助攻

2021 年美洲杯的夺冠功臣，当时在决赛带伤上阵帮助球队夺冠，但本届世界杯前在热刺遭遇的伤病多少影响了罗梅罗的状态。首战沙特表现不佳，被早早换下，随后对阵墨西哥，主力位置让给了利桑德罗·马丁内斯，但对波兰时重回首发。纵观整届杯赛，罗梅罗表现虽不如身旁的奥塔门迪那般亮眼，却也没有犯下太多错误，决赛中打满全场，贡献了全场最高的 9 次解围。

14 帕拉西奥斯 Exequiel Palacios

1998.10.05	177厘米/71千克
23场0球	右足
中前卫/后腰/进攻型中场	
德甲勒沃库森	1500万

本届世界杯

3场47分钟0球0助攻

由于洛塞尔索伤缺，原本在大名单席位竞争中不敌恩佐·费尔南德斯的勒沃库森中场最终得以出征世界杯。他在本届杯赛仅有 3 次替补出场机会，加起来相当于半场球。近年几次伤病让他的状态打了折扣，但作为一名替补，表现中规中矩，已算完成任务。

15 科雷亚 Angel Correa

1995.03.09	171厘米/68千克
23场3球	右足
右边锋/二前锋/中锋	
西甲马德里竞技	4000万

本届世界杯

1场4分钟0球0助攻

此前在马竞主要充当替补角色，原本已无缘世界杯大名单，但在尼古拉斯·冈萨雷斯受伤退出后，安赫尔·科雷亚幸运地递补入选，弥补了落选 2018 年世界杯的遗憾，也让马竞成为本届世界杯为阿根廷贡献国脚最多的俱乐部（3 人）。“小天使”最终只在半决赛大局已定时替补登场亮相了几分钟。

16 阿尔马达 Thiago Almada

2001.04.26	171厘米/63千克
2场0球	右足
进攻型中场/边锋	
美职亚特兰大联	1500万

本届世界杯

1场6分钟0球0助攻

这位美职联历史转会身价最高的球员，最后时刻替换受伤的华金·科雷亚来到世界杯赛场，只在对阵波兰的比赛最后时刻得到 6 分钟出场机会，这也是他第一次在非友谊赛的比赛中为阿根廷出战。作为队内最年轻的球员之一，有望在未来迎来大把为国效力的机会。

17 戈麦斯 Alejandro "Papu" Gómez

1988.02.15	167厘米/68千克
17场3球	右足
左边锋/二前锋/进攻型中场	
西甲塞维利亚	400万

本届世界杯

2场109分钟0球0助攻

34 岁的塞维利亚攻击手在首战被沙特爆冷一役首发出场，表现未达预期。随后他逐步远离了首发阵容，直到对阵澳大利亚时重回首发，并再次被第一个换下。他在本届杯赛只出战了这 2 场比赛，几乎没有亮点，和 2021 年美洲杯上出战 2 次就贡献 2 球 1 助攻的表现相去甚远。

18 罗德里格斯 Guido Rodriguez

1994.04.12	185厘米/78千克
27场1球	右足
后腰/中前卫	
西甲皇家贝蒂斯	2800万

本届世界杯

1场57分钟0球0助攻

作为这支阿根廷阵中仅有的纯防守型中场，吉多·罗德里格斯在对阵墨西哥的比赛中顶替状态不佳的帕雷德斯首发出战。虽然表现不差，但下半场球队需要进球时，他被第一个换下，恩佐替入，后来的故事大家已耳熟能详。接下来的比赛中，作为恩佐和帕雷德斯身后的第三顺位人选，他再未得到出场机会。

19 奥塔门迪 Nicolas Otamendi

1988.02.12	183厘米/82千克
100场4球	右足
中后卫	
葡超本菲卡	300万

本届世界杯

7场690分钟0球1助攻

比起防线搭档罗梅罗，奥塔门迪本届世界杯的表现更加出彩，打满了每一分钟。作为从 2010 年世界杯起就跟随阿根廷南征北战的元老级中卫，他无疑是球队的后防领袖。本届世界杯上，他也成为阿根廷发挥最稳定的大将之一。缺憾是，他在决赛关键时刻送了点球，促使法国吹响反击号角，好在这一失误并未酿成阿根廷丢冠的悲剧。

20 麦卡利斯特 Alexis Mac Allister

1998.12.24	174厘米/72千克
14场1球	右足
中前卫/进攻型中场/后腰	
英超布莱顿	4200万

本届世界杯

6场555分钟1球1助攻

阿根廷本届世界杯的又一大发现。同为英超中场的他完美填补了洛塞尔索缺阵后留下的空缺，正是在他与恩佐进入首发阵容后，阿根廷的表现才一场好过一场。除了在两个禁区之间不懈的奔跑，麦卡利斯特亦屡次展现进攻端的才华。小组赛末战波兰，他为球队首开纪录，决赛则助攻了迪马利亚的进球，兼有一次次漂亮的摆脱推进。如今，他已成为梅西身旁又一位优秀的副攻手。

21 迪巴拉 Paulo Dybala

1993.11.15	177厘米/75千克
36场3球	左足
二前锋/中锋/右边锋	
意甲罗马	3000万

本届世界杯

2场16分钟0球0助攻

作为梅西这个位置的替补，罗马前锋在半决赛之前并未得到一分钟的出场机会。对阵克罗地亚，最后时刻替补出场的迪巴拉迎来本届杯赛首秀。而决赛最后时刻登场时，迪巴拉的任务原本只有在点球大战中操刀，他完成了这个使命。而那之前，他还出现在本方禁区做出了一次解围。任劳任怨的迪巴拉也为冠军奉献了自己的力量。

22 劳塔罗·马丁内斯 Lautaro Martinez

1997.08.22	174厘米/79千克
46场21球	右足
中锋/二前锋	
意甲国际米兰	7500万

本届世界杯

6场238分钟0球0助攻

作为队中身价估值最高的球员，劳塔罗的表现令人大失所望。伤病影响到了他在世界杯的状态，首战对阵沙特他屡次陷入越位陷阱，对阵澳大利亚他在替补出场后失机无数，决赛替补上阵后也是屡失良机。如此状态，被更犀利的阿尔瓦雷斯抢走首发位置也在情理之中。但不要忘记，8 强对荷兰打入制胜点球，决赛为梅西制造了加时赛补射破门的机会，劳塔罗也为夺冠立下一份功劳。

23 埃米利亚诺·马丁内斯 Emiliano Martinez

1992.09.02	195厘米/90千克
26场0球	右足
门将	
英超阿斯顿维拉	2800万

本届世界杯

7场690分钟8失球3零封

世界杯金手套，阿根廷守护神。经历了上届世界杯的卡瓦列罗和阿尔马尼后，阿根廷终于可以对门将放心了。16 强战和决赛，他都在最后时刻完成救命神扑，8 强战和决赛则都在点球大战中决定胜负。他浑不懔的气质和擅长搞对手心态的能力，令球队在关键时刻总能过关。仅有的瑕疵，大概就是首战被沙特 2 次射正就打入 2 球，以及在 8 强战激怒了荷兰，让他们吹起反击号角。

24 恩佐·费尔南德斯 Enzo Fernandez

2001.01.17	178厘米/78千克
10场1球	右足
中前卫/后腰/进攻型中场	
葡超本菲卡	5500万

本届世界杯

7场563分钟1球1助攻

还有什么比实现儿时梦想更美好？昔日将梅西视为偶像的恩佐如今以近乎完美的表现，帮助梅西填补了职业生涯最后的空白，自己也实至名归当选世界杯最佳新秀。对阵墨西哥替补出场打入国家队处子球后，恩佐便坐稳主力后腰位置，淘汰赛打满了每一分钟。他上位后，阿根廷一路披荆斩棘。唯一的瑕疵大概就是在与荷兰的点球大战中失手，但这并没有妨碍阿根廷晋级。

25 利桑德罗·马丁内斯 Lisandro Martinez

1998.01.18	175厘米/77千克
15场0球	左足
中后卫/左后卫/后腰	
英超曼联	5000万

本届世界杯

5场301分钟0球0助攻

曼联铁卫，本届世界杯出场时间不算多，但都给人留下深刻印象。小组赛次轮对阵墨西哥，替代状态不佳的罗梅罗首发登场，利桑德罗·马丁内斯以出色表现帮助阿根廷取得本届杯赛的第一场零封。1/8 决赛对阵澳大利亚，在替补登场后贡献了关键的"堵枪眼"，力保阿根廷胜利果实。对阵荷兰一战，作为三中卫一员首发出战的他也很好完成了任务。

26 莫利纳 Nahuel Molina

1998.04.06	175厘米/70千克
27场1球	右足
右后卫/左后卫/右前卫	
西甲马德里竞技	2200万

本届世界杯

7场568分钟1球1助攻

本届世界杯上，莫利纳是右后卫位置的首选，顺位压制着蒙铁尔和福伊特，而他在阿根廷的表现也比转会马竞之后出彩不少。1/4 决赛与荷兰一战，他接到梅西的妙传，为阿根廷率先破门，也斩获个人国家队处子球。决赛开场后前 80 分钟，直接对位姆巴佩的莫利纳基本没让法国 10 号占到太多便宜。他也成为世界杯后，阿根廷阵中身价估值上涨的 7 名球员之一。

金杯之路

10
AFA
AFA

第1战
世界杯C组第1轮
1:2

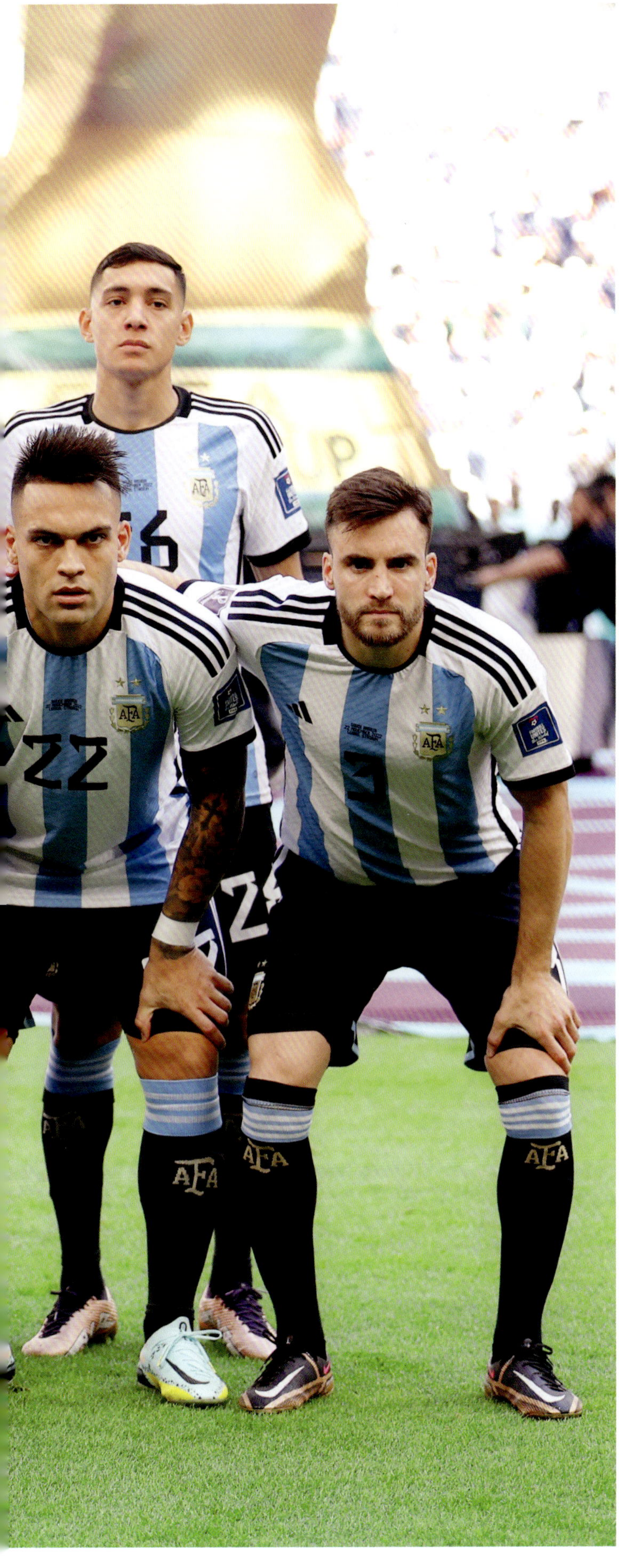

世界杯C组第1轮

阿根廷 1：2 沙特阿拉伯

2022.11.22
卢赛尔球场

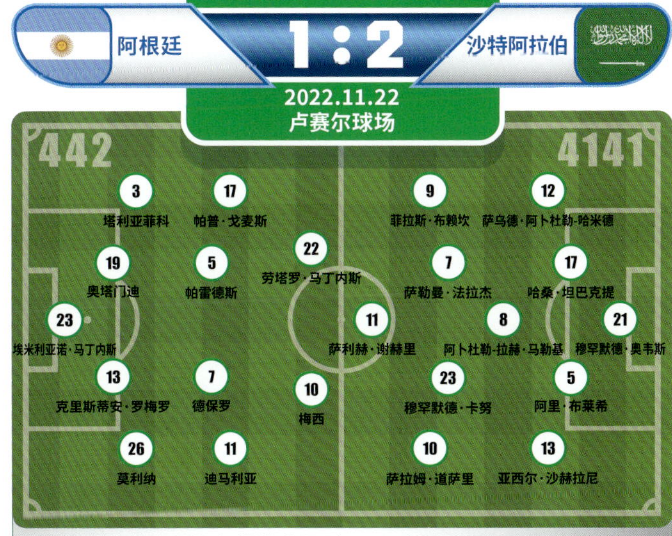

主裁判：斯拉夫科·温契奇（斯洛文尼亚） FIFA本场最佳球员：穆罕默德·奥韦斯

换人

阿根廷		沙特阿拉伯	
59'	13-克里斯蒂安·罗梅罗↓ 25-利桑德罗·马丁内斯↑	7-萨勒曼·法拉杰↓ 18-纳瓦夫·阿比德↑	45+4'
59'	17-帕普·戈麦斯↓ 9-胡利安·阿尔瓦雷斯↑	11-萨利赫·谢赫里↓ 2-苏丹·甘纳姆↑	78'
59'	5-帕雷德斯↓ 24-恩佐·费尔南德斯↑	18-纳瓦夫·阿比德↓ 4-阿卜杜拉·阿姆里↑	89'
71'	3-塔利亚菲科↓ 8-阿库尼亚↑	9-菲拉斯·布赖坎↓ 25-海赛姆·阿西里↑	89'
		13-亚西尔·沙赫拉尼↓ 6-穆罕默德·布赖克↑	90+9'

进球

10' 1比0（梅西）梅西开出角球，帕雷德斯禁区内被萨乌德·阿卜杜勒-哈米德抱摔，梅西点球射进左下角。

48' 1比1（萨利赫·谢赫里）阿卜杜勒-拉赫·马勒基中圈处送出长传，菲拉斯·布赖坎向前一垫，萨利赫·谢赫里突破克里斯蒂安·罗梅罗的防守，11米外低射打进远角。

53' 1比2（萨拉姆·道萨里）纳瓦夫·阿比德禁区内射门，奥塔门迪头球解围不远，萨拉姆·道萨里得球后转身晃开角度，禁区线上兜射进右上角。

黄牌

阿根廷	沙特阿拉伯	
	阿卜杜勒-拉赫·马勒基	67'
	阿里·布莱希	75'
	萨拉姆·道萨里	79'
	萨乌德·阿卜杜勒-哈米德	82'
	纳瓦夫·阿比德	88'
	穆罕默德·奥韦斯	90+2'

技术统计

阿根廷		沙特阿拉伯
2.26	预期进球	0.15
15(6)	射门(射正)	3(2)
0	射中门框	0
4	远射	0
69%	控球	31%
596(85%)	传球(成功率)	266(68%)
37(46%)	长传(成功率)	53(30%)
23(39%)	传中(成功率)	10(20%)
12(50%)	盘带(成功率)	13(23%)
9	角球	2
10	越位	1
60	成功对抗	34
16	成功争顶	7
17	铲断	18
9	拦截	14
9	解围	27
7	犯规	21
0	黄牌	6
0	红牌	0

数说

不败金身告破

卡塔尔世界杯开赛前，阿根廷在36场国际比赛中保持不败，此役遭遇逆转后不败金身告破。梅西点射破门，成为首位在4届世界杯完成破门的阿根廷球员。

1 阿根廷继1990年以来，首次遭遇世界杯小组赛开门黑。

1 沙特是世界杯历史上首支对阿根廷打进1球以上的亚洲球队。

3 梅西连续3场世界杯比赛均有进球。

4 梅西超越马拉多纳、巴蒂斯图塔，成为首位在4届世界杯破门的阿根廷球员。

4 35岁的梅西成为第四位完成出场的世界杯“五朝元老”。

5 阿根廷在世界杯第五次面对亚洲球队，此前4次均取胜，这也是他们继1986年对韩国和1998年对日本后，第三次在世界杯揭幕战迎战亚洲对手。

7 阿根廷上半时7次被吹越位，超过他们上半时的射门总数（5）。这也超越了他们在2018年世界杯的越位数总和（6次）。世界杯单场越位纪录保持者为荷兰（2014年对阵哥斯达黎加，13次）。

数说

10 阿根廷全场越位10次。

10 此役之前，托特纳姆热刺中卫克里斯蒂安·罗梅罗连续10场代表国家队出场的赛事中，阿根廷均取得零封。

20 梅西迎来个人第20场世界杯比赛，追平马斯切拉诺，并列阿根廷队史第2位，身前就是马拉多纳的21场。

25 德国转会市场网站显示，阿根廷全队当时总身价为6.45亿欧元，是总身价2502万欧元的沙特的25倍。

34 阿根廷是世界杯历史上首支有至少4名首发球员年龄超过34岁的球队（梅西、奥塔门迪、迪马利亚、帕普·戈麦斯）。

36 斯卡洛尼麾下，阿根廷在此前36场国际比赛中保持不败，距离纪录保持者——曼奇尼的意大利的37场——仅1场差距。遗憾的是，刷新纪录的希望被沙特终结。

498 阿根廷的498分钟不丢球纪录，终结于沙特的5分钟2球。

6003 2006年6月16日，梅西对阵塞黑取得个人世界杯首球，距比赛当日已隔6003天，刷新世界杯历史同一名球员两粒进球最长时间跨度纪录。

梅西此役罚进点球，但状态并不在最佳。阿根廷的进攻在这场比赛中遭遇沙特防线的顽强阻击。

大冷有先兆

《体坛周报》赴卡塔尔特派记者
梁宏业

阿根廷在小组赛首战就输给亚洲球队沙特，这是不是一个意外？在外界看来，阿根廷是本届赛事的夺冠热门，但输给沙特似乎早有征兆。

中场争夺战，阿根廷策略有误？

从比赛过程来看，或许很难下结论说阿根廷主帅斯卡洛尼没做足功课。正如他赛后所说，沙特打中前场紧逼、提高防线站位，是他早就预料到的，所以他选择了打对手身后的反越位战术。但阿根廷的确运气不好，几次进球都被吹了越位。另外一个情况是，阿根廷自身的状态不好，而且这种状态是部分主力球员有伤造成的。

比赛一开始，阿根廷就踢得非常主动，帕普·戈麦斯替代因伤缺席世界杯的洛塞尔索，成为左中场。但实际上，阿根廷的站位非常激进，梅西并非是前腰，而是和劳塔罗·马丁内斯站位平行的前锋，帕普·戈麦斯也几乎打到了左边锋的位置。迪马利亚本身就是右边锋，球队的阵形其实更像是424，德保罗后撤与帕雷德斯打双后腰。

我们能看到阿根廷非常依赖右路迪马利亚的进攻，开场仅2分钟，迪马利亚就从右路发动了颇具威胁的攻势，梅西中路射门被扑出，这次进攻形成了不小的威胁。之后帕雷德斯禁区内被抱摔，阿根廷得到点球，梅西罚进。而在阿根廷进球之后，沙特获得了不少进攻机会，甚至在一段时间内，把阿根廷压在己方半场。

上半场中段更是出现了一个奇怪的现象：沙特中前场压迫紧逼，而阿根廷也想用同样的方式进行回应，两队几乎所有人都集中在纵深不到30米的中场区域内。阿根廷面对这种情况不知道该做什么，如果要打对手身后，首先就需要自己后退，拉出长传的纵深，而如果是小纵深，那就适合在边路打二过一突破。但阿根廷两种方式都没有选择，而是专盯沙特防线身后，却又屡次越位。下半时，萨利赫·谢赫里“生吃”热刺主力中卫克里斯蒂安·罗梅罗，打进扳平进球，5分钟后萨拉姆·道萨里又在禁区内晃开防守，打进精彩一球。

沙特球员萨拉姆·道萨里打入反超进球后，空翻庆祝。

明知主力有伤，斯卡洛尼太保守

连丢 2 球后，斯卡洛尼立刻选择换人，其实利桑德罗·马丁内斯、胡利安·阿尔瓦雷斯等人早已在场边热身多时，斯卡洛尼和大多数阿根廷球迷一样，也早就对球队表现不满。斯卡洛尼换下的罗梅罗、帕普·戈麦斯和帕雷德斯其实都有伤在身，罗梅罗世界杯前本就有伤，没有参加对阿联酋的友谊赛，帕普·戈麦斯本赛季一直断断续续有伤，一度被认为可能会被斯卡洛尼调整出名单，而帕雷德斯因伤表现不佳，在尤文直接变成了替补。

笔者赛前在分析阿根廷大名单时曾指出，从世界杯开赛前的状态来看，阿根廷其实承担不起夺冠大热门的名号。第一场比赛过后，半支球队不在状态的情况，都展露在大家面前。比如热刺中卫罗梅罗，他的确是阿根廷在 2021 年夺得美洲杯的一大功臣，但有伤在身的他却被沙特前锋生吃突破，斯卡洛尼怎能不把他换下？

甚至连本赛季表现极好的梅西，也在来到卡塔尔后出现了伤病。梅西没有参加第一天的训练，第二天还在单独训练，虽然赛前面对媒体提问，他说自己已经达到 100% 的状态，但从本场比赛看，梅西并不在状态。尽管罚进点球，还打进了一粒越位球，但他丢失球权的次数不少，并且几乎没有突破，也没有成为致命直塞的提供者。

其实在赛前，阿根廷媒体就透露称，斯卡洛尼考虑更换部分主力，甚至不惜更换阵形。但最终，他还是选择了用 4 年心血打造出的这套阵容，我们甚至可以说，他的选择太过于保守。输掉首场比赛后，斯卡洛尼需要那些完全没有伤病、充满活力和动力的球员出场，哪怕这些球员并没有在阵容中经历长久磨合。

声音

别无选择，继续前进！

阿根廷爆冷输球，主帅斯卡洛尼受到外界批评，舆论普遍认为斯卡洛尼太过轻敌，对于对手的高位压迫没有任何的后手与变招。斯卡洛尼本人拒绝在失败中停留，“我们知道沙特的比赛方式，备战时我们就洞悉了他们的防守策略。越位都是毫米级别。现在我们别无选择，唯有站起来继续前进，没必要过多分析。今天的失利让人难受，但我们必须昂首向前”。

至于比赛本身，阿根廷主帅评论道：“我认为上半场属于我们，但一粒进球可以改变一切，我们会更加冷静地分析他们的进球。赛前外界将我们列为夺冠热门，但在世界杯上，什么都会发生。我们还有两场比赛，要继续前进。”

劳塔罗此役曾挑射破门，但被判罚越位在先。阿根廷全场比赛共有10次越位。

猎手自投罗网

《体坛周报》赴卡塔尔特派记者
梁宏业

作为记者，我们总是喜欢挖掘好故事；作为足球记者，我们总是要试图解释胜利和失败。阿根廷1比2输给沙特，爆了本届世界杯第一个大冷，寻求其中的解释，同样是我们想要的。

落入越位陷阱？阿根廷自找的

本场比赛中一个重要的现象，就是阿根廷全场10次越位，上半场就有7次越位。梅西的进球因越位而取消，劳塔罗的精彩挑射也因为越位而被判无效，似乎越位是阿根廷输掉本场比赛的一大根源。阿根廷主帅斯卡洛尼没有处理好战术细节，掉入了沙特主帅雷纳尔的陷阱？这可能是个好故事，也是个好解释。

赛后一位沙特记者询问雷纳尔，是否为越位陷阱战术而自豪，但雷纳尔并没有接话，而是表示："我中场休息的时候一点都不高兴，我们的逼抢做得不好，我们没有逼抢帕雷德斯和对方出球的中卫。上半场我们的进攻也没有打出来，我无法高兴。"雷纳尔丝毫没有配合记者，讲一讲越位陷阱的故事。

随后出席赛后发布会的斯卡洛尼，也不同意越位陷阱的说法。对于阿根廷上半时多个进球因为越位被取消，斯卡洛尼说道："我们早就知道对手的后防线会提得很高，我们追求打对手的身后，但他们的防守同样做得很好。我不认为我们整场比赛踢得糟糕，上半场比赛我们控制得很好，创造出很多机会。下半场比赛对手的进球发生在5分钟内，一切都很快。"

有一位阿根廷记者再次向斯卡洛尼提问：阿根廷是否落入了对方的战术圈套？斯卡洛尼说道："我们上半场的确打进了第二球，越位都是在毫厘之间，我们知道沙特后卫线会在高位，我们赌的就是这个，要打他们身后。但最终我们的进球都越位了，这个是高科技的裁定，我们接受。"

受伤病影响，克里斯蒂安·罗梅罗（左图）、帕雷德斯（下图左）与帕普·戈麦斯（下图右）此役皆状态不佳。阿根廷的第一粒失球前，克里斯蒂安·罗梅罗在防守中没能跟上沙特前锋萨利赫·谢赫里的步伐。

所以可以看出，并非是沙特给阿根廷设计了越位圈套，导致阿根廷落入陷阱，输掉了比赛。斯卡洛尼知道对手的特点之一是中前场紧逼，需要把防线提前，所以斯卡洛尼选择让球队打对手身后，试图利用对手身后空当，但很不巧的是，所有的尝试都失败了。

球员状态成谜，斯卡洛尼没说实话？

阿根廷作为本届世界杯的夺冠热门，首场就输给了理论上小组最弱的沙特，这个结果似乎是难以解释的。但正如开篇所说，我们必须寻求解释。在新闻发布会上，甚至还有人问斯卡洛尼是不是轻敌了，斯卡洛尼对此回应道："我们知道沙特的水平，我们一直很尊重对手，这条路找得不对。"还有记者认为，阿根廷输给最弱的沙特或许是个更好的选择，此后再战胜墨西哥和波兰，会让这段历程更有戏剧性，斯卡洛尼则表示："输球从来不是件好事，我们也不可能选择什么时候输球、在哪里输球。"

那会是阿根廷的体能原因吗？"体能？我们连丢 2 球时，是在第 48 分钟和第 53 分钟，怎么可能是体能问题？"斯卡洛尼反问道。

从阿根廷主帅这里，我们似乎得不到答案，唯一的答案就是，"有时候世界杯上会出现这种事，我们有很多机会没进，对方在很短的一段时间内就打进了 2 球"。但这并不是一种解释。

谁也不能保证斯卡洛尼所说的每一句话都是实话，比如伤病对球员状态的影响。被换下的克里斯蒂安·罗梅罗、帕普·戈麦斯和帕雷德斯此前在俱乐部都有伤，而且还多次缺席训练。但斯卡洛尼并不承认这些球员的身体状态有异常，"我换下他们是为了追求别的东西，并非是因为他们受伤了"。

阿根廷这场比赛输球的根本原因，除了沙特踢得确实不错之外，很大一部分原因是阿根廷队内一些主力球员状态不好，甚至是有伤在身，就如前文提到的三名球员。帕雷德斯在尤文因伤踢不上主力，克里斯蒂安·罗梅罗在热刺伤缺，帕普·戈麦斯在塞维利亚膝关节受伤，而两个左后卫塔利亚菲科和阿库尼亚在来到国家队前，也都有伤病。梅西虽然首发登场，但同样明显不在状态，莫名其妙丢失球权，在前腰位置没有突破、没有转身、少有传球，每次冲刺到禁区接长传球，都会被很容易地断下，这或许是更为接近真相的情况。

作为阵中头号球星与绝对核心，梅西是沙特在防守中的重点关照对象。

圆梦从磨难开始

《体坛周报》特约记者
吴昊宇

世界杯开赛前几天，多家媒体报道称，梅西在进行单独训练，可能是受到伤病影响，这一消息引来各方关注。在马内、本泽马等名将接连退出世界杯的情况下，如果梅西也无法亮相，产生的影响恐怕难以预计。好在最后只是虚惊一场，斯卡洛尼在赛前发布会上确认，梅西会出现在阿根廷对阵沙特的首发名单中。

英格兰名宿莱因克尔、西班牙队主帅恩里克等资深梅西拥趸，以及作为死敌的巴西足协都在世界杯前表态：如果自己的国家队被淘汰出局，就会支持阿根廷夺冠。他们希望看到梅西弥补 8 年前的遗憾，也期待看到属于这个时代的王者正式登基的一幕。在卡塔尔的高物价和各类限制措施的束缚下，阿根廷首战的门票还是早早被抢购一空，可见梅西世界杯"最后一舞"在全世界的空前影响力。

带着期待的目光，梅西率领阿根廷全队走入卢赛尔球场。他在开场阶段就接到劳塔罗·马丁内斯的做球，完成标志性射门，随后又点射命中。4 年前在莫斯科面对冰岛，同样是世界杯首场比赛，罚丢点球的梅西没能帮助阿根廷拿下开门红。这一次梅西没有重蹈罚丢点球的覆辙，但他大概也不会想到后来的风云突变。

下半场刚开始，阿根廷的松懈给了沙特机会，沙特连入

声音

没想到会这样开启世界杯

阿根廷 1 比 2 负于沙特赛后，作为队长与球队头号球星，梅西在混采区一露面便被话筒包围。梅西言简意赅，反省失利之余，号召球队团结，"我们知道沙特是一支拥有出色球员的球队，他们的传球很好，防线提得很靠前。此刻没有任何借口可找。我们要比以往任何时刻都更加团结，这是一个非常强大的集体，这一点已经得到了证明。今天的失利是我们很长时间来没有遭遇过的情况，现在我们必须证明自己是一个真正的集体。"

梅西也表示，这样的开局确实在意料之外，"这场比赛对我们所有人都是巨大的打击，我们没想到会以这种方式开启世界杯。但一切事情都有原因，我们必须为后续比赛做好准备。我们必须拿下，这取决于我们自己"。

↑ 比分落后的阿根廷在梅西的带领下掀起进攻浪潮，梅西还曾尝试头球攻门，但最终未能追平比分。

两球完成反超。此时阿根廷全队才如梦方醒，却无法立刻提速赶上对手节奏。作为队长的梅西仍然在试图带动全队，却多少显得有些力不从心，尽管他仍在全力为队友们输送炮弹，自己也在寻找破门机会，但在体能严重下滑的情况下，梅西出现在镜头中的时候，多是带球被断、传球失误、因动作慢了半拍而错失关键战机的画面。阿根廷最终吃下开门黑。

此前阿根廷保持着 36 场国际比赛不败的金身，但也因为连战连捷掩盖了很多问题。在过去一年多都“明牌作战”的情况下，阿根廷突然缺少了洛塞尔索和尼古拉斯·冈萨雷斯两名关键球员，斯卡洛尼仍未找到最优替代者。

此役斯卡洛尼派上帕普·戈麦斯和迪马利亚两名老将辅佐梅西，但帕普·戈麦斯难以承担洛塞尔索在梅西身边协助组织进攻的重要作用，迪马利亚也难以贡献冈萨雷斯的积极跑动，而这是眼下的梅西最为欠缺的。阿根廷之所以能在 2021 年美洲杯夺冠，除了防线表现出色，全队围绕在作为核心的梅西身边积极跑动和拼抢，同样是最终夺冠的关键。

但面对沙特，阿根廷全队拼抢乏力，跑动距离也远低于对手。或许是世界杯前热身赛 5 比 0 大胜阿联酋，让阿根廷教练组想当然地认为，靠闲庭信步的打法也能顺利击败对手。对阵有备而来的沙特，阿根廷攻击线在上半场屡屡越位，下半场陷入落后需要提速时，攻击线也无法跟上沙特的积极跑动。

球队落后之际，梅西没能挺身而出拯救球队于水火。补时阶段，梅西在沙特禁区内得球，但在奥韦斯已经弃门而出，门前只有 3 名后卫的情况下，他甚至没能拿到起脚射门的机会。在众多球迷期待梅西能够在本届世界杯圆梦的时候，阿根廷的开局让一切蒙阴。

数据

纪录更新日，梅西不开心

阿根廷负于沙特，爆出大冷，梅西此役点射建功，但他的进球没能帮助阿根廷取得一场胜利。这场比赛对于梅西有着特别的意义，他的多项纪录都得以更新，但在遭遇失利后，阿根廷队长显然无心庆祝。

此役过后，梅西成为首位在 4 届世界杯破门的阿根廷球员，并且连续 3 场世界杯比赛取得进球，他还成为第 4 位完成出场的世界杯“五朝元老”。这也是梅西的个人第 20 场世界杯比赛，他即将超越马拉多纳（21 场），刷新阿根廷队史纪录。此外，比赛当日距离梅西取得个人世界杯首球，已隔 6003 天，这一数字也刷新了世界杯历史同一球员两粒进球最长时间差。

萨利赫·谢赫里打入扳平进球，为沙特打开了胜利之门。

92年，冷门启示录

《体坛周报》记者
闫羽

冷门震惊世界！被认为准备献出世界杯“最后一舞”的梅西，一出场就吃到败仗，还是败给原本被普遍看衰的亚洲球队沙特，如此结果令人瞠目结舌。一方是大赛开幕前的第二号夺冠热门，另一方则是此前整个世界杯参赛史只赢过4场的小角色。面对这样的悬殊对比，弱者沙特2比1逆转笑到了最后，不能不让人感叹世界杯就是如此神奇，孕育出的冷门也再度充分说明那句真理：足球是圆的。

德法意英都挨过闷棍

在世界杯92年的历史上，还曾有过哪些令人“猝不及防”的比赛结果？其实4年前的俄罗斯，我们就已经见识过傲慢的欧美豪强倒在勤勉的亚洲球队脚下。2比0，赛前已经出线无望的韩国人用死战到底的精神教育了上届冠军德国，补时阶段的两次破门直接送对方回家。当然，那一届的德国在较早之前就已经露出过败象，小组赛首轮即不敌墨西哥。

像阿根廷这样，大热门一亮相就被“足球第三世界国家”敲一大闷棍的，最近的例子应该要追溯到20年前。韩日世界杯揭幕战，拥有亨利、特雷泽盖、德约卡夫和德塞利等一代传奇的上届冠军法国出师不利，被首次参加世界杯的特兰加雄狮塞内加尔1比0击败，就此走上折戟小组赛之路。同是2002年世界杯，韩国在16强战中2比1击败意大利，也堪称是世界杯史上最让人印象深刻的冷门之一。只不过，它“名垂青史”更多的是因为厄瓜多尔籍主裁莫雷诺的拙劣判罚。

作为4届世界杯冠军和2届亚军，意大利毫无疑问是足坛的最重要力量之一，但错过本届大赛的他们，阴沟翻船的历史还真有不少。除了2002年对韩国，1966年败给朝鲜也是举世闻名的冷门之一。当年苏联、朝鲜、意大利和智利同在一组。朝鲜前两轮惨败苏联战平智利，而意大利则是小负苏联对智利完胜。结果两队末轮相遇，蓝衣军团被朴斗翼的进球送走，朝鲜则小组出线，历史性杀进8强。

除了亚非球队，来自北美的美国亦曾在世界杯赛场创造过“最早的超级冷门”。1950年巴西世界杯，“现代足球鼻祖”英国终于决定参加这项世界大赛，而击败其余同胞球队的英格兰则是他们现身南美的代表。小组赛首轮，英格兰2比0轻取智利，但第2场却0比1倒在了美国队脚下。据称当时美国获胜的赔率是1赔500，足见战前英格兰人的轻敌。而在赛后，也曾有过一桩爆笑事件：由于不相信自己的球队会在地球另一边输给微不足道的对手，不少英国人都以为是报纸印错了，实际比分应该是10比1而不是0比1。

那场败北之后，自以为是“足球祖师爷”的英格兰也没能继续前进，末轮他们又输给西班牙，最终无缘晋级。不过需要指出的是，并不是所有被以弱胜强、意外丢脸的强队到后来都一无所成。举个例子，1982年世界杯小组赛首轮，拥有鲁梅尼格的西德一上来就1比2输给了首次参加世界杯的北非之狐阿尔及利亚，但后来西德还是小组出线，并一路杀进决赛拿到亚军。

低开高走，有迹可循

到了1990年世界杯，阿根廷也有过一回低开高走，小组赛开局0比1败给了喀麦隆。需要说明的是，当年的非洲雄狮还没有像现在这样的世界杯常客地位，意大利之夏只是他们自1982年开始后参加的第二届世界杯。而从赛前的夺冠赔率来看，喀麦隆也只是1赔500的“小虾米”，阿根廷则是上届冠军，拥有马拉多纳这位足球之神。

那一年，喀麦隆杀进8强，向世界杯展示了非洲力量的崛起，而只拿到小组第三的阿根廷却也一路磕磕绊绊走到了决赛，最后输给了西德。就这一点来看，被爆冷也不是末日，如何从败局中找出改进办法和积极要素，才是强队遭遇冷门之后最该考虑的问题。

其实若从结果来倒推，12年前还有一个积极的案例——2008年欧洲杯冠军西班牙以输球开局，在南非世界杯首战就上演了“攻坚不足被对方反杀”的戏码，0比1输给档次明显低于己方的瑞士。然而随后的走势却令人诧异，由名帅希斯菲尔德指导的“十字军团”小组没出线，斗牛士们却在博斯克的引领下首夺大力神杯。

当然除了以弱胜强，世界杯的冷门也还有别的形式，包括强强对话也可能出现一边倒的情况，就像2014年德国对巴西7比1，还有小组赛荷兰5比1逆转西班牙。这些都是足球史上的经典战例，也是世界杯大舞台的魅力展现。

声音

逼抢梅西，你还能合影！

沙特阿拉伯2比1逆转战胜阿根廷，爆出卡塔尔世界杯开赛后的第一个大冷门。上半场结束时，沙特还0比1落后，但他们在下半时开始后立即状态爆发，连入两球。

中场休息时，沙特更衣室发生了什么？根据之后披露的一段视频，主帅雷纳尔的激情喊话，点醒了沙特众将：“你们就是这么逼抢的吗？你们还想不想和梅西合影？梅西要球，然后你们就站着不动。尊重一下球迷吧，你们必须要去逼抢他，要去给他施压！”

↑ 沙特门将穆罕默德·奥韦斯此役发挥神勇，多次做出精彩扑救，他在赛后当选全场最佳球员。

默契向后，冲劲优先

《体坛周报》赴卡塔尔特派记者
梁宏业

咽下爆冷输给沙特的苦果后，阿根廷遭遇了另一个难题：换不换主力阵容中的球员。对阵沙特一役，在被对手连进两球反超后，主帅斯卡洛尼一下更换三人，状态不好此前一直有伤的克里斯蒂安·罗梅罗、帕普·戈麦斯和帕雷德斯都被撤下，取而代之的是利桑德罗·马丁内斯、胡利安·阿尔瓦雷斯和恩佐·费尔南德斯，但最终球队也没有扳平比分。

队魂梅西不可换

赛后，队长梅西和斯卡洛尼都是在保持克制和冷静的情况下，接受了媒体采访。斯卡洛尼尽量把比赛描绘成球队遭遇了运气极差的一天，但凡有一个毫米级越位不成立，阿根廷也会拿下比赛，似乎这场失利非战之过，而是天命使然。赛后，前国家队成员、和目前队内大多数球员一起夺得美洲杯冠军的阿圭罗也说道："我认为阿根廷踢得不错，而不是踢得不好，毫厘之间的越位这种事，又能怎么办呢？"

但也有评论员认为，斯卡洛尼犯了战术错误，屡次掉进战术陷阱，阿根廷很多拿手好戏也都没有打出来。还有很多记者在批判阿根廷不少球员不在状态，甚至怀疑某些球员的态度。比如阿根廷在卡塔尔当地时间下午1点比赛，而德保罗凌晨4点还在社交媒体上给自己的火辣女友点赞。

这些讨论的目的，是希望球队改进。如果都认为球队只是运气不好，那么斯卡洛尼可能不会改变首发11人，而如果是球员真的身体状态有问题，那就必须更换球员。一些评论员，包括斯卡洛尼以及梅西，虽然表面上都不承认

↑ 首战发挥欠佳的梅西，仍是阿根廷不可替代的灵魂。
→ 对阵沙特一役，锋线小将胡利安·阿尔瓦雷斯替补登场，尽管未能取得进球，但他积极的表现给人留下了深刻印象。

某些球员不在状态，但他们自己也很难相信输给沙特真的只是一场意外。

斯卡洛尼进退两难，毕竟这是一支磨合了 4 年的球队，如果选择更换至少三位美洲杯夺冠的主力球员，球队长期养成的配合默契很可能消失。但如果继续让那些有伤或者状态低迷的球员踢主力，阿根廷或许会直接小组出局。

尽管梅西状态不佳，但阿根廷媒体首先肯定，梅西不能在第二场打替补，“只要看到梅西坐在替补席，我们所有阿根廷人就知道一切都完了，梅西是支撑这支阿根廷队有夺冠可能的唯一论据”。梅西是球队的队魂，如果把他放在替补席，其他球员也无法接受，队内的团结气氛肯定也会大受影响。无论梅西是否还有身体上的不适，他都肯定要出场。

大调整势在必行

中卫罗梅罗此前一直有伤，对阵沙特的比赛，换下他的是利桑德罗·马丁内斯，后者本赛季在曼联的发挥越来越好，也是斯卡洛尼一直想安排进主力阵容的球员。利马有拼劲，而且传球能力出色，是阿根廷后卫中状态较好的一人。

在中场阵容方面，舆论甚至出现了要求更换三人的呼声，但斯卡洛尼会保留德保罗。马竞中场最近在俱乐部也不是主力，踢得越来越缺乏灵感，不敌沙特赛后广受批评，但起码他身体健康，而且阿根廷本就急缺中场。帕雷德斯很难留在首发，他的状态明显不在最佳。崛起的新星恩佐·费尔南德斯，是一个合理的替换选择。另一名中场帕普·戈麦斯，则可能会让位给麦卡利斯特。

此外，斯卡洛尼还需要改变战术。媒体批评阿根廷主帅的战术不对头，并不理解他的反越位赌博，此外阿根廷还在很多时间内打出了424阵形，梅西和劳塔罗都在中路，两翼是戈麦斯和迪马利亚，中场中路只有德保罗和帕雷德斯。这个阵形的实际效果并不好，球员们缺乏移动和位置交换。

如此安排的负面影响不小，比如右后卫莫利纳有很强的助攻能力，但他比赛中一次像样的助攻都没有，因为他身前有迪马利亚，后者的任务是一对一突破，莫利纳就要给随时可能丢球的迪马利亚断后。另一个体现是，迪马利亚在大部分情况下都是自己突破，缺少和中场队友的二过一配合，但这是因为德保罗和帕雷德斯负责整个中场，两人还怎么能抽身和迪马利亚打二过一呢？

阿圭罗说，阿根廷在备战期内从未和一支敢把防线提到中场的球队交手，所以对阵沙特时吃了一惊，越位太多表现不够好。接下来的对手墨西哥和波兰的比赛方式，阿根廷应该会更加熟悉。阿根廷需要尽快找回失去的进攻灵感，找回禁区前快速一脚传球的感觉。

声音

为偷懒付出代价

曾帮助阿根廷夺得1978年世界杯冠军的肯佩斯，对阿根廷在卡塔尔世界杯上首战的表现提出了批评：“阿根廷没有找到场上的空间，也没把握住时机。他们踢得不好，没有很好地阅读比赛，我不知道这是不是36场不败造成的影响。阿根廷在中场区域有些松懈，但这正是应该重点投入的地方。短时间内丢了两个球，这让球队的计划告吹。”

“比赛从来都不会在开赛前就赢下。阿根廷在有些时候太偷懒了，然后就付出了代价。现在他们应该忘记自己的身份，忘记自己是热门，从零开始。”

梅西点射破门，阿根廷球员相拥庆祝。首战爆冷告负，全队团结依旧，并在接下来的比赛中走出了失利阴影。

梅西在比赛中整理队长袖标。与职业生涯早期相比，如今的梅西早已告别沉默。面对失利，阿根廷队长向全队喊话，鼓励球队振作起来，发挥了至关重要的领袖作用。

"将这一页翻过去！"

《体坛周报》记者
曹知远

C组首轮爆出大冷，阿根廷在1球领先的情况下被沙特连进2球，最终1比2失利。终场哨声响起，沙特全队进入球场欢庆胜利，阿根廷众将极为失落，神情木然。

赛后的采访区，大多数阿根廷球员选择匆匆而过，并没有接受媒体的采访。不过，梅西、迪马利亚、帕普·戈麦斯与门将埃米利亚诺·马丁内斯还是停住了脚步，道出了自己的想法。梅西表示："这场比赛对所有人来说都是巨大打击，我们没想到会以这种方式开启世界杯征程……赛后的更衣室一片死寂。希望大家继续给予我们信任，希望球迷相信我们。"

梅西表示更衣室"一片死寂"，但这或许也只是一种形容。根据阿根廷媒体的后续报道，尽管球队深受首战失利的打击，但并未失魂落魄、彻底沉默。《奥莱报》就透露，阿根廷全队在赛后一小时的时间里，都没有离开更衣室。TyC体育则表示，阿根廷球员在更衣室内有过谈话，梅西作为队长也向大家喊话，希望全队继续奋进，"将这一页翻过去，相信球队尚未失去什么"。

《号角报》则透露，在返回球队驻地卡塔尔大学的路上，梅西也打破了沉默的氛围，他希望全队都振作起来，向外界证明球队的努力，并且要立即向前看。此外，主教练斯卡洛尼也带领教练组与球员们进行了沟通，而沟通的重点对象是没有世界杯参赛经验的球员。在这支阿根廷队中，有不少球员是第一次参加世界杯，他们也承受着相当大的精神压力。教练组希望通过谈话，将这样的压力排解出去。

这场比赛的开球时间很早，回到驻地后，阿根廷全队正好要吃晚饭。尽管有过之前的谈话，但队内的氛围仍然并不轻松。迪马利亚、德保罗、帕雷德斯和埃米利亚诺·马丁内斯等人则在差不多相同的时段，通过社交媒体发声，鼓励全队，并希望球迷继续支持、信任这支球队。

对于次日的训练，教练组更改了一些安排，将出操时间提前到了上午11时——按照正常的计划，阿根廷的训练时间本应在下午3时或下午6时，以避开高温时段。对于阿根廷队来说，首战失利并非末日，而接下来的对手墨西哥与波兰在首轮战平，这对于阿根廷来说也是相对利好的消息。在阿根廷队内看来，两队0比0的平局结果，可以成为球队逆势前进的助推剂，接下来全队将专注于下一场比赛的备战。

G. OCHOA
13
10

第2战
世界杯C组第2轮
2:0

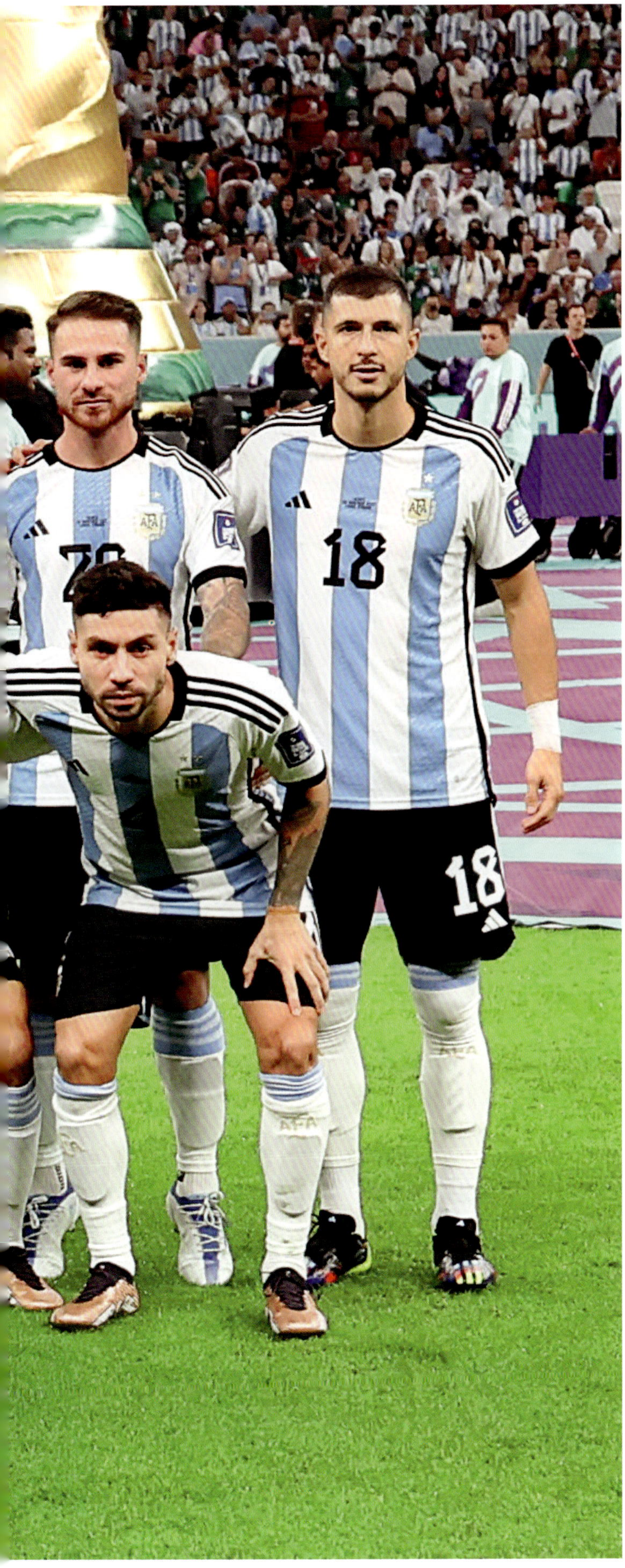

世界杯C组第2轮

阿根廷 2:0 墨西哥

2022.11.26

卢赛尔球场

主裁判：达尼埃莱·奥尔萨托（意大利） FIFA本场最佳球员：梅西

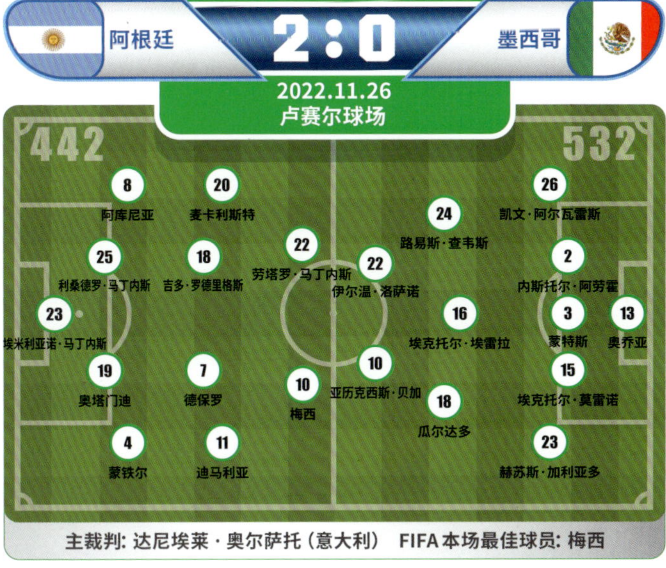

换人

阿根廷	墨西哥
57’ 18-吉多·罗德里格斯↓ 24-恩佐·费尔南德斯↑	18-瓜尔达多↓ 14-埃里克·古铁雷斯↑ 42’
63’ 4-蒙铁尔↓ 26-纳韦尔·莫利纳↑	26-凯文·阿尔瓦雷斯↓ 9-劳尔·希门尼斯↑ 66’
63’ 22-劳塔罗·马丁内斯↓ 9-胡利安·阿尔瓦雷斯↑	10-亚历克西斯·贝加↓ 21-安图纳↑ 66’
69’ 11-迪马利亚↓ 13-克里斯蒂安·罗梅罗↑	22-伊尔温·洛萨诺↓ 25-罗伯托·阿尔瓦拉多↑ 73’
69’ 20-麦卡利斯特↓ 14-帕拉西奥斯↑	

进球

64’ 1比0（梅西）迪马利亚右路传中，梅西弧顶前沿左脚低射，皮球钻进右下角。

87’ 2比0（恩佐·费尔南德斯）阿根廷左侧开战术角球，梅西左侧边线回敲，恩佐·费尔南德斯切入禁区斜射挂远角。

黄牌

阿根廷	墨西哥
43’ 蒙铁尔	内斯托尔·阿劳霍 22’
	埃里克·古铁雷斯 50’
	埃克托尔·埃雷拉 66’
	罗伯托·阿尔瓦拉多 89’

技术统计

阿根廷		墨西哥
0.32	预期进球	0.27
5(2)	射门（射正）	4(1)
0	射中门框	0
3	远射	3
59%	控球	41%
528(84%)	传球（成功率）	370(77%)
32 (28%)	长传（成功率）	47 (36%)
13 (15%)	传中（成功率）	15 (20%)
19 (53%)	盘带（成功率）	8 (25%)
4	角球	2
2	越位	4
57	成功对抗	48
15	成功争顶	14
14	铲断	18
7	拦截	13
16	解围	16
15	犯规	19
1	黄牌	4
0	红牌	0

数说

无止境，最年轻升级最年长

一球一助的梅西，犹如天神降临，助深渊中的阿根廷取得对墨西哥生死战的关键胜利。35岁155天的梅西，由昔日世界杯单场传射的最年轻球员，升级为如今最年长的领袖。时间的参照物是什么，接梅西助攻的恩佐·费尔南德斯或许可以给出答案，他由此成为2006年的梅西以来，取得世界杯进球的最年轻阿根廷球员。

1 梅西是1966年以来单场世界杯进球且助攻的最年轻球员（2006年对塞黑，18岁357天）和最年长球员（2022年对墨西哥，35岁155天）。

2 梅西连续2场世界杯破门，在阿根廷球员中仅次于自己2014年世界杯连续3场破门，此外还有马拉多纳、肯佩斯、卡尼吉亚、巴蒂斯图塔、阿蒂梅、科尔瓦塔连续2场破门。

4 上半场总共4次射门（阿根廷1次，墨西哥3次），这是2014年荷兰对阿根廷（3次）以来射门次数最低的世界杯上半场，那场比赛最终进入了点球大战。

4 2006年首秀以来，梅西世界杯禁区外4球，同期排名首位。福兰和大卫·比利亚3球并列次席。世界杯禁区外进球总排行榜：里维利诺5球；马特乌斯/梅西/福兰4球。

5 双方队长梅西和瓜尔达多都参加了5届世界杯，史上共有6人做到，其中3人来自墨西哥（安东尼奥·卡瓦哈尔、马克斯、瓜尔达多），除此以外还有马特乌斯和C罗。

5 梅西成为首位5届世界杯皆有助攻的球员。世界杯助攻榜：马拉多纳8助；利特巴尔斯基/施魏因斯泰格/拉托7助；梅西6助。

5 梅西参与了阿根廷最近5个世界杯进球（2球3助）。

6 梅西第2次代表阿根廷连续6场破门，上次是2011年11月到2012年9月。

7 阿根廷近7场世界杯，有3场上半时0射正，相当于该队此前59场世界杯上半时0射正的总场次。

8 阿根廷球员世界杯进球榜：巴蒂斯图塔10球；斯塔比莱/马拉多纳/梅西8球；肯佩斯6球。

10 恩佐·费尔南德斯成为第10位世界杯进球的本菲卡队员，也是其中第二位外籍球员（首位是2010年乌拉圭队马克西·佩雷拉）。

11 2004年美洲杯0比1告负后，阿根廷对墨西哥连续11场不败（8胜3平）。

17 梅西2022年9场国家队比赛参与17球（13球4助），并打破个人国家队年度进球纪录（2012年12球）。

19 梅西本赛季俱乐部和国家队19球，国家队进球增至93粒，职业生涯成年队进球增至788粒。

21 梅西21场世界杯，超过马斯切拉诺（20场），追平马拉多纳保持的阿根廷球员纪录，在所有球员中仅次于马尔蒂尼（23场）、克洛泽（24场）、马特乌斯（25场）。

21 恩佐·费尔南德斯成为2006年梅西（对塞黑，18岁357天）以来世界杯进球的最年轻阿根廷球员（21岁313天）。

34 是役34次犯规，超过波兰对沙特、葡萄牙对加纳（均为33次），创下本届世界杯纪录。

35 梅西在国家队攻破35支球队的大门，追平克洛泽和大卫·比利亚，仅次于亨利（37）、罗比·基恩（37）和C罗（46）。

58 梅西2022年国家队和俱乐部46场比赛参与58球（30球28助）。

112 此役之前，梅西世界杯过人成功112次，1966年有该项数据统计以来，只有他和马拉多纳（105次）突破百次大关。

88966 是役88966人现场观战，创下28年前美国世界杯决赛（9.4万人）以来世界杯单场上座纪录。

2022年11月26日，梅西进球后向看台送出深情飞吻。

梅西复活阿根廷

《体坛周报》赴卡塔尔特派记者
梁宏业

梅西的一脚冷射就像从天而降，没有缘由。也正是凭借梅西的这脚射门，阿根廷终于得以打破僵局，在爆冷负于沙特阿拉伯后获得了重生。最终，替补出场的恩佐·费尔南德斯打进第二球锁定胜局。纵观全场，很难说众志成城的阿根廷踢得有多好，但他们再次证明了自己是一支有竞争力的球队，以自己的方式，保留着冲击大力神杯的希望。

经过大换血，反而不会踢？

首战失利后的阿根廷，不会进行大换血的传闻已经得到证伪。赛前最后一堂训练中，斯卡洛尼对主力阵容进行了大幅度调整，更换人数足有 5 名，几乎等于半支球队，而此役首发也是如此。后防线上，奥塔门迪以外的莫利纳、克里斯蒂安·罗梅罗和塔利亚菲科都被拿下，取而代之的是蒙铁尔、利桑德罗和阿库尼亚。中场同样做出了大幅度调整，除了德保罗，帕普·戈麦斯和后腰帕雷德斯两名中场被麦卡利斯特和吉多·罗德里格斯取代。

阿根廷和墨西哥的较量，不管在技战术还是实力对抗上，都难以被称为世界杯的重头戏。但在球迷数量的角力上，则是例外中的例外，因为两队球迷都有极高的热情，卢赛尔球场除了小部分座位被当地球迷和第三方球迷占据，整个球场都沉浸在蓝白色和绿色的海洋中。笔者也终于在此时明白，为什么主办方会尽量把阿根廷和巴西的比赛安排在卢赛尔球场，因为这是本届世界杯最大的承办球场，可容纳球迷数量是除海湾球场外其他球场的两倍。而本场比赛的入场球迷达

声音 利昂内尔，请留下

恩佐·费尔南德斯替补登场，接梅西助攻为阿根廷队锁定胜局。与偶像梅西并肩作战，一直是恩佐的心愿。而在 2016 年 6 月，阿根廷折戟美洲杯、洲际大赛连续 3 次居亚后，梅西对国家队心生去意时，15 岁的恩佐曾在社媒发文，言辞恳切地为梅西辩护，并深情请求后者留下。

“我们要如何说服你？我们就像是失了魂一样。我们要如何说服你，你的肩上压力那么大，我们的压力只有你的 1%。你早上醒来看着镜子，你知道有 4000 多万人要求你做到尽善尽美，把这种压力强加给你。

“我们要如何说服你。我们总是无法理解，你其实也是人，一位拥有无与伦比天赋的人，一位这个星球上最棒的球员，但归根结底你也是一个普通人。我们总是一直向前，却才注意到你不应承受失利带来的愤怒，而这些情绪很多时候源自我们自己的失望。我们看看镜子里的自己，然后自问，我们对于自己的要求，有没有达到对梅西的要求的 1%，然而我们在生活中甚至并不认识这个人。

我们要如何说服你。很难看到大家称赞你，你在假期里本可以去海滩度假，但你却在这里身披国家队球衣奔跑，而我们的眼睛却只关注你是不是在球场上跑动，有没有唱国歌。

“利昂内尔，去做你想做的事情吧，但请考虑一下留在国家队。我希望你能够享受地留在这里，人们剥夺了你享受的权利。在这个充满荒谬压力的世界里，你还能展现出高超的能力。你肯定梦想着代表自己的国家出战，享受比赛。看到你身着国家队战袍比赛，是无上的骄傲，请享受比赛吧，你不知道，你给我们带来了多大的快乐。感谢你，对不起。”

↑ 2022年11月26日，梅西在墨西哥禁区前跃起停球。

到 88966 人，虽然墨西哥支持者不在少数，但阿根廷球迷更加训练有素，他们合唱曲目众多，口号整齐划一，容易形成压制性共鸣，于是比赛在阿根廷的“伪主场”氛围中拉开战幕。

然而斯卡洛尼的“大手术”，让场上的阿根廷球员从哨响之后便感到无所适从。而且墨西哥实行了类似沙特的前场紧逼打法。阿根廷中场德保罗成为重灾区，开场后他的控球就不断被抢断，传球也因对手人员密集而多次被拦截。德保罗看上去是最差的，实际却是阿根廷表现最好的中场，被扶正的后腰吉多·罗德里格斯和左前卫麦卡利斯特几乎消失，只有深度回撤的梅西能帮上德保罗的忙。

吉多·罗德里格斯非常惧怕在有人逼抢的情况下背身接后卫传球，最终他选择回到奥塔门迪和利马之间作为出球点，表献寥寥，这等于让阿根廷的三中场变为两中场，而且麦卡利斯特没有阅读比赛，不懂得在形势紧急时回撤帮忙。直到第 23 分钟，斯卡洛尼把蒙铁尔叫到身边，让他传话给麦卡利斯特回来接球，才缓和了一些后场被抢断的窘境。梅西此后两次指示吉多要敢于直接把球往前送，不要只是向两侧送安全球，但吉多还是无法按照队长的要求行事。

整个上半场，阿根廷看似拥有球权，实则很难制造出哪怕一次威胁攻门，直到第 40 分钟，才由劳塔罗完成了一次勉强的头球攻门，还打高了。但一个好的迹象是，上半时阿根廷的最后一次进攻打出了久违的连续一脚配合，这是因为麦卡利斯特和德保罗、梅西共同产生了联动。

投名状进球，恩佐上位战

中场休息时，阿根廷所有替补队员都进行了热身，球队亟待改变中场的不流畅。然而，斯卡洛尼在下半时开始并未着急换人，场上的局势也并未发生太大变化，只是墨西哥的

2022年11月26日，梅西破门后跳到迪马利亚身上激情庆祝进球。

进攻同样毫无灵感，也没有对阿根廷制造太多威胁。但着急的是后者，如果拿不下墨西哥，把命运寄托在最后一轮太过凶险。

终于，第 57 分钟，斯卡洛尼换下了更像中卫而非后腰的吉多，让本菲卡后腰恩佐·费尔南德斯出场。中场多了一名能够出球的球员后，阿根廷的整体控制更上一层楼，已经可以把战线推到对方禁区前，但此时球队还是很难撕开对手摆大巴的密集防守。随后，斯卡洛尼进行了 2 个对位换人，让曼城前锋阿尔瓦雷斯换下了本场缺乏灵感的劳塔罗，让更具助攻能力的莫利纳换下了蒙铁尔。

就在第二次换人后，梅西从天而降的进球来了。这个进球毫无预兆，此前梅西也只有一次任意球打门偏高，因为深度回撤帮助中场，很难在禁区前发挥作用，似乎大家都已经忘记了梅西能做到什么。也正是在此时，阿根廷右路突然传中到禁区前，梅西一脚冷射便洞穿球门，这还是阿根廷的全场第一次射正，1 比 0。

阿根廷的进球让关于梅西的歌声响彻卢赛尔上空，看台也像地震一般抖动起来，因为阿根廷的支持者们在边唱边跳。但墨西哥主帅马蒂诺行动相当迅速，立刻派了 2 名中锋出场，试图以简单的冲吊冲击对手防线。而斯卡洛尼也没有被这个进球冲昏头脑，立刻跟上马蒂诺的动作，用高中卫克里斯蒂安·罗梅罗换下迪马利亚，变阵三中卫保护禁区，同时全队改打防守反击。这个换人和整体战术的方向性调整之快，还是让人惊叹，斯卡洛尼当时非常着急换人，但因为助理裁判没有准备好换人牌而被主裁要求先开始比赛，斯卡洛尼还和第四官员吵了一架，险些吃牌。

阿根廷在最后时刻打出了两三次反击，反击时的配合多少带有一些球队曾经流畅配合的影子。而让大家都没想到的是，本不以进攻见长的恩佐，在插入禁区晃过一人后打远角攻入球队第二球，杀死了比赛，确保球队拿到 3 分。

回顾整场比赛，阿根廷队踢得并不算好，在斯卡洛尼被迫大幅更换主力后，球队在很多方面展现出不协调的地方。但改革方向也渐渐清晰，比如恩佐取代吉多，上位蓝白军团主力，并在随后的冲冠进程中，多次为球迷奉上惊喜演出。

2022年11月26日，恩佐·费尔南德斯再下一城后以怒吼宣泄情绪，队友与他拥抱庆祝。

2022年11月26日，阿根廷队主帅斯卡洛尼在场边焦急指挥。

阿根廷注定不走寻常路

《体坛周报》赴卡塔尔特派记者
梁宏业

尽管2比0战胜墨西哥，但这场比赛，阿根廷踢得并不好，而是凭借梅西的神奇进球完成了续命，这是铁一般的事实。然而，这并非出自阿根廷的本意，他们从来都不是不学无术、平时不做功课的“坏学生”，甚至是位很努力的“优等生”，他们为卡塔尔世界杯准备了4年，培养了一班稳固的主力阵容，在美洲杯和世界杯预选赛上都交出了完美的答卷。但就在世界杯揭幕前，他们辛苦搭建的积木被毁了一半。主帅斯卡洛尼怎么办，听天由命，还是去和命运抗争？

废墟之上紧急重建

阿根廷主力阵容中，其实只有洛塞尔索一人受伤。但阿根廷不是人才济济的法国队，即便坎特、博格巴、本泽马、金彭贝、卢卡斯·埃尔南德斯连续受伤，都能有强人递补，丝毫不受影响。斯卡洛尼深耕4年，为本届世界杯量身定制了一套稳定的主力阵容，没想到除了洛塞尔索外，还有不少主力球员带着小伤或者丝毫不在状态，他完全有理由仰天长叹：老天，你为什么这样对我！

然而抱怨又能解决什么问题？尽管球队的状态一团糟，他只能怀着最大的耐心尝试改变，甚至是在极短的时间内，在废墟上重新建造一支球队。对墨西哥的比赛就是推翻、重建的第一步，他进行了大手术，调换了5名球员。任何球队在经历如此巨大的调整后都很难立即有好的表现，但斯卡洛尼有什么办法？他只能优先让状态在线的球员出场。

我们可以看到，阿根廷本场首发阵容和2021年夏天的美洲杯夺冠球队相比，在表现出的足球水平上没有任何关系。这其中有太多第一次征战世界杯的球员，取代帕雷德斯出任主力后腰的吉多·罗德里格斯甚至不敢背身接球，哪怕站在中卫的位置都怯于向前直接送球，梅西再三指导和督促还是没用，除了怯场，还因为他知道自己的能力不够。而站在洛塞尔索位置首发的麦卡利斯特，直接将自己隐藏起来选择消失，根本无法帮助梅西和德保罗穿插传接把球传倒出来。但他比吉多好的一面，是在被斯卡洛尼提醒后，增加了和梅西、

声音

阿根廷在沙漠中找到水源

阿根廷记者塞尔帕在其 TyC 体育的专栏中盛赞斯卡洛尼顶住重压、为阿根廷找到解药："这场胜利意义重大，有几个场景令我印象深刻。首先是斯卡洛尼的眼泪，这是解脱的眼泪，同时又蕴含着饱满的情绪。还有恩佐·费尔南德斯的笑容，他实现了梦想，梅西跳到了他身上庆祝进球。这样的庆祝，要如何衡量价值？梅西的眼中闪烁着光芒，他在赛后走向看台，寻找着每一个球迷的目光，与球迷一同高唱。梅西首先是一名阿根廷球迷，与大家一样。

"阿根廷在卡塔尔的沙漠中找到了水源。阿根廷渴求用胜利来翻身却耗光储备，通向成功绿洲的道路险些关闭，又在这时找到了水源。

"阿根廷找回了自我，斯卡洛尼的球队回到了我们熟悉的样子。这是在对阵沙特时我们本应看到的阿根廷，如今终于在对阵墨西哥时出现了。整支球队的灵魂仍在这里，这是最好的消息。我们的老将还站立在这里，新鲜血液也已经流动了起来。在沙漠中找到水源不易，但阿根廷做到了。"

德保罗的主动配合，让大家看到他还是个可造之才，只是需要一些时间。

斯卡洛尼在想办法帮助球队，一下调换 5 人的大手术肯定谈不上成功。但他在下半时没换人的情况下，干脆让高个子吉多去打中卫，从而让球队更接近三中卫打法，让利桑德罗·马丁内斯去往左侧，提供更多的组织和出球能力，同时可以把阿库尼亚的位置提得更靠上，这起到了一定效果。而最终引发质变的是恩佐·费尔南德斯的出场，本菲卡中场不但有向前传球能力，而且不怯场，甚至敢于展示自己，奉献了一脚精彩的挂角破门。

阿根廷的经历切实说明了什么才是世界杯。对于世界杯，你当然可以提早做好准备，比如恩里克的西班牙，就是 2020 年欧洲杯那支西班牙的继续延伸和优化。但世界杯也完全可能打乱你的计划部署，就像个任性淘气的孩子，比如阿根廷开赛伊始的遭遇，世界杯把斯卡洛尼准备好的牌全换了，临时让他重新盘算。

强大精神属性并非玄学

对墨西哥的比赛，阿根廷全取 3 分，此役也试出了球队前进的方向。利桑德罗·马丁内斯通过考验，完全可以与克里斯蒂安·罗梅罗竞争主力中卫，阿库尼亚在左后卫位置也比塔利亚菲科更能打，右后卫蒙铁尔虽然经常前插但效果不好，斯卡洛尼需要换回纳韦尔·莫利纳继续试验。而在后腰位置，斯卡洛尼完全可以信任恩佐，吉多已经被证明无法胜任。对于洛塞尔索留下的左前卫位置，麦卡利斯特的表现将将及格，有变得更好、和全队配合更和谐的可能，但斯卡洛尼也需要继续试验帕拉西奥斯的选择会否更好。

尽管人员调配不是通过一场比赛便能完成的工作，但阿根廷、包括阿根廷球迷身上都有一点是毋庸置疑的，那就是所有人对这支球队的信心，还有阿根廷人与生俱来的强竞争能力和个性，以及团结一致的精神。我们可以说，上半场的德保罗像是在露怯，不停被断，传球丢球，但你何时看到他消沉？他甚至把灵魂留在了场上，直到最后时刻还在满场飞奔，跑回后卫线解围，还能冲到前场组织进攻。

当然还有梅西，在球队最需要他的时候，他如天神下凡，尽管他的加速突破已经很难直接造成威胁。当斯卡洛尼用最后一次换人，以罗梅罗换下迪马利亚后，你能明显感到众志成城的拼命防守，而看不到墨西哥有任何决心和信心能打破这样的防守。你甚至能感到球迷已经和球队融为一体，阿根廷球迷在为被换下的迪马利亚叫好，高呼他"面条"的绰号，而每次罗梅罗成功解围都能听到球迷们叫他"库蒂"的名字。

笔者并不想过分强调阿根廷球员身上的"个性"，好像是在说一本天书、说一种玄学。但在关键时刻，他们身上的确会迸发出这样一道光。当然，成绩最终还是需要阿根廷拿出好的表现，这是斯卡洛尼要用理性和智慧去实现的。

↑ 2022年11月26日，阿根廷球迷纵情高歌，有序步入卢赛尔球场，准备为球队加油打气。

2022年11月26日，梅西对墨西哥人墙主罚任意球。

斯卡洛尼的中庸之道

《体坛周报》赴卡塔尔特派记者
梁宏业

阿根廷以英雄般的方式拿下了对墨西哥的比赛，梅西的进球、重生的喜悦似乎把阿根廷球迷的热情完全点燃。然而，阿根廷主帅斯卡洛尼却在赛后显得非常冷静，他甚至不能赞同足球的激情可以高于一切的想法。

阿根廷可能并非全世界最好的球队，但阿根廷的球迷肯定是每届世界杯最好的球迷。这不是一个很富裕的国家，而且正在经历经济危机，但球迷总能随国家队转战世界任何一处地方。卡塔尔多哈的夜晚并不算冷，但也远没有白天那般炎热，而在主裁判奥尔萨托吹响对墨西哥一役的终场哨时，卢赛尔球场无数阿根廷男球迷脱下了身上蓝白色球衣，他们赤裸上身，把球衣拿在手上摇摆，就像当年马拉多纳做的那样。当晚到来的墨西哥球迷同样不少，但他们的花样没有阿根廷人那么多，喊得最多的就是“墨西哥、墨西哥”，而阿根廷球迷显然有更多助威方式，他们不断摇着手中的球衣，唱着跳着。

足球对阿根廷人和巴西人太重要了，以至于这两支球队已经成为世界杯赛场无法或缺的存在。而对于卡塔尔世界杯，因为欧洲媒体极力将卡塔尔渲染为一个各方面都不那么让人舒服的国家，作为“足球母体”的欧洲球迷反而来得很少，这让阿根廷和巴西球迷显得更为重要。所以能容纳近 9 万人的最大球场卢赛尔，最多频次地提供给这两支球队比赛。

但足球真的有这么重要吗？世界杯前，阿根廷的劳动部部长凯利甚至说：“我们希望阿根廷队夺得冠军。我们的通货膨胀太高，我的工作应该是研究怎么降低通货膨胀？但降低通货膨胀是件需要长期面对的工作，在一个月内不会有什么太多改变，但在下个月里，我们期望阿根廷队可以为我们夺得世界杯冠军。”拿下世界冠军并不会让阿根廷一年 100% 的通货膨胀率降低，不会改变大家在一个月内领到的工资减少了几乎 10% 购买力的事实，也就是说即便阿根廷队夺冠，该国民众还是会比一个月前更穷。但也许冠军会让大家感觉比上个月过得更好了，尽管这是个错觉。

斯卡洛尼似乎不是个典型的阿根廷人，他并没有那么多阿根廷式的激情，输给沙特后他没有那么多失望，而在战胜墨西哥后也没有那么多狂喜。斯卡洛尼说道："我们应该有些共情感，我兄弟跟我说他一直在哭……把足球比赛描绘成超越比赛的东西，我无法赞同。球员们上场时也是这种感觉，我们应该纠正这一点，应该回到这只是一场足球比赛的范围内。但正相反的是，无论是世界杯还是预选赛，还是其他赛事，我们都是带着这种情绪在比赛，球员们感觉快窒息了。你很难让阿根廷国内理解，足球比赛无论输赢，第二天太阳都会升起，我们需要将事情做到最好，这也是我们现在正在做的事。"

有记者随即问斯卡洛尼："你说我们阿根廷人领会错了足球的理念，那你赛后是什么感受？"斯卡洛尼回答说："我没有说这是错误的，如果这么说，肯定会出现大标题……我们胜利了，我很高兴，说起来有些人可能把我当疯子，但我们在更衣室进行了庆祝，我也参与了庆祝，但也仅此而已。我们明天起床后还要准备下一场比赛，我们夺得美洲杯后也要很快准备下一项赛事，欢乐总是很短暂的。另外我们也要掌握无论是失利还是赢球后的平衡点。"

而对于被称为是当场最重要决定的"换上恩佐·费尔南德斯"，斯卡洛尼也没有为他能做出这个改变战局的选择而骄傲："这也不是什么重要的决定或者不重要的决定，教练就是要做决定的，做出的决定有的时候有用，有的时候没用。我们知道恩佐有向前传球的能力，有组织进攻的能力，他上场后发挥出来了。吉多也发挥得很好，但我们后来追求另一种东西。"

也许人们在第一场输给沙特后，会对斯卡洛尼的行为产生强烈的文过饰非的感觉，但在第二场战胜墨西哥后，斯卡洛尼仍是这个调调，他并没有因为比赛结果改变而改变，保持理智甚至是中庸是他的性格特质之一。

声音

外人不能理解的苦难

阿根廷顶住重压，以胜利回应"开门黑"。斯卡洛尼赛后极力平息炽热舆论，并为国内的民众发声。对于球队是否希望证明梅西是世界最佳，斯卡洛尼否认："不，如果我们要释放这个信息，很多年前就已经开始了。正如我在世界杯开始前说的那样，重要的是他乐在其中，甚至墨西哥人也喜欢看他的比赛。尽管他进了球，但没有发出任何信息，因为我们还没有完成任何事情，我们必须再踢一轮，昂首挺胸，以谦逊的态度。"

谈比赛感受，斯卡洛尼表示："看他们比赛很激动，任何对这支球队没有认同感的人，都不是真正热爱阿根廷国家队。不管踢得好还是不好。他们抛开一切，身披国家队的球衣，真是不可思议。让我们明白，穿着这件球衣比赛和其他国家队的比赛是不一样的。如果我分析每个球员，我会给他们打最高分，因为他们踢了一场困难的比赛，而且如果不顺利的话，会对我们产生巨大的影响。我为他们感到骄傲和兴奋。

"这是你无法解释的困境。因为朋友受苦，家人受苦，与其他文化相比，很难理解。不幸的是，对我们来说，情况开始变得不同，如果不是这场胜利，我们的球员就会成为外星人。我们在这一周里像往常一样受苦，我说，我们必须振作起来，让他们放心。"

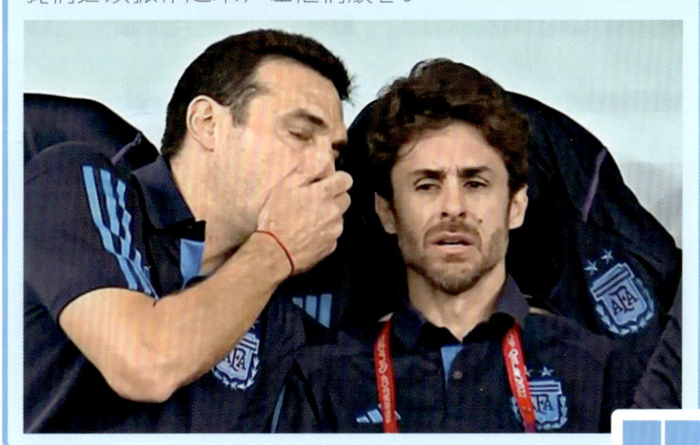

2022年11月26日，阿根廷球迷在卢赛尔球场看台举着印有马拉多纳照片的鼓。

2022年11月26日，梅西轻巧腾空，灵活接球。

梅西，沉重地活下去

《体坛周报》足球评论员
梁熙明

足球等来了这一天的完美剧本。绝境中的阿根廷，在一场与对手每球绞肉般的搏斗中，凭借梅西刹那间书写历史的能力，安然冲出死亡峡谷，重新把命运掌握在自己手里。

重压之下，艾马尔飙泪

国际足联深知此战分量，因此派出本届世界杯咖位最高裁判的奥尔萨托主吹，这是一个相当明智的决定。在墨西哥球球肉搏下，第一金哨以其严厉强硬又不失灵活的尺度，保证了比赛的平稳进行，没有出现压力下双方情绪失控的情形。

阿根廷与墨西哥的比赛向来不好吹，拉美球员普遍脚下娴熟，但正因为都有技术能力，也都懂得“怎么让对手难受”，很容易出现冲突与争议。2010 年世界杯，奥尔萨托的同胞罗塞蒂，正是在阿墨之战中出现教科书级重大误判，主边都忽略了阿根廷特维斯第一球的越位，罗塞蒂在 2008 年欧洲杯上成为历史第一位既吹欧洲杯揭幕战又吹决赛的金哨，2010 年世界杯也志在决赛，但出现了如此重大过失，他当即被国际足联除名，盛年的罗塞蒂也为此立即黯然挂哨退休。

此战压力之沉重，别说场上球员，就连指挥官也受不了，梅西本人倒还没事，身为他少时偶像、此刻身为阿根廷副帅的艾马尔，就崩溃哭泣了。

在阿墨之战前，法国凭借姆巴佩的把握能力，拿下同组最强的丹麦，与阿墨相仿，法丹近年也时常照面，上届世界杯小组末轮，法国就在已出线的情况下满足了与丹麦的平局，成为夺冠征途中唯一不胜。而 2022/2023 赛季欧国联，法国干脆双输丹麦。但事实证明，在真正有意义的决斗中，高卢雄鸡拿出了真正的实力，姆巴佩的巨星决定能力，让一场相当强硬的对抗，变得波澜不惊。

法国队过于强大的人才储备，让他们逃过了上届冠军小组出局的魔咒。姆巴佩的闪光，表面上是巨星的决定能力，但同样也源自他众多队友的超强实力，所以姆巴佩与梅西相比，他的决定性显得相对“容易”，而梅西极其“沉重”。但是正因为沉重，更加艰难，才突显出梅西的伟大。姆巴佩的天赋无出其右，但如果将姆巴佩与梅西的位置交换，梅西成为法国球员，姆巴佩效力阿根廷，梅西断不至于如此沉重，

声音

我故意扭伤了脚踝

赢下小组赛第二轮后，谈到对沙特的意外失利，梅西没有回避这个结果对于球队造成的精神打击："首场比赛让我们损失惨重。这很正常，因为有很多影响因素，那是许多年轻队员的首场世界杯，也包括赛程，但没有任何借口，我们没有按照必须做的那样比赛。即便如此，两次孤立的失误使我们输掉了，因为我们有很多进球机会，却没有将比分变成 2 比 0，否则结果将完全不同。"

谈到脚踝受伤的传闻，梅西幽默地表示，由于人们说得太多，他在对沙特最后 1 分钟故意扭伤了脚踝："我不知道为什么会有这么多说法，前几天还在谈论脚踝，但并没有什么问题，首场比赛的最后 1 分钟，我把它扭了，但我很好，在那之后正常训练，与小组一起合练，从没有单独训练。"

而在墨西哥队球球下脚上手之下，姆巴佩未必就如此轻松。

洗刷体系球星悖论

对于梅西，始终有一个不公允的悖论：一旦离开巴萨，梅西在阿根廷就举步维艰，因此他是体系球星，只能在巴萨体系中闪光。但这恰恰说明，阿根廷的实力远远不能与巴萨相提并论。两次三冠王的巴萨，各位置都是顶配，前有埃托奥、亨利，后有内马尔、苏亚雷斯，与梅西都是史诗级组合，再加哈维、伊涅斯塔的绝代传控，盛年布斯克茨超强的位置感，足以进入历史最佳行列的普约尔所领衔的防线，当然是无敌的存在。

阿莱格里曾经说过，巴萨的强大不是因为体系如何强大先进，而是他们各位置本来就是由一拨历史级别的优秀球员组成的。当然他有不服瓜迪奥拉“只是因为阵容强大”的情绪在内，但也道出了三分道理。

同理，姆巴佩也可以算体系球星，法国队各位置都是碾压级的优势，左有特奥这样强到不平衡的攻击力，为他铺桥搭路，中有尤文大腿拉比奥，与皇马钦点的楚阿梅尼为他“抬钢琴”，前有吉鲁为他吸引重兵，格列兹曼为他穿针引线，姆巴佩可以好整以暇地“弹钢琴”。

反观阿根廷，实际上，阵容相当内虚。多年来头重脚轻，是阿根廷足球的痼疾。阿根廷足球反复生产同质化的小快灵前锋，但严重缺乏具有大局观的中场，与值得信赖的后卫。这支阿根廷，中后场大部分都是欧联杯级别的球员，而且，世界杯之前的 36 战连续不败，也给了主帅斯卡洛尼严重的错觉。世预赛结束后，阿根廷打了 5 场比赛，除了与意大利的美欧杯对抗赛，其余 4 队是爱沙尼亚、洪都拉斯、牙买加、阿联酋，全是不入流的对手，就是意大利也是连续两届绝缘世界杯的重建球队，一堆 5 比 0、3 比 0 的比分，根本检验不出任何成色。

艰难击退墨西哥后，接下来梅西依然会非常沉重，阿根廷依然会举步维艰。1990 年世界杯，当阿根廷首战被雄狮喀麦隆咬了一口后，比拉尔多立即意识到，球队战力与他的赛前预估有严重偏差，连马拉多纳也大不如前。因此接下来他采用最务实的办法，走一步看一步，面子不重要，生存第一。阿根廷得以在极度难看的情形下，摇摇晃晃一路挺进，而且到了半决赛出战意大利，状态反而调到了最好。斯卡洛尼要走得远，也只有如此，屯重兵于中后场，以数量弥补质量，然后指望梅西在某个时段，像对墨西哥那般来上一脚，或者像马拉多纳对巴西突然世纪助攻那样，一路活下去。

声音

另一个世界杯开始

梅西再度以一己之力将阿根廷带出逆境，他在赛后表示："对我们来说，这场比赛非常困难，因为墨西哥有个出色的教练，他们是一支强硬的球队，很善于处理球。上半场我们以该有的方式进行比赛，强度很大。下半场我们冷静了下来，开始好好传球，直到进球之后，我们又回到了正常状态，只有赢下比赛，我们才能心安。

"我们赢了必须要赢的比赛，在这种条件下踢球很困难，我们必须前进，每名队员都很重要，我们必须考虑未来，思考我们还没有做什么，我们已经准备好了，但这才刚刚开始。"

梅西承认球队内部清楚这场比赛有多重要，以及围绕他们的压力，拿下这场比赛意味着解脱："有欣喜，这是肯定的。我们知道今天必须获胜，现在对我们来说，另一个世界杯已经开始，我们能够做到这点。

"我们现在不能放弃任何东西，这是我们的自我设定，我们把每场都当作决赛，不能犯任何错误。球迷反馈很好，我们知道会是这样的，球队也交出了成绩单，我们与球迷共度了很长时间，已经取得了很多不错的化学反应。"

2022年11月26日，恩佐·费尔南德斯打入国家队处子球后，深情亲吻阿根廷队队徽。

梅西“迷弟”的上位之战

《体坛周报》特约记者
吴昊宇

“和梅西一起踢球是我的梦想，我的梦想实现了，我非常开心。”2022年9月，阿根廷队在友谊赛中以3比0的比分击败洪都拉斯之后，作为梅西“迷弟”的恩佐·费尔南德斯笑着接受采访。能够和偶像同场竞技，恩佐已经实现了儿时梦想，而当儿时偶像在世界杯这样的舞台上，为自己的阿根廷国家队处子球送出助攻，年轻的恩佐心潮会是何等汹涌澎湃，或许没有人能够感同身受。

对阵洪都拉斯的比赛，是恩佐第一次为阿根廷成年国家队出战，而赛后梅西在采访中谈到恩佐时表示，恩佐是一名非常聪明的球员，自己此前就对他有所了解。2022年夏窗从河床登陆欧洲、加盟施密特挂帅的本菲卡之后，恩佐始终有着非常出色的发挥，作为中场球员，恩佐的进攻才华展现得淋漓尽致，在2022/2023欧冠小组赛上，恩佐面对尤文图斯和巴黎圣日耳曼这样的强敌时表现非常惊艳，风头直接盖过了国家队老大哥帕雷德斯。恩佐的出色表现，也让包括巴萨、曼联、曼城在内的多家欧洲豪门在世界杯开赛前便对他持续投以关注。

阿根廷队在世界杯前折损了中场大将洛塞尔索，不少声音认为恩佐可以成为洛塞尔索的最佳替代者，比起麦卡利斯特和帕普·戈麦斯等人，恩佐在中场更具活力，而且他参与进攻的能力不输几位老大哥。世界杯前的赛季进程中，在本菲卡多数时间作为后腰出场的情况下，恩佐已经贡献3球4助攻的数据。但与阿联酋的热身赛，主帅斯卡洛尼还是选择了麦卡利斯特作为首发中场与帕雷德斯、德保罗搭档，到了对阵沙特时又换成了帕普·戈麦斯。两场比赛中恩佐均曾替补出场，也都展现了不俗的活力，但对墨西哥的“生死之战”，斯卡洛尼还是不敢冒险将小将直接放入首发阵容。

在球队难以打破墨西哥人的密集防守，急需一个进球来打开僵局之际，斯卡洛尼首先想到了进攻能力更强的恩佐，他用恩佐换下了吉多·罗德里格斯，而在梅西的远射终于帮阿根廷破僵后，恩佐也牢牢抓住“一球成名”的机会。他接到偶像梅西的传球，打出一记精彩兜射，帮助阿根廷队锁定胜局。在世界杯的战场上打入国家队处子球，对于这名未来不可限量的小将而言，无疑是最完美的开端。本场破门的恩佐还与偶像完成了一次传承，成为继2006年对塞黑破门的梅西以来，阿根廷最年轻的世界杯进球者。

恩佐在赛后采访时动情表示：“我小时候始终期盼着穿上这身球衣出战世界杯，今天我在世界杯上进球的梦想实现了。”刚刚与偶像梅西同场竞技不久，恩佐又解锁了一个儿时梦想。在这场比赛惊艳世人之后，恩佐就此打动斯卡洛尼的教练组跻身首发行列，成为梅西身边最可靠的帮手之一。

声音

向前，向前，再向前

换上恩佐·费尔南德斯，被认为是阿根廷艰难啃下墨西哥一役中，主帅斯卡洛尼最重要的一处临场调兵策略。斯卡洛尼本人并未对此太过自得，只在点评本场比赛哪些方面是最优之处时，不着痕迹地称赞了恩佐出场所施加的正面影响：“下半场我们踢得不同，更有侵略性，对方后防有5个人，4个中场，几乎没有前锋，用两名边锋扮演前锋，他们踢得很好，逼抢很紧。我们在中场休息时做了些事情，看到了吉多在场上的改进，还有（此后换下他的）恩佐·费尔南德斯，我们寻找向前的传球，穿透对方一两条线，找到梅西、迪马利亚、麦卡利斯特，否则总是横向传球，我们无法取得进展。”

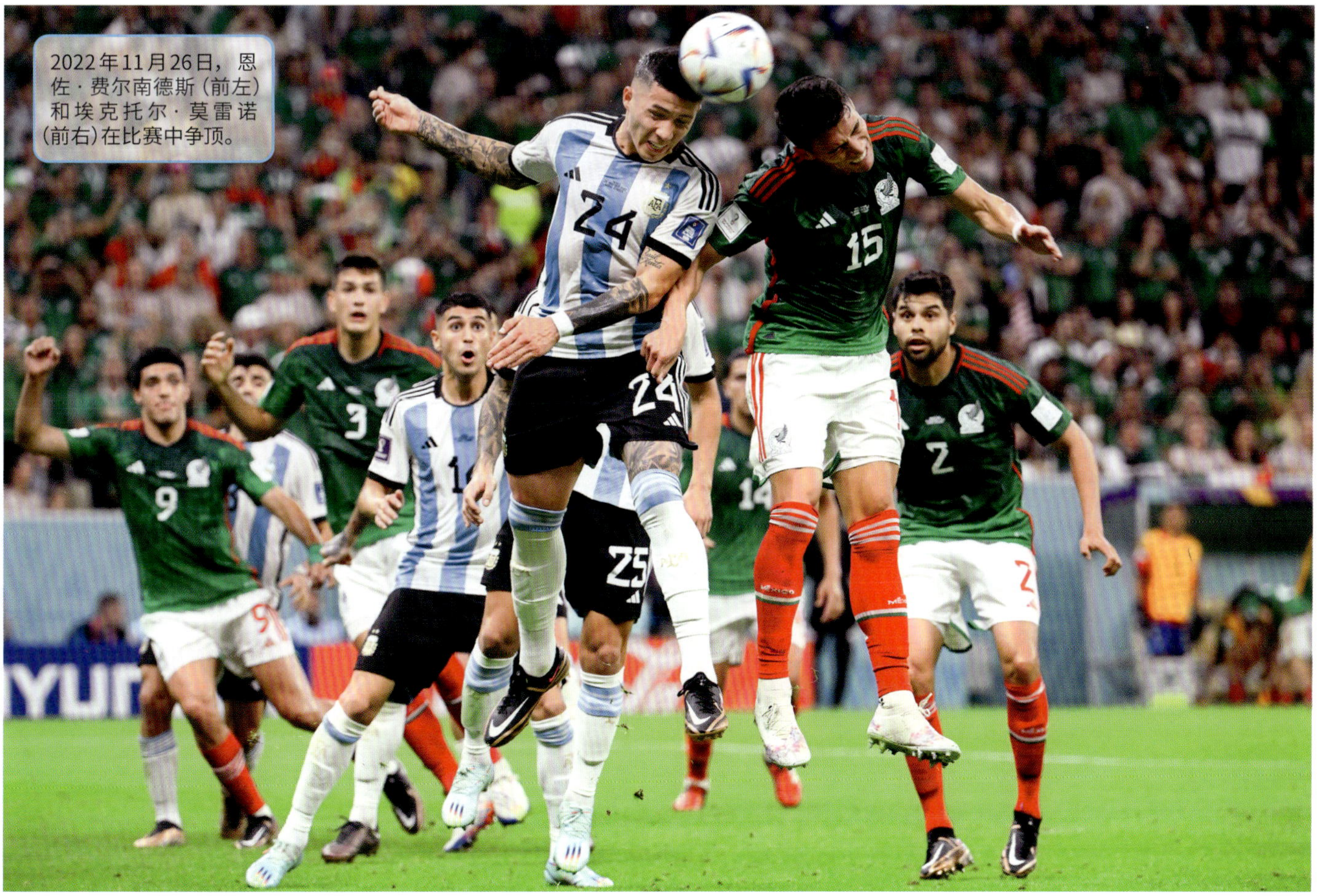

2022年11月26日，恩佐·费尔南德斯（前左）和埃克托尔·莫雷诺（前右）在比赛中争顶。

2022年11月26日，奥塔门迪在比赛中以“高抬腿”的方式完成解围。

不为美役拖累

《体坛周报》记者
李辉

两场比赛，180 分钟，阿根廷队踢得最阿根廷又最不阿根廷的是什么时候？答案是：梅西的远射破门。被墨西哥人纠缠了 63 分钟，阿根廷队终于由“球王”梅西打破场上僵局，这粒金子般的进球不仅让所有阿根廷的支持者如释重负，也让阿根廷找回了他们自己。

在球队 1 比 0 领先后，阿根廷终于踢得像阿根廷了，准确地说，像过去 3 年那支阿根廷的精气神了。足球比赛就是如此，墨西哥人赛前完全可以接受 1 分，这样他们只要末轮击败沙特就必然小组出线，所以他们将重兵囤积后场，用尽一切办法让比赛变得稀碎，阿根廷人则需要一场胜利在末轮之前占据主动，因此他们绞尽脑汁想要进球，可当场上比分发生变化后，着急的就轮到墨西哥人了，于是他们开始倾巢而出，不料他们看到了一支凶猛粗俗的阿根廷队。

可以明显感受到，领先后的阿根廷终于知道该如何踢好比赛，他们就是将马步扎好，等待对手来进攻，然后打一些他们习惯的反击，这就是阿根廷人过去 3 年连续 36 场不败的直接原因。

如果说过去阿根廷足球风格的象征是马拉多纳、雷东多、梅西这样的天才，那么如今这支球队的代表人物就是德保罗、奥塔门迪这些屠夫，他们太善于将比赛踢得支离破碎，让对手焦躁万分，从这个角度看，梅西这样的天才，是如今这支阿根廷的另类，当然，也是这支阿根廷的遮羞布。

曾几何时，阿根廷足球是艺术足球的象征，他们涌现了太多载入史册的天才，世界足坛历史前三，阿根廷人更是占据其二。可如今的阿根廷足球，梅西是少数派，德保罗、吉多·罗德里格斯则成了普罗大众，这直接导致了阿根廷足球风格的演变：无论对阵沙特还是墨西哥，阿根廷队多次出现匪夷所思的传球、停球失误。但考虑到现在的人员配置，这又是极

第二球，我差点哭出来

气场十足又激情四溢的阿根廷门将埃米利亚诺·马丁内斯，在首战告负后情绪十分低落。对阵墨西哥的比赛结束后，重拾自信的大马丁透露，自己曾找到心理医生寻求帮助："这3天我很痛苦，我与心理医生聊了很多，我像是被人踩了两脚，我丢了两个球，这实在太难接受了。我知道我的身后有4500万阿根廷人民的支持，但我本可以在比赛中做出更多贡献。

"墨西哥上半场比赛踢得很好，但有10号梅西在，比赛就会变得简单。外界对我们有很大的期待，我们中断了不败势头，在世界杯的开局也遭遇挫折。在取得第二球后，我几乎哭出来了。我总是带着压力参加比赛，我在世界上最好的联赛效力，我参加了美洲杯，还有在温布利的美欧杯，这些比赛也都让人心潮澎湃，但今天我们真的非常激动。

"如果这场比赛输了，我们就要回家，想到这里就会感受到巨大的压力。但我们证明了，我们通过拼搏争取来了胜利，我们哪里也不去。"

其正常的情况，指望德保罗这样最大特点是"梅西保镖"的球员完成高质量的传接，并不现实。

阿根廷足球变得不美丽了。劳塔罗·马丁内斯无法和巴蒂斯图塔、伊瓜因相提并论，胡利安·阿尔瓦雷斯想要比肩前辈阿圭罗也尚需时日。这直接导致梅西和迪马利亚两位加起来快70岁的球员依然是他们前场仅有的技术依靠。但这并不代表阿根廷无法取得好成绩，相反，如果让这支阿根廷队"逃"出小组赛，他们还是一支难以对付的球队。

连续36场不败证明，阿根廷不是不擅长赢球，但在小组赛这样各队目标不同的赛制下，阿根廷的优势无法体现。但只要阿根廷进入淘汰赛，他们就会像"表兄弟"意大利人那样露出獠牙。如今的这支阿根廷队，完全诠释了昔日意大利足球"10个人抬钢琴1个人弹钢琴"的风格，梅西就是那个弹钢琴的人，迪马利亚偶尔也会成为承担这一角色的球员。在斯卡洛尼的调教下，最阿根廷式的赢球方式就是稳住防守将比赛变得支离破碎，然后利用球星的灵光乍现解决比赛。就像2021年美洲杯决赛，一旦对手被阿根廷带入这样的节奏，那么谁想进球都不容易，可阿根廷有梅西，一位或许是这个星球上最擅长灵光乍现的超级球星。

对于老一辈阿根廷球迷来说，或许一时难以接受这样的足球风格，感叹阿根廷足球的衰败，但在天才越发匮乏、"工兵"越来越多的大环境下，斯卡洛尼的使命，就是让能代表昔日阿根廷足球的梅西、迪马利亚，获得一个众望所归的体面结局。

踢得美丽顺便赢球？别难为阿根廷的新一代了。

2022年11月26日，德保罗在比赛中完成突破。

5
10
AFA

#FIFAWorldC
第3战
世界杯C组第3轮
0:2

23
13
19
26

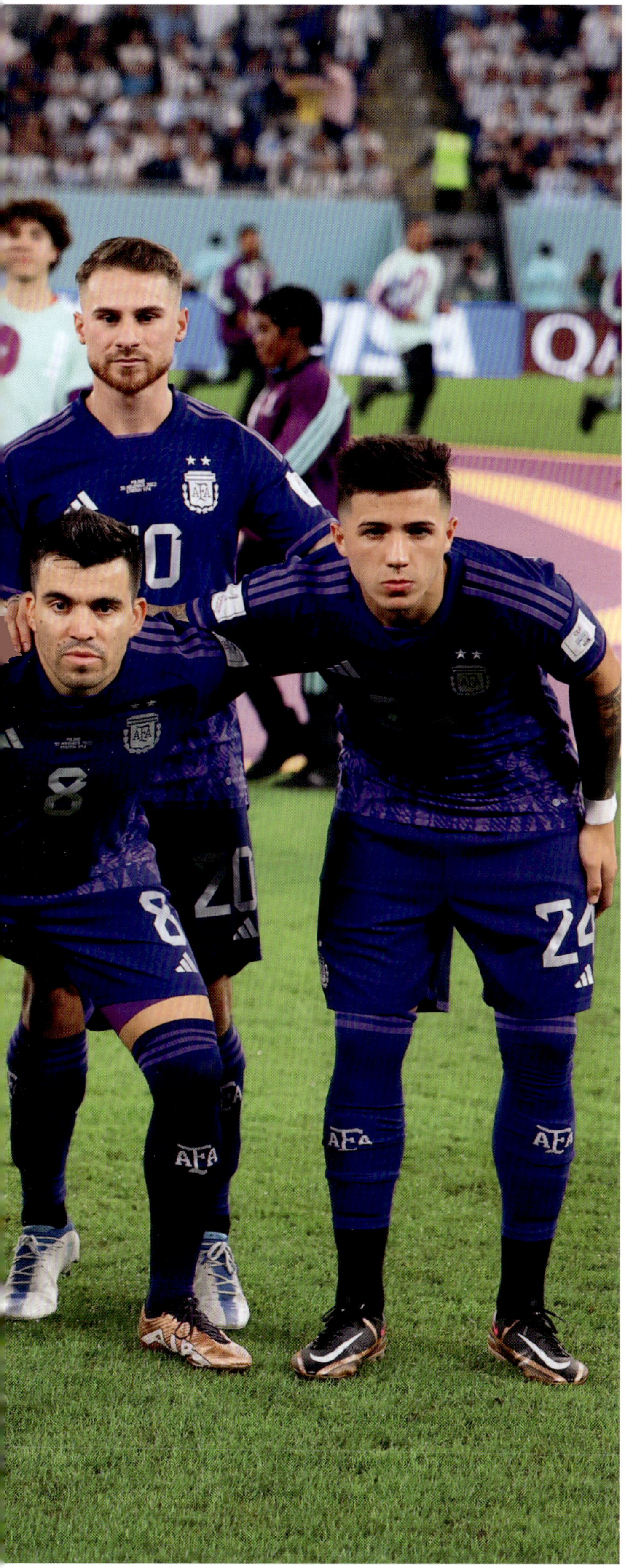

世界杯C组第3轮

波兰 0:2 阿根廷

2022.11.30

974球场

主裁判：丹尼·马克利（荷兰） FIFA本场最佳球员：麦卡利斯特

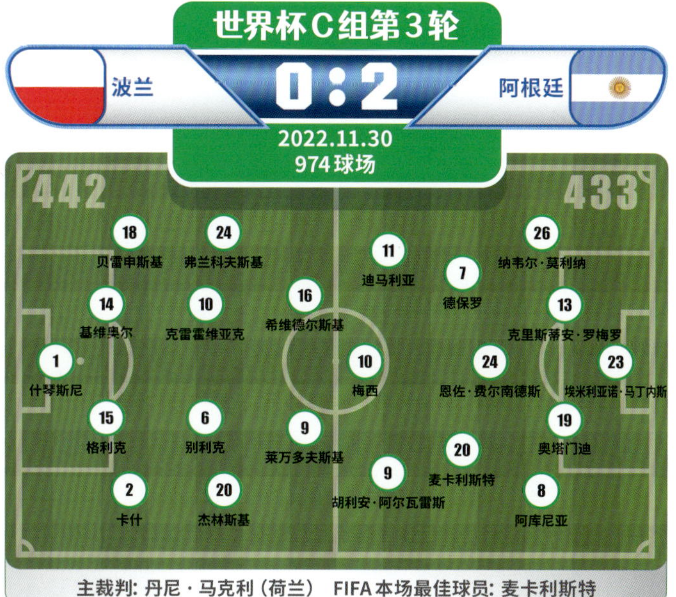

换人

波兰	阿根廷
46 16-希维德尔斯基↓26-斯库拉希↑	11-迪马利亚↓5-帕雷德斯↑ 59’
46’ 24-弗兰科夫斯基↓13-卡明斯基↑	8-阿库尼亚↓3-塔利亚菲科↑ 59’
62’ 6-别利克↓8-希曼斯基↑	9-胡利安·阿尔瓦雷斯↓22-劳塔罗·马丁内斯↑ 79’
72’ 18-贝雷申斯基↓3-延杰伊奇克↑	24-恩佐·费尔南德斯↓6-赫尔曼·佩泽拉↑ 79’
83’ 10-克雷霍维亚克↓23-皮亚特克↑	20-麦卡利斯特↓16-阿尔马达↑ 84’

进球

46’ 0比1（麦卡利斯特）迪马利亚右路直传，莫利纳传中，麦卡利斯特12米处推进远角。

67’ 0比2（胡利安·阿尔瓦雷斯）恩佐·费尔南德斯左肋直传，胡利安·阿尔瓦雷斯12米处打进右上角。

黄牌

波兰		阿根廷	
78’	克雷霍维亚克	阿库尼亚	49’

技术统计

波兰		阿根廷
0.32	预期进球	3.69
4(0)	射门（射正）	23(12)
0	射中门框	0
2	远射	3
27%	控球	73%
317 (77%)	传球（成功率）	868(92%)
65 (48%)	长传（成功率）	32 (69%)
5 (40%)	传中（成功率）	18 (22%)
5 (0%)	盘带（成功率）	13 (46%)
1	角球	9
0	越位	1
35	成功对抗	37
8	成功争顶	13
17	铲断	13
7	拦截	5
28	解围	8
6	犯规	11
1	黄牌	1
0	红牌	0

数说

不再只是梅西身后的男人

梅西在世界杯出场数超越永恒神话马拉多纳的里程碑之战中，遭遇点球射失的懊恼时刻。虽然梅西此役并无斩获，但其后辈挺身而出，麦卡利斯特和阿尔瓦雷斯分别以处子球帮助阿根廷队拿下小组头名之战，亦令人看到蓝白军团欣欣向荣的未来前程。

1 麦卡利斯特本场比赛的破僵进球，为其10场国家队比赛的处子球。

2 梅西成为继阿萨莫阿·吉安（4罚2失）之后，第二位世界杯射失2个点球的球员（3罚2失）（注：不含点球大战）。

2 1966年有相关统计以来，梅西是单场世界杯创造至少5次得分机会且完成至少5次过人的第二年长球员（35岁159天），仅次于1994年阿根廷对尼日利亚的马拉多纳。

3 世界杯实行3分制以来，首战告负后以小组头名出线的球队分别是：2010年西班牙；2018年哥伦比亚；2022年阿根廷。阿根廷4次世界杯首战告负后小组出线（1974、1982、1990、2022）。

3.69 阿根廷是役预期进球值高达3.69，创下该项数据诞生以来本队单场世界杯纪录。

5 梅西国家队主罚26个点球，21中5失。

7 截至此役，梅西是卡塔尔世界杯至今唯一至少7次射正、至少7次成功过人、至少7次关键传球的球员。

数说

12 近12届世界杯，阿根廷仅2002年没能小组出线。

12.2 阿根廷是役每次得到球权平均12.2次传球，本届世界杯仅次于与哥斯达黎加一战的西班牙（12.9次）。

21 恩佐·费尔南德斯成为2006年的梅西（对荷兰，18岁362天）以来，世界杯首发的最年轻阿根廷球员（21岁317天）。也是继2006年的梅西（对塞黑，18岁357天）以来，在世界杯上贡献助攻的最年轻阿根廷球员（21岁317天）。

22 梅西超过马拉多纳，成为世界杯出场最多的阿根廷球员：梅西22场，马拉多纳21场，马斯切拉诺20场，肯佩斯18场；鲁杰里16场，迪马利亚16场。世界杯出场排行榜：马特乌斯25场，克洛泽24场，马尔蒂尼23场，梅西22场。

30 梅西职业生涯俱乐部和国家队136次主罚点球，罚进105个，罚失30个，转化为助攻1个。

60+ 麦卡利斯特和胡利安·阿尔瓦雷斯分别成为世界杯上进球的第61位和第62位阿根廷球员。阿根廷进球人数超过意大利（60人），仅次于巴西（83人）和德国（77人）。

100% 胡利安·阿尔瓦雷斯在南美解放者杯、英超、欧冠、世界杯预选赛、世界杯决赛圈上的首次首发均有进球。

137 德保罗是役145脚传球137次成功，准确率94.5%，创下1966年世界杯有相关统计以来，阿根廷球员单场世界杯传球成功次数纪录。

2022年11月30日，什琴斯尼（左）后点托出皮球后手触梅西面部，并将梅西撞倒在地，主裁马克利经视频助理裁判复核补吹点球。

重拾自我的和气胜利

《体坛周报》赴卡塔尔特派记者
梁宏业

说好的又一场决赛并没有出现。阿根廷队全场占尽优势，2比0轻松完胜波兰队，以2胜1负积6分的成绩作为C组头名出线，从而成功避开法国队，在1/8决赛中对阵澳大利亚队。而波兰队虽然完败于阿根廷队脚下，积分与墨西哥队相同，但以1个净胜球优势随同阿根廷队出线，并在1/8决赛面对法国队。

梅西争议点球不进

赛前，斯卡洛尼本场的排兵布阵一直在被媒体猜测，但斯卡洛尼这次没有选择在赛前一天把谁打主力谁打替补的消息公之于众，导致媒体无法拿到准确的球队出场阵容。但从斯卡洛尼的训练中，记者们还是察觉到一些端倪，比如克里斯蒂安·罗梅罗回归主力阵容、替换利桑德罗·马丁内斯的可能性很大，因为罗梅罗身材高大，可以用来看防莱万多夫斯基，又比如恩佐·费尔南德斯取代吉多·罗德里格斯的可能性也很大。但直到第二天上午，阿根廷媒体才进一步得知，斯卡洛尼一直对两个位置还抱有疑虑，一个是中锋劳塔罗·马丁内斯的位置，再一个则是帕雷德斯是否重回主力，取代麦卡利斯特。最终，斯卡洛尼做出决定，胡利安·阿尔瓦雷斯取代劳塔罗，麦卡利斯特则被保留在阵容中。阿根廷首发阵容更换了一名中卫和一名右后卫（纳韦尔·莫利纳取代蒙铁尔），一名中场和一名中锋，一共4名球员。

波兰队开场后甚至一度对阿根廷队实行紧逼，首次在国家队首发的恩佐·费尔南德斯在比赛伊始有些失误。但很快波兰队就落入了全面被动。很难说波兰队是在死守，因为他们的比赛强度并不高，也没有完全落位在禁区内，阿根廷队还是有进攻所需要的空间。

梅西在上一场拯救球队后，本场比赛的状态更胜一筹。在恩佐能够撑起后场的情况下，梅西不用回撤接应，可以活动在自己擅长的前腰位置。而梅西也在这个位置多次发起进攻，包括他第七分钟就完成的球队第一次射门。另一方面，梅西也习惯找左边插上的阿库尼亚，同样经常插上的右后卫莫利纳就没有阿库尼亚这么幸运了，因为他的活动经常被迪马利亚和德保罗忽视。尽管如此，他还是不惜体能地继续出现在右边路的最前方，为队友们提供传球选择。

第 36 分钟，麦卡利斯特为阿尔瓦雷斯送出了单刀助攻，但阿尔瓦雷斯的射门被挡出，而视频助理裁判却因为门将什琴斯尼解围时碰到梅西面部而判给阿根廷队一个点球。梅西未能继续自己在卡塔尔首战的点球运，罚出的点球被什琴斯尼单手扑出。在梅西点球被扑后，现场的阿根廷球迷为了鼓励梅西立刻发出了“梅西、梅西”的喊声。本场比赛就是阿根廷队的绝对主场，全场 4 万多人大多数都是阿根廷球迷，波兰球迷屈指可数。

上半场比赛，阿根廷队是球场上绝对的主人。球队前两场的窘境完全消失，不仅能控制比赛，创造出射门机会，而且还有点球机会，只不过都未被抓住利用。

两粒处子球成就第一名

上半场阿根廷队获得众多机会却未能进球，会不会是一场球队运气不佳比赛的预兆？但这种猜测顷刻间烟消云散，因为阿根廷队下半时闪电破门，第 46 分钟，上半时不断插上却从未得到回报的莫利纳，在下半时第一次插上时就取得收获，莫利纳底线传球，中路的麦卡利斯特轻松帮助球队取得领先，1 比 0。

阿根廷队在进球后并没有立刻换人，而是通过更多耐心的传球调动欲将波兰队调动出半场，利用后者急于追平留下的反击机会。但阿根廷队的这种策略并未奏效，波兰队依旧不出洞，因为此时同组另一场墨西哥队和沙特队的比赛还是 0 比 0，墨

2022年11月30日，打破僵局的麦卡利斯特（左三）激动冲到场边与队友庆祝，梅西张开双臂飞奔加入狂欢。

KIWIOR
14
2

2022年11月30日，胡利安·阿尔瓦雷斯击穿波兰防线定格比分。

西哥队至少要打进3球才能在同积4分的情况下挤掉波兰队出线，所以波兰队依然不慌不忙，似乎并不想拼命追回比分。

比赛的节奏逐渐变慢。斯卡洛尼也怕出现事故，用帕雷德斯换下迪马利亚，多上了一名后腰。第61分钟，梅西、塔利亚菲科和麦卡利斯特打出一连串配合，但后者的射门被扑出，此时本场数据统计显示波兰队还没有过射正，而阿根廷队已经完成了11次射正，其中包括梅西的3次。最终，胡利安·阿尔瓦雷斯接到恩佐·费尔南德斯的直线短传，背身倚住对手后卫打进了一粒纯中锋式的进球，2比0。

在阿根廷队打进第二球后，波兰队还是没有反应。尽管当时另外一边的墨西哥队已经2比0领先沙特队，这导致墨西哥队和波兰队的积分、进球数、净胜球数和相互间关系全部相同，但因为墨西哥队在公平竞赛积分方面落后，所以当时手握出线主动权的还是波兰队。

波兰队的消极实际上非常危险，因为阿根廷队在比赛最后20分钟至少获得了4次绝佳的得分机会，只不过梅西的射门被什琴斯尼用脚挡出，而阿尔瓦雷斯、劳塔罗等人的单刀也没打进。“万幸”最终沙特队还扳回一球，这导致输球的波兰队依然以小组第二的身份出线。

在阿根廷队打出一场精彩比赛后，有记者询问斯卡洛尼：球队是不是又成为夺冠热门？斯卡洛尼断然否认：“我们不是任何热门，也不是什么冠军候选。我们所有的比赛都很困难。我到现在还记得沙特队战胜我们的比赛。澳大利亚队怎么样？我们差不多看全了澳大利亚队的比赛，但每场比赛都是不同的，我们从明天开始还要一点点准备。”

声音

我赌100欧元不判点球

波兰门将什琴斯尼因在出击扑救后，手触梅西面门，后者倒地引发阿根廷队申诉，主裁判马克利到场边查看视频回放。在此过程中，什琴斯尼和梅西有过交流，对话内容被什琴斯尼在赛后披露：“我跟梅西打赌，我赌100欧元裁判不会判点球。所以，我在跟梅西的打赌当中输了。我不知道这种行为是不是被允许，我是否会被处罚。不过我不打算掏钱，梅西已经很有钱了。”什琴斯尼最终扑出了梅西主罚的点球，而他也成为继1986年对阵巴西队的法国门将巴茨之后，第二位在世界杯上自行送点又亲自扑出的守门员。

2022年11月30日，送出助攻的恩佐·费尔南德斯（左二）紧追完成终结的胡利安·阿尔瓦雷斯（右二），奔袭庆祝这粒经历27次传倒的精妙配合进球。

致敬经典的27脚传递

《体坛周报》记者
曹知远

世界杯C组第三轮，阿根廷队2比0战胜波兰队，两队上演携手出线的“和气”较量。是役第66分钟，胡利安·阿尔瓦雷斯接恩佐·费尔南德斯助攻，劲射破门，帮助阿根廷将比分优势扩大到两球，锁定胜局。

两位出身于阿根廷豪门河床俱乐部的小将完成连线，成为这粒进球的亮点之一。而阿根廷媒体的注意力，随后则被另一个罕见情况所吸引：据统计，阿尔瓦雷斯完成最终一击之前，阿根廷队本次进攻经过连续27脚传递，只有中卫克里斯蒂安·罗梅罗与门将埃米利亚诺·马丁内斯没有参与此粒进球。如此鼎力协作，也令人回想起阿根廷队在世界杯上的一大经典杰作。

2006年世界杯小组赛次轮，阿根廷队6比0大胜塞黑队，梅西打入了个人世界杯处子球。而在那场比赛的第31分钟，阿根廷队制造连续26脚传递，由克雷斯波送出精妙的最后一传，坎比亚索完成破门，造就经典一刻。在诸多世界杯经典进球榜单中，这粒进球都占据一席之地，被视为团队配合进球的教科书。

阿尔瓦雷斯的这粒进球，从传球数字上来说，超越了2006年的那粒进球。不过相比于传世经典，阿根廷队此役的对手波兰队，在这粒进球前的逼抢也算不上积极。塞黑队在坎比亚索进球前的逼抢更有力度，压迫感更强，而阿根廷队在那次破门之前的传球也更有穿透性。克雷斯波最后一传的脚后跟一磕，更是点睛之笔。

尽管对比经典的精彩程度稍有逊色，但这粒进球对于阿根廷队来说同样有着重要的意义。经历了小组赛首战被沙特队爆冷逆转的挫折之后，斯卡洛尼的球队重新振作，并且在接下来的两场比赛中，在中场方面找到了更为合适的人选。此役首发的恩佐·费尔南德斯与麦卡利斯特均表现出色，各自贡献了助攻与进球，而另一位首发中场德保罗也获得了舆论称赞。

中场的良好运转，帮助阿根廷队在全场比赛中都占据优势。此役阿根廷拥有73.3%的控球率，共有868脚传递，传球准确率为92%。也正是这样的转变，让阿根廷队缔造了这粒团队进球。值得一提的是，这27脚传递，是从一次快发任意球算起，而若算上这次任意球之前的传递，阿根廷在进球之前，其实已经连续进行了38脚传倒配合。

胡利安·阿尔瓦雷斯进球（66:58）

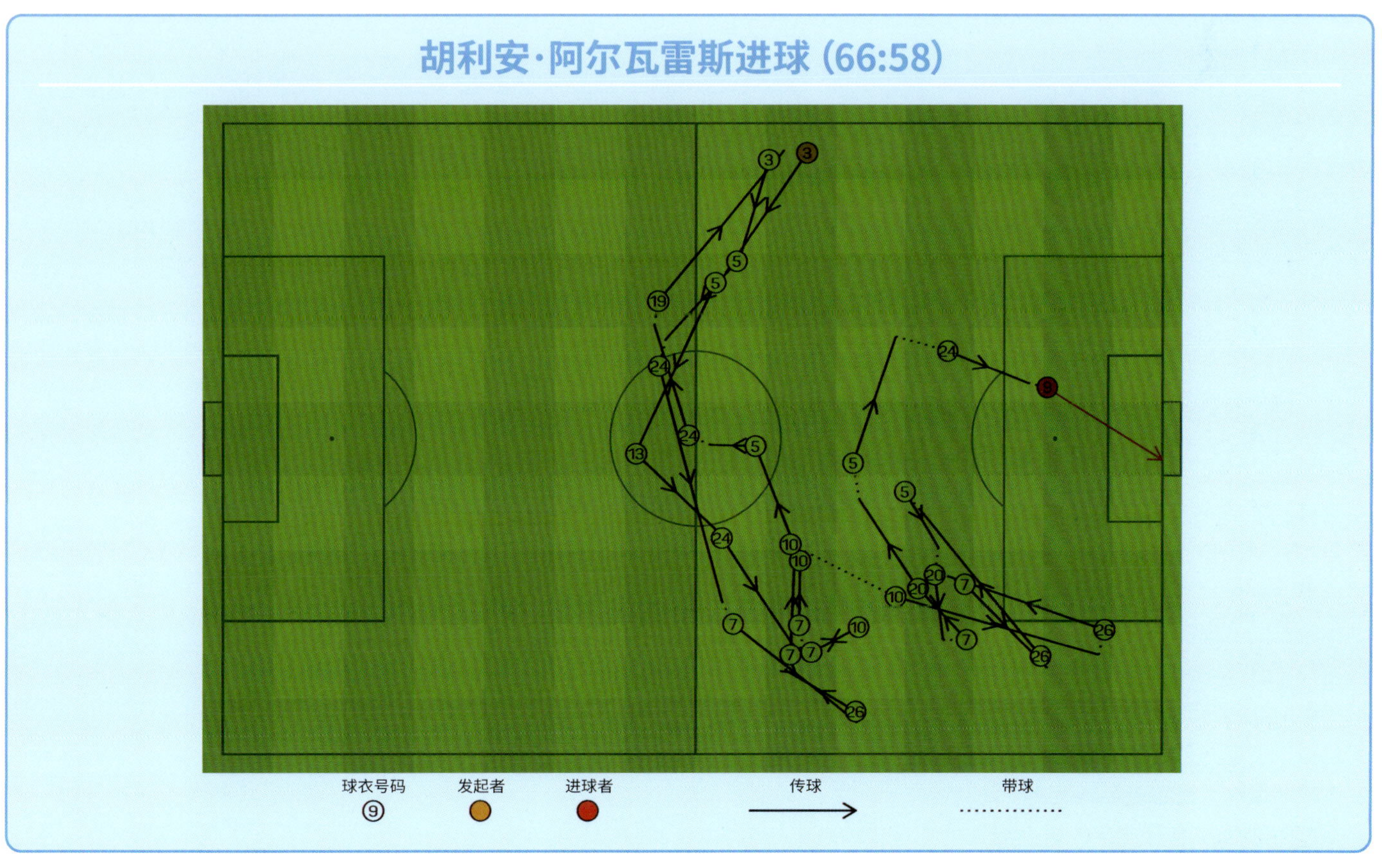

2022年11月30日，胡利安·阿尔瓦雷斯突破基维奥尔防守后从容起脚。

河床双星串联蓝白双幸

《体坛周报》特约记者
吴昊宇

阿根廷队对阵波兰队一战，上半场攻势如潮却无所斩获的蓝白军团，终于在下半场伊始由麦卡利斯特捅破窗户纸。僵局打开后，阿根廷全队心态愈发放松，精妙的配合也由此频频出现。昔日的河床双星恩佐·费尔南德斯和胡利安·阿尔瓦雷斯打出了一次熟悉的左侧连线，前者在禁区左肋送出直塞球，后者稍做调整后劲射远角得手，阿根廷队也得以小组第一身份昂首出线。

斯卡洛尼并不是固执己见的老派教练，他在世界杯3场小组赛的排兵布阵并不拘泥于一套体系，而是依照球员状态决定。因此即使有“老资格”傍身，劳塔罗·马丁内斯在状态不佳时也要让位于年轻的胡利安·阿尔瓦雷斯。时年22岁的曼城小将第一次作为首发球员出战世界杯这种级别的赛事，紧张在所难免。比如上半场比赛，他就错失了一次绝佳机会。

但下半场，当好友恩佐送上舒适的传球，以射术精湛著称的阿尔瓦雷斯自然不会继续错失良机，他轻松将球送入远角，打入世界杯处子球的同时，也为恩佐创造了一项纪录，令时年21岁的后者成为2006年梅西以来，世界杯赛场送出助攻最年轻的阿根廷球员。上一场对阵墨西哥队贡献精彩进球的恩佐，也用自己出色的表现打动了斯卡洛尼，本场他直接占据了一个首发位置，除了送出助攻之外，他的传球成功率高达91.5%，赢下了全部5次对抗，以无可指摘的表现回报了斯卡洛尼的信任。

河床双星阿尔瓦雷斯与恩佐均在2022年夏天告别球队，前者加盟英超豪门曼城，一个则从通往豪门的最佳跳板本菲卡打起。虽然在曼城只能作为哈兰德的替补，但阿尔瓦雷斯还是能够抓住有限的机会展现出自己“阿圭罗接班人”的潜质。卡塔尔世界杯之前，在当赛季曼城的各项赛事中，阿尔瓦雷斯仅8次首发出场，但却有7球入账，亦当选曼城2022年度11月当月最佳球员。阿尔瓦雷斯的出色发挥，或许可以让曼城主帅瓜迪奥拉将双前锋阵形纳入考量，“小蜘蛛”除了射术精湛之外，也有着不错的串联能力，完全可以胜任哈兰德身边的僚机角色。

而恩佐在本菲卡始终在证明着个人价值，司职后腰的他除了能完成自己位置的任务，进攻端的参与程度也很高。上一场比赛替补出场打入国家队处子球，本场比赛进入首发阵容后又有着近乎完美的发挥，恩佐就此上位，成为阿根廷队的绝对主力，是显而易见的结果。

此时再回头看阿根廷队输给沙特队的首战，颇有塞翁失马之感。在俱乐部韬光养晦的几名老将的首发位置，被更加具备活力的年轻人所替代，阿根廷队反而一场好过一场。“罚丢了点球让我感到很愤怒，但在我犯错之后，球队却变得更强大了，我们知道，一旦打入第一球，比赛就会发生变化。”队长梅西在赛后接受采访时便如此表示。

梅西失点后，众多年轻面孔挺身而出拯救球队，这同样是重要的收获。而梅西也有意为恩佐和阿尔瓦雷斯两位年轻人增加比赛戏份，下半场他就给阿尔瓦雷斯送出了精妙传球，可惜后者没能把握住。

2021年阿根廷队能够问鼎美洲杯，靠的就是动力十足的队友围绕在梅西身旁不断奔跑。而活力十足的河床双星恩佐和阿尔瓦雷斯的上位，增加了阿根廷圆梦巅峰的希望，这两人也成为蓝白军团未来的最大希望。

声音

如梦似幻的美梦成真

作为首次世界杯首发就收获进球的“幸运儿”，胡利安·阿尔瓦雷斯赛后难掩澎湃心绪：“每天都有事情在你脑海中闪过，与国家队一起，与阿根廷人民一起参加世界杯，这是最美好的，你会感受到支持和激情，活在这个时刻实在让人难忘。”

由替补晋升主力的恩佐·费尔南德斯首发并贡献助攻，被佩泽拉换下时得到球迷的欢呼令他如坠梦中：“我在听，我非常享受，我用手势表示了感谢，我非常高兴，这是我一直梦想的。我们踢了一场精彩的比赛，感谢那些经常支持并信任我们的人。”

2022年11月30日，恩佐·费尔南德斯（右）抢在杰林斯基前将球卸下。

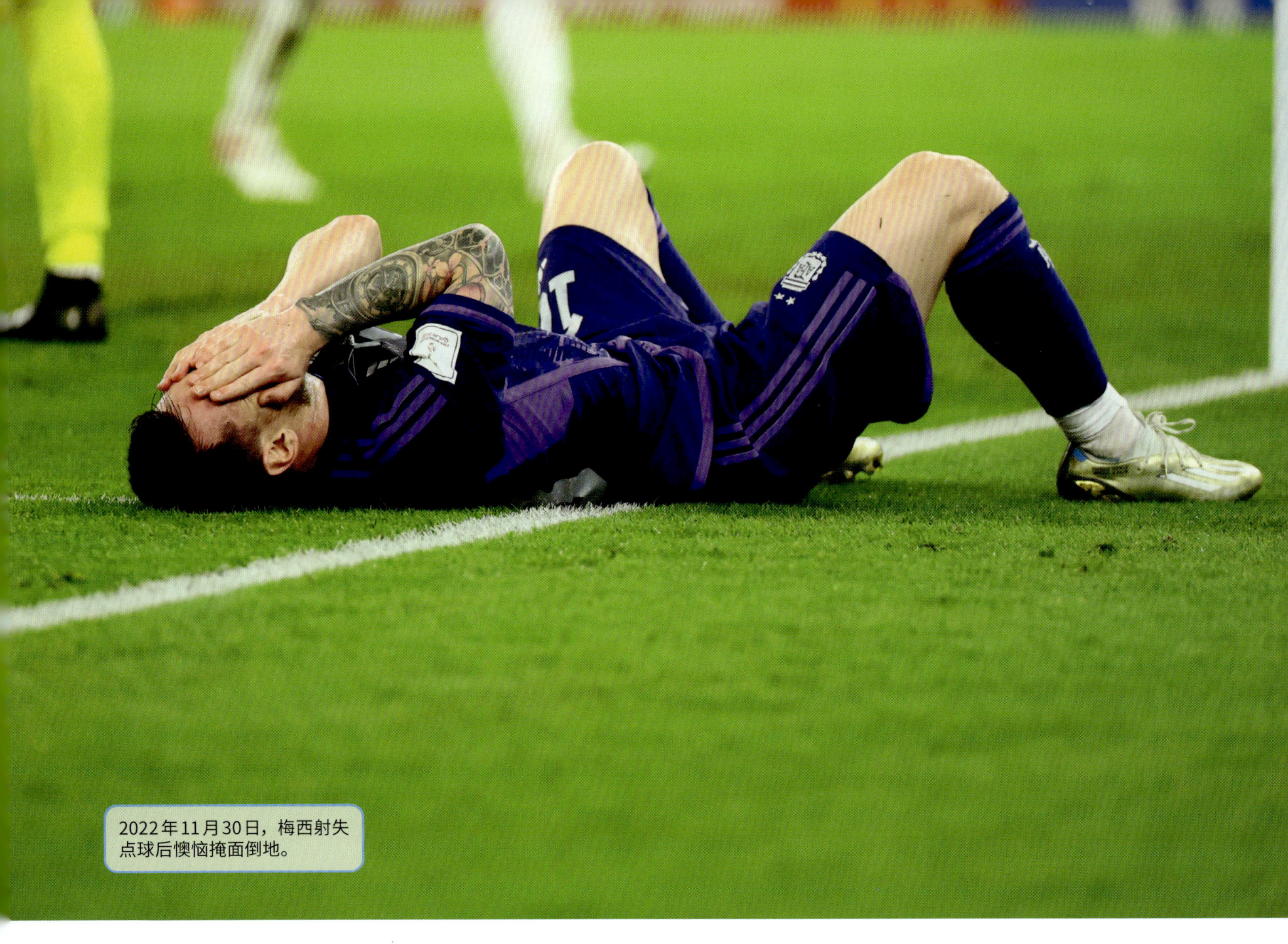
2022年11月30日，梅西射失点球后懊恼掩面倒地。

梅西之失，阿根廷之获

《体坛周报》记者
闫羽

诸神黄昏，真神却未必一定会决定胜负。当“世一锋”莱万多夫斯基要感谢顽强的沙特人拖住墨西哥时，上一场还曾天神下凡拯救阿根廷队的梅西，在小组赛末轮的生死战中也经历一番饶有趣味的“尴尬旅程”：意外得点，主罚被扑，这位全世界的焦点以一种并不特别风光的样子再度成为“主角”。但这又怎么样呢？阿根廷已经走出了首轮被爆冷的泥潭，以小组第一的身份昂首挺进卡塔尔世界杯16强。所以梅西稍微歇歇也无妨，更何况，他只是没有破门，并非真的悄无声息。

做个假设，如果梅西罚进了点球，他会不会再度收获山呼海啸般的称颂？就像他对墨西哥一脚神出鬼没的低射，为困顿中的阿根廷拨云见日之时一样？也许，但更有可能引来不少质疑的声音。事实上当点球哨响，阴谋论便甚嚣尘上:“这分明是保送梅西！”即便是那些中立球迷，肯定也很难理解视频助理裁判为什么要追罚门将什琴斯尼的高球出击。

不过点球毕竟没进，就让它成为过眼云烟随风而去，虽然梅西也因此背上了一条不太友好的纪录：不算点球大战，他是世界杯史上第二个罚失了两次点球（3罚1中）的球员，与曾经4罚2中的加纳人吉安并列。或许是有些不甘心，在波兰人祝贺他们的门将之后，阿根廷之王一度连续带球突破，试图只身杀入禁区，就好像他想马上找到进球为自己雪耻。

但或许，这也只是一种错觉。如果你从头开始回顾本场比赛，不难发现梅西其实就是最早为本队吹响进攻号角之人。开场不过5分钟，阿根廷10号就已经有过2次射门，虽然不算绝佳的机会，但也足够什琴斯尼表现一番。另外再说一次那粒有争议的点球，如果没有梅西在后点的奋力冲顶，视频助理裁判就是想介入不也没有机会？

35岁的梅西冲得很猛，根据专业数据网站统计，他总计有6次尝试带球过人4次成功，同时还有7次射门4次命中门框范围，4项数据都是全场最高。不过与此同时，这位老

声音 马拉多纳会为我高兴

22场。又一个数字，又一项纪录，又一次超越。梅西的个人世界杯出场次数超过21场的马拉多纳，而他对此的感受，仿佛传奇前辈从未走远："迭戈会很高兴，他总是为发生在国家队的好事而高兴，对我个人也是如此。他总是很亲近，富有感情。他会为这一时刻感到高兴，为进入16强以及球场上发生的一切感到高兴，这是每个人的幸福。"

补时阶段，莱万多夫斯基中场逼抢撞开梅西后被判犯规，波兰王牌中锋拍了拍梅西以示歉意，二人也在终场哨响后拥抱交流，具体说了什么？梅西透露："没什么，他告诉我，球场上发生的一切都会留在球场上，就像在更衣室里一样。我们私下彼此的对话永远不会从我嘴里说出来。"

将也依然很清楚要如何"储存"自己的能量。除了那几次爆发式的突击之外，梅西大部分时间其实都会回撤到中场。名为中锋，实则调度全队，阿根廷队对波兰队的全面压制，全场触球98次的组织者梅西也是功不可没。

不可否认的是，此役梅西的队友们同样出色，即便没有队长的直接"恩赐"，后辈麦卡利斯特和阿尔瓦雷斯也完成了对波兰的致命打击。相较之下，上一场还一射一传的梅西则变得两项皆无，他最接近制造进球的一刻，应该是下半场妙传直塞给胡利安·阿尔瓦雷斯，可惜后者只是射中了边网而已。

就算有遗憾，那也只会是很小的一点点，反倒是如此晋级的方式，应该让梅西更觉得欣慰。赛前英格兰名宿里奥·费迪南德一度感叹："阿根廷太依赖梅西，不信你看他过去6场国家队比赛就破门了12次。"而现在连续进球的纪录虽然戛然而止，压力却也被身边的伙伴分走，这是好事。正如梅西赛后所言："这就是我们团队的力量。轮到你了，你就会做出反应。"

在这场2比0的胜利中，没有轮到梅西必须发威，他只是带来了一些领袖气质和一些轻松时刻，比如与莱万"对峙"展示盘带花式。在这个时候，梅西已经超越马拉多纳，成为世界杯出场次数最多的阿根廷球员。很显然，他的纪录不会停留在22场。而在"低迷"了一场之后，攒着劲的梅西更加让对手感到畏惧。

↑ 2022年11月30日，莱万中场逼抢时撞开梅西，二人赛后拥抱达成和解。

2022年11月30日，劳塔罗·马丁内斯（左）在希曼斯基的拦截之下错失破门机会。

旧体系不灭，新大陆何来？

《体坛周报》足球评论员
梁熙明

4年之前的2018年俄罗斯世界杯，前两场都输掉的波兰队铁定遭到淘汰，最后一轮对日本队，1比0到最后5分钟，此时同组另一场哥伦比亚1比0塞内加尔的比分传来，维持这个结果，日本出线。于是，两队就心照不宣地在场上开始不争不抢，你一脚我一脚地把时间耗完。波兰反正无所谓，日本需要出线，正如2002年世界杯，意大利队与墨西哥队的最后5分钟。

最讽刺的是，这样做，日本与塞内加尔积分净胜球进球数全部相等，比吃牌，日本3场4黄，塞内加尔6黄，日本靠“公平竞赛”出的线。通常，这样做是要遭报应的。意大利在韩国人那里，也算是对与墨西哥一役那5分钟的报应。而日本在罗斯托夫被比利时绝杀，把失守的14秒拍成纪录片“反思”了整年，唯独忘了自己是怎么出的线。

作为4年前的“施恩者”，波兰在本场比赛成了受益者。对阿根廷队最后几分钟，波兰已经完全没有抗争的勇气，虽然没有“无耻”到4年前日本的地步，但也用继续龟缩不出的姿态，向阿根廷发出明确的信号：求高抬贵手。

其实阿根廷并不领情，替补登场的劳塔罗·马丁内斯等人还想立功，米赫涅维奇只能跪谢劳塔罗过于心切，不然赛前形势最好的波兰，就真的把自己的出线作没了。

在那一刻，波兰就是希望与墨西哥同分同净胜球同进球，凭借黄牌少通过“公平竞赛”出线。最终如愿以偿，沙特多进了一球，又帮了一把，才使得从一开始就没有任何进攻意愿，最后把自己落到乞求阿根廷开恩，也祈求沙特拼命的波兰，以这样一种屈辱的姿态，爬出了线。

当然，比赛最大的反高潮，无疑是梅西成为世界杯点球两次被扑第一人（是被扑而非“射失”，加纳队吉安 2006 年对捷克队中柱，2010 队对乌拉圭队中梁）。

出线的斯卡洛尼，可以暂时喘口气，不过，麦卡利斯特与胡利安·阿尔瓦雷斯的闪光，应该让他很清楚，过去 3 年的套路，即劳塔罗搭档梅西，已经完全推翻了，前两场首发的劳塔罗，此战降为替补，并以替补身份伴随了球队在卡塔尔此后的征程。

劳塔罗是 2019 年美洲杯（季军战梅西吃红牌的那届）横空出世的，之前所有阿根廷教练最苦恼的，就是为梅西找个僚机，他必须懂梅西，甘愿为梅西跑，又能自己闪光，这样的人，不好找。劳塔罗的出现，是斯卡洛尼这 3 年来的最大成就。他能自我牺牲，为梅西跑动，为梅西分担，扛开后卫，衔接中场，回防逼抢，而将真正的星光留给梅西。

正因为梅西的搭档有了，劳塔罗身价暴涨，也引来当时巴萨的垂涎——巴萨也迫切需要一个梅西的搭档，内马尔回购太贵太麻烦，苏亚雷斯垂垂老矣，小毛孩登贝莱自律太差，劳塔罗天造地设。

当时甚至出现这样的情形：欧冠最后一轮，巴萨已经出线，而国际米兰正好最后一轮打巴萨，还需要取胜。当地电视节目上，名宿豪尔赫·达历桑德罗毫无顾忌地公开向国际米兰喊话：你答应卖劳塔罗给巴萨，我们就放你 3 分！

但是现在，劳塔罗方案只能束之高阁。之后，就指望两名新人——1990 年世界杯，比拉尔多正是在首战折给喀麦隆后，放弃原先搭马拉多纳的主力巴尔博，改用卡尼吉亚，最终一路挺到决赛的。

声音

我们有 26 人！

总结对波兰队的胜利，主帅斯卡洛尼并未只将功劳局限于进球者：“我们以正确的方式进行比赛，从未停止努力，最终得到了回报。我们知道，随着迪马利亚和莫利纳在右路的双重冲击，最终会打破波兰的防守。波兰的反击很好，但我们没有让他们得到机会，奥塔门迪和罗梅罗逼得很紧，这是我们的功劳。中场休息时，我告诉球员，我们做得很好，我们必须尝试更多的进球方式，因为我们在前场有人数优势。结果（进球在下半场开场）1 分钟内就发生了，这让我们平静下来。”

斯卡洛尼对于是否放弃劳塔罗·马丁内斯等资深功勋球员，并未给出正面回应：“我们有 26 人可以出场，但总有变化，总有伤病，必须每场决定谁能出场，谁会是最好的，没有水晶球。有时效果很好，比如这场比赛，但我们总是考虑到集体。我爱他们所有人，他们使这支国家队更加强大，每个人都有自己的特点。”

2022年11月30日，麦卡利斯特（中）打破僵局后，接受迪马利亚（左）和纳韦尔·莫利纳的祝贺。

2022年11月30日，面对波兰队麦卡利斯特取得个人国家队处子球、打破比赛僵局后激情奔跑庆祝。

他不是谁的儿子或影子

《体坛周报》特约记者
吴昊宇

2019/2020 赛季在布莱顿首次亮相时，亚历克西斯·麦卡利斯特最吸引人眼球的当属他的外貌，不少网友调侃称，他的长相酷似梅西和拉莫斯的结合体。而在英超赛场踢了几个赛季后，已经很少有人再只将目光聚焦于他的外表。卡塔尔世界杯前夕，海鸥军团便已成为英超赛场一股不可忽视的力量，除了要感谢“跳槽”到切尔西的前任主帅波特，作为中场核心的麦卡利斯特同样功不可没。

而在卡塔尔的舞台，麦卡利斯特也让全世界记住了他包括相貌在内的一切。在阿根廷队首战告负，次战非赢不可的情况之下，斯卡洛尼让麦卡利斯特进入首发阵容，布莱顿中场为阿根廷队提供了久违的活力。本场对阵波兰队，麦卡利斯特继续首发出战，并在关键时刻挺身而出，攻入打破僵局的关键进球，这也是他在成年国家队的处子球。上半场比赛，阿根廷全队久攻无果，梅西还罚丢了点球，麦卡利斯特的进球来得恰逢其时，关键且必需。赛后他也顺利捧走了全场最佳球员的奖杯，实至名归。

作为阿根廷的英国移民后裔，麦卡利斯特有着很“英国”的姓氏，和当年为利物浦夺取杯赛五冠王的那位苏格兰名宿的姓氏基本相同。亚历克西斯的父亲卡洛斯·麦卡利斯特在球员时代曾在博卡青年、阿根廷青年等球队效力多年，司职边后卫，也曾入选过阿根廷国家队，但他只在 1993 年为阿根廷队出战过 3 场比赛。

球员时代的老麦卡利斯特名声不算响亮，但退役后转战政坛却是顺风顺水——2013 年成为阿根廷国家议会议员，2015 年 12 月进入阿根廷前总统马克里的政府班子，成为阿根廷体育、教育和娱乐部长，2018 年卸任。在担任议员和部长期间，老麦卡利斯特提出了多项体育相关的改革法案，比如为代表阿根廷拿到世界冠军的 50 岁以上运动员发放养老金等。

老麦卡利斯特有三个儿子，都走上了足球这条路，而最争气的还是他最小的儿子，也就是本文的主角亚历克西斯，他和两个哥哥凯文和弗朗西斯都出自阿根廷青年俱乐部的青训，而在两个哥哥还在阿甲赛场踢球的时候，最小的亚历克西斯已经功成名就，代表阿根廷国家队征战世界杯，还取得了进球。

而以亚历克西斯的能力来看，虽然父亲曾身居高位，但他绝不是靠着老爹进入阿根廷队的“关系户”，2019 年布莱顿签下了在阿根廷青年有出色发挥的他，但因为劳工证原因，麦卡利斯特一度租借加盟博卡青年，直到 2020 年初才正式登陆英超。最近几个赛季布莱顿在英超赛场异军突起，麦卡利斯特也证明了自己的价值，司职中场的他在波特手下成为中前场自由人。2022/2023 赛季麦卡利斯特更是迎来井喷式爆发，打入 12 球成为全队射手王，并于赛季末转会“红军”利物浦。

2021 年夏天，麦卡利斯特代表阿根廷国奥队出战东京奥运会，在这之后，他就成为阿根廷国家队的常客。洛塞尔索受伤无缘世界杯名单后，主帅斯卡洛尼一度让布莱顿中场担纲前者的位置，而到了对阵沙特的首战，斯卡洛尼还是选择首发老将帕普·戈麦斯，但塞维利亚中场碌碌无为。

到了对决墨西哥和波兰的两场出线关键之战，斯卡洛尼终于坚定地让麦卡利斯特首发出战，他则用优异的发挥证明了自己就是洛塞尔索的最佳替代者。本场打入关键进球之后，麦卡利斯特自此稳坐阿根廷队本届世界杯的主力位置。

声音

团队远大于我

10 场国家队赛事，首粒个人进球。麦卡利斯特在下半时的闪击破门，为阿根廷队奠定了对波兰队的胜局。成为主角的麦卡利斯特赛后并未过度渲染个人功劳，反倒将称赞送给集体：“这对我们来说是重要的胜利。首场比赛后，我们知道必须赢得接下来两轮比赛，这就是目标。上半场我们没有进球，但下半场可能会到来，对我个人来说很高兴，但重要的是团队。（输给沙特后）我们回到了过去的样子，我们耐心处理球，心态很平静，能够连续 10 次、15 次传球，我们踢了一场出色的比赛。”

2022年11月30日，麦卡利斯特（右）与莱万多夫斯基（右二）争顶头球。

2022年11月30日，场边急切督战的斯卡洛尼与气定神闲的梅西。

成长就是一战更比一战强

《体坛周报》赴卡塔尔特派记者
梁宏业

阿根廷队虽然在小组赛首轮爆冷翻车，但通过其后的两连胜还是拿下了C组头名，进入1/8决赛避开法国队。阿根廷队在小组赛3场的表现极具成长性，如果把首场爆冷负于沙特队与对波兰队的胜利相比，你很难相信这是同一支球队相隔一周多时间的表现。

从被爆冷到完胜，为何会有如此天壤之别？首先从阿根廷队角度看，主帅斯卡洛尼的调试至关重要。阿根廷队在世界杯开赛前成为大热的重要原因，是球队在2021年战胜巴西队拿下美洲杯冠军，也是阿根廷队近28年收获的首个洲际冠军。而且，阿根廷队还在2022年夏天的欧洲南美冠军杯上3比0大胜欧洲杯冠军意大利队，似乎球队的水平和状态不容置疑。

但斯卡洛尼的球员却在2022/2023赛季上半程集体遭遇了伤病和状态下滑。如果按照以往的世界杯组织形式，每支球队有一个月的准备期，那这些伤病本不应成为问题，但卡塔尔的冬季世界杯只有一周的准备时间，这让斯卡洛尼不知道该如何是好。最初，斯卡洛尼选择了刻舟求剑式的策略，即依旧最大程度上相信美洲杯的夺冠阵容，最终这种思路招致败给沙特队的恶果，斯卡洛尼于是开始求变。

预则立，不预则废。斯卡洛尼备战卡塔尔的态度不可谓不严肃，他用了4年时间磨剑，更换了大多数球员，并且经历了两届美洲杯和一届世界杯预选赛的练兵，终于打造出一支招之能战的球队。然而一切却在开赛前被打乱，第一副攻手洛塞尔索因伤无缘世界杯，还出现了大量处于受伤和不受伤之间状态的球员，愤怒的斯卡洛尼不得不在来到多哈后更换了大名单中的2名球员。首战过后，所有人都知道阿根廷队不在状态，斯卡洛尼准备了4年的计划被打乱了。

既然这次早起的鸟儿没虫吃，这位年轻的阿根廷主帅就要随机应变，就像他经历过的两届美洲杯一样，本已成型的球队重回调试阶段。对墨西哥队，斯卡洛尼一下调整了5名首发，相当于半支球队，在对手紧逼下，阿根廷队上半时踢得并不好，虽然最终凭借梅西从天而降的远射打破僵局并艰难取胜，但没有人相信阿根廷队还是夺冠热门，墨西哥媒体得出的一致结论是：墨西哥队是踢得差，但赢球的阿根廷队也绝对拿不了冠军。

墨西哥人的评论同样是刻舟求剑式的，他们没有看到一支强队只要被给予生存的机会，便能在一届大赛中持续变强，这就是强队的成长性。卡卡就说道："我认为巴西队、法国队和西班牙队是明显的夺冠热门球队，但不要忘记德国队和阿根廷队，这两支球队在小组赛踢得不好，但只要他们能晋级，永远不要低估他们，强队往往会在大赛中打出成长性。"两个具体例子就是，西班牙队在2010年南非世界杯夺冠时也是在首轮输给了瑞士队，而葡萄牙队2016年在法国夺得欧洲杯同样险些没能小组出线。

果然，阿根廷队在对波兰队的比赛中打出了压倒性优势，胜利并非出于偶然，甚至2比0的比分远远无法体现阿根廷队的场上优势，阿根廷队传球成功率达到92%，成功传球超过800次，而波兰队只有261次，阿根廷队全场有25次射门，波兰队只有3次，阿根廷队有13次射正，波兰队1次都没有。当然，波兰队的消极态度是比赛一边倒的原因，另一方面，不能否认阿根廷队正在恢复往日的状态。

从因伤缺阵的洛塞尔索到已有1球1助的麦卡利斯特，从不在状态的帕雷德斯到本届世界杯前从未出战过国家队正式比赛但同样已经完成1球1助的恩佐·费尔南德斯，从在2019年美洲杯崛起的劳塔罗到目前已有1球入账的胡利安·阿尔瓦雷斯，足以显示阿根廷队并非伤了老人后就无人可用，斯卡洛尼选择的新人们表现十分出众。

然而在一场杰出的比赛后，斯卡洛尼却坚决否认阿根廷队是夺冠热门："我们不是任何夺冠热门。我早都说了，现在所有的球队都很强，我还记得输给沙特队后，我向所有人保证过球队会尽全力，但到现在，输给沙特队的方式还让我很痛苦，因为5分钟内丢2球不应该是这支球队能踢得出来的足球。所以不能因为我们踢出了一场很好的比赛，就说我们可以夺冠了，这是不相配的。"因心脏病被迫结束足球生涯的阿圭罗，同样表达了对夺冠热门标签的厌恶："我们球员永远不想说自己是夺冠热门，我们一般爱说别人是夺冠热门，比如巴西队，他们永远是热门。"说着，阿圭罗还坏笑了一下。

足球世界和我们所在的世界一样，一直处于变化之中，特别是在短暂的世界杯中，似乎一切变化来得更快。有些球队能展现出强烈的成长性，有些球队则会在开门红后越踢越差，我们也应当以变化的眼光来看待每支球队的发展。

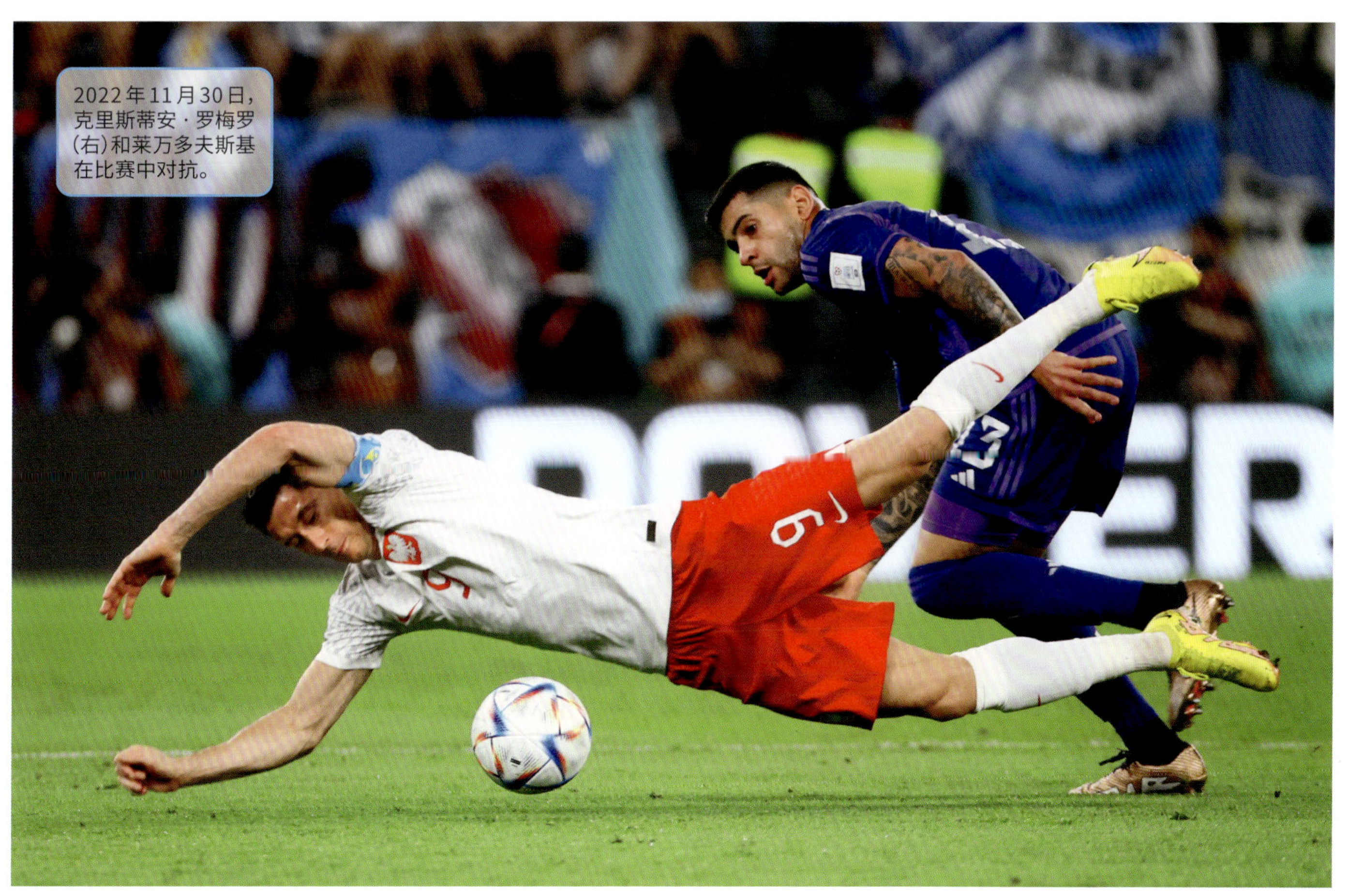

2022年11月30日，克里斯蒂安·罗梅罗（右）和莱万多夫斯基在比赛中对抗。

19
SOUTTAR
19
26

ROWLES
4
10
第4战
世界杯 1/8 决赛
2:1

FIFA WORLD CUP

世界杯1/8决赛

阿根廷 2:1 澳大利亚

2022.12.3
艾哈迈德·本·阿里球场

主裁判：希蒙·马齐尼亚克（波兰） FIFA本场最佳球员：梅西

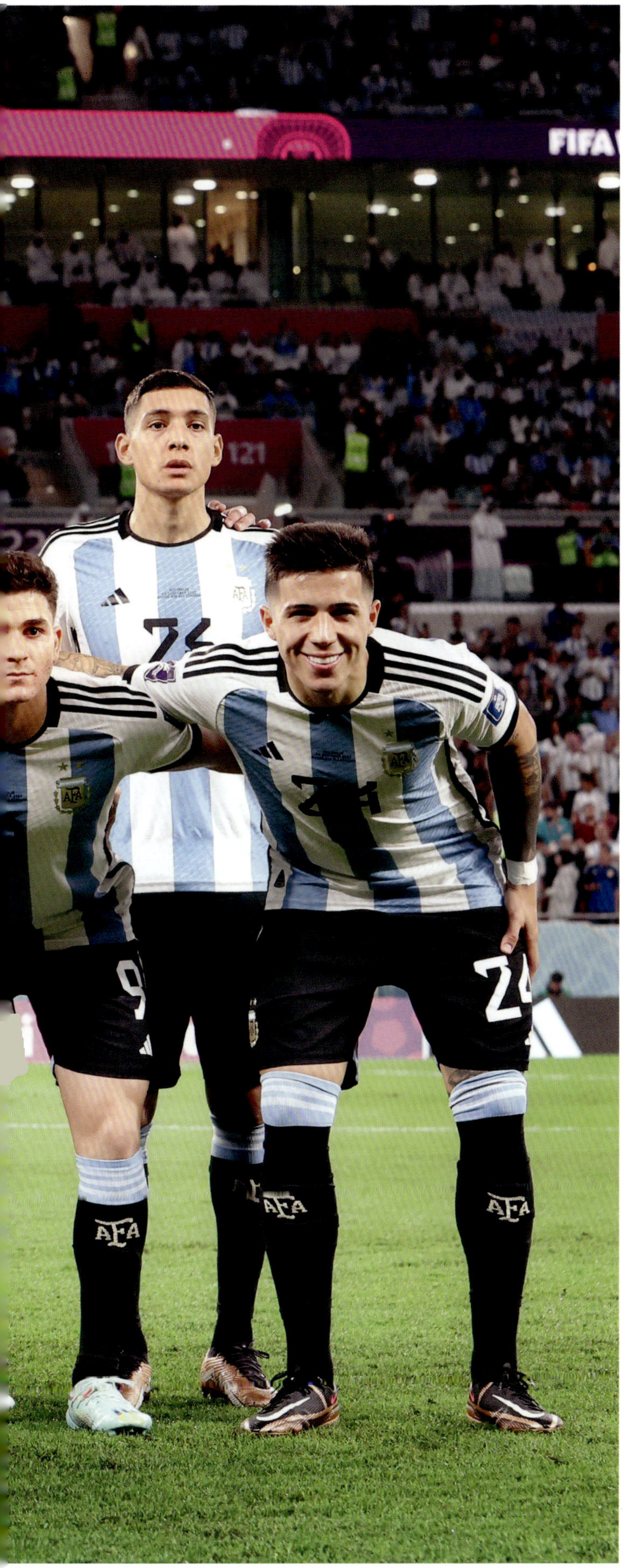

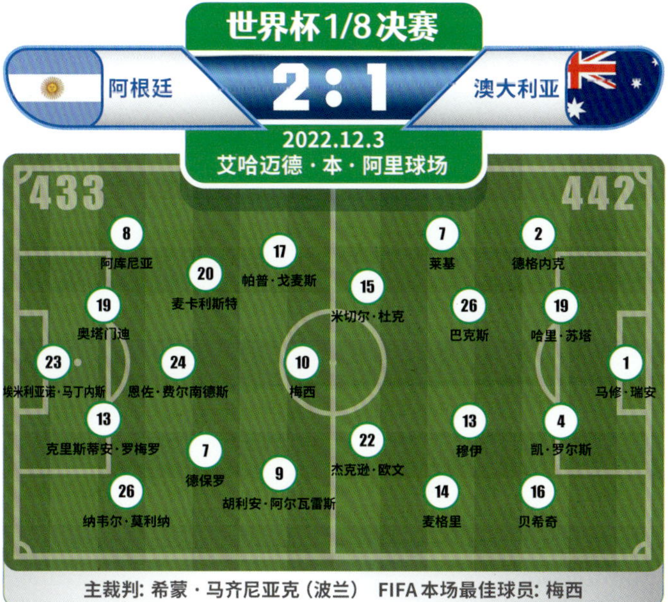

换人

阿根廷	澳大利亚
50' 17-帕普·戈麦斯↓25-利桑德罗·马丁内斯↑	14-麦格里↓23-古德温↑58'
71' 9-胡利安·阿尔瓦雷斯↓22-劳塔罗·马丁内斯↑	26-巴克斯↓10-赫鲁斯蒂奇↑58'
71' 8-阿库尼亚↓3-塔利亚菲科↑	7-莱基↓21-加朗·库奥尔↑71'
80' 20-麦卡利斯特↓14-帕拉西奥斯↑	15-米切尔·杜克↓9-杰米·麦克拉伦↑71'
80' 26-纳韦尔·莫利纳↓4-蒙铁尔↑	2-德格内克↓5-卡拉契奇↑71'

进球

35' 1比0（梅西）贝希奇对戈麦斯犯规，梅西右路任意球传中被破坏，阿根廷再度得球分右路，梅西传中，麦卡利斯特直塞，奥塔门迪回做，梅西14米外左脚推射穿过苏塔裆下钻进左下角。

57' 2比0（胡利安·阿尔瓦雷斯）瑞安手掷球，德保罗右路紧逼造成对方连续回传，瑞安面对德保罗蹚球太大，阿尔瓦雷斯断球9米处斜射入远角。

77' 2比1（恩佐·费尔南德斯乌龙）贝希奇左路传中，奥塔门迪禁区内伸脚解围，古德温18米迎球左脚怒射蹭恩佐·费尔南德斯变线入远角。

黄牌

阿根廷	澳大利亚
	杰克逊·欧文 15'
	德格内克 38'

技术统计

阿根廷		澳大利亚
1.69	预期进球	0.59
14(5)	射门(射正)	5(1)
0	射中门框	0
3	远射	2
61%	控球	39%
695(88%)	传球(成功率)	435(83%)
42 (38%)	长传(成功率)	63 (57%)
5 (20%)	传中(成功率)	16 (13%)
8 (38%)	盘带(成功率)	11 (36%)
1	角球	3
3	越位	0
45	成功对抗	36
13	成功争顶	14
15	铲断	11
7	拦截	8
18	解围	10
8	犯规	15
0	黄牌	2
0	红牌	0

数说

梅西的千场战，梅西的第一次

职业生涯第1000场成年队比赛，梅西重拾射门靴，助阿根廷队力克澳大利亚队，挺进卡塔尔世界杯八强。这是35岁的梅西在卡塔尔的第三粒进球，也是他在世界杯淘汰赛阶段的首粒进球。在粉碎纪录的道路上，梅西仿佛永远没有尽头。

1 梅西取得个人世界杯第9球，也是他9场世界杯淘汰赛791分钟24脚射门后的首球。

1 梅西是本届世界杯参与进球最多（3球1助）、射正次数最多（10次）、创造进球机会最多（13次）的球员。

2 1966年有相关统计以来，梅西追平马拉多纳保持的世界杯创造进球机会纪录（均为67次）和运动战创造进球机会纪录（均为48次）。

2 胡利安·阿尔瓦雷斯成为第六位代表阿根廷队前两次世界杯首发均有进球的球员，也是2006年克雷斯波以来的首位。

3 梅西成为继巴蒂斯图塔（1994、1998）之后，第二位两届世界杯3球以上的阿根廷球员（2014年、2022年）。

3 劳塔罗·马丁内斯本届世界杯已错过3次必进机会，在没有进球的球员中仅次于卢卡库（4次）。

5 世界杯淘汰赛进球最年轻阿根廷球员排行：1934年加拉泰奥（21岁84天）；1930年佩乌塞莱（21岁316天）；1930年斯科佩利（22岁75天）；2010年伊瓜因（22岁199天）；2022年阿尔瓦雷斯（22岁306天）。

5 胡利安·阿尔瓦雷斯代表阿根廷队出场16场比赛打进5球，超过梅西前16场国家队比赛进球数（4球）。

6 梅西并列世界杯历史上首开纪录次数最多的球员（6次）。

7 梅西连续7个世界杯进球都是帮助阿根廷队从平局变为领先，上一粒非此类进球要追溯到2014年对波黑队（1比0变为2比0）。

8 梅西获得此役全场最佳球员奖项，成为获得世界杯当场最佳次数最多的球员（8次）。

8 阿根廷队自2014年半决赛对荷兰队以来，首次取得世界杯三连胜。

9 阿根廷球员世界杯进球排行榜：巴蒂斯图塔（12场10球），梅西（23场9球），马拉多纳（21场8球），斯塔比莱（4场8球）。

16 梅西世界杯直接参与进球数达16球（9球7助），追平马拉多纳（8球8助）和托马斯·穆勒（10球6助），次于席勒（参与17球，9球8助）、拉托（参与17球，10球7助）、贝利（参与19球，12球7助）、盖德·穆勒（参与19球，14球5助）、罗纳尔多（参与19球，15球4助）、克洛泽（参与19球，16球3助）。

18 梅西2022年10场国家队比赛直接参与18球（14球4助），再度改写个人单年度国家队进球纪录，进球第二多是2012年（12球）。

28 梅西在阿根廷队比赛中28次首开纪录，33次打进阿根廷一方首球。

21 恩佐·费尔南德斯成为1994年奥特加（对阵罗马尼亚队，20岁121天）以来，世界杯淘汰赛首发的最年轻阿根廷球员（21岁320天）。

23 梅西个人第23场世界杯比赛，追平马尔蒂尼，仅次于克洛泽（24场）和马特乌斯（25场）。

36 梅西2022/2023赛季26场比赛参与36球（20球16助）。梅西2022年48场比赛参与59球（31球28助）。

45 梅西大赛（世界杯/美洲杯）直接参与45球（22球23助），大赛进球数追平C罗（22球）。

94 梅西再度改写南美球员国家队进球纪录（94球，其中23场世界杯9球，60场世界杯预选赛28球，34场美洲杯13球，其他比赛51场44球），在所有球员中仅次于代伊（109球）和C罗（118球）。

100 梅西作为阿根廷队长出场100次，参与100球（67球33助）。

120 梅西是役仅两次过人，1次成功，将他保持的世界杯过人成功纪录改写为120次，马拉多纳106次排名次席（仅限1966年以来的统计数据）。

789 球员正式比赛进球排行榜：C罗819球；梅西789球；贝利757球。

1000 梅西迎来职业生涯第1000场成年队比赛（巴萨778场；巴黎53场；阿根廷169场），此前共打进788球，348次助攻。

1137 梅西职业生涯1000场比赛直接参与1137球（789球348助）。

2022年12月3日，梅西（左）推射洞穿苏塔（后中）两股破门。

扶老更胜纯粹啃老

《体坛周报》赴卡塔尔特派记者
武一帆

阿根廷队找回了风格、勇气和球星，还缺少一点准星和运气。而那是前进道路上必不可少的要素。这是一场“普通”的世界杯淘汰赛，对手是“不值一提”的澳大利亚，相比之下，称之为梅西“职业生涯千场里程碑之战”更有噱头。自己的好日子，梅西自然是主角，正如他贯彻始终的不求人风格。然而，足球终究是团队运动，他在世界杯赛场的个人成败，从前系于马斯切拉诺和伊瓜因，如今仰赖胡利安·阿尔瓦雷斯和德保罗的支持。

比赛上下半场风格迥异，前45分钟场面乏味，只有梅西的进球令人精神一振。阿根廷不愿与身体强壮的对手做太多纠缠，而澳大利亚队则没有采用其他弱队的紧逼策略，而是减少消耗，等待对方犯错。结果先犯错的是他们自己：一连串莫名其妙的回传不谈，门将瑞安居然想在禁区内先过人再解围，被德保罗近身抢断，胡利安·阿尔瓦雷斯捡了大便宜。

首场对沙特阿拉伯怎么踢都不顺，但胡利安·阿尔瓦雷斯最近几场的进球，算是阿根廷队逐渐转运的标志。而且比赛踢到这个程度，也由不得澳大利亚队再坚持收缩了。尝试攻出来之后，“袋鼠”们发现对手没有看上去那么牢固和高效。贝希奇一次马拉多纳式的纵向突破射门被利桑德罗·马丁内斯破坏。而另一边，梅西想再进一个的愿望始终未能实现，倒是劳塔罗一连搞丢几个势在必进的机会。

透视

袋鼠不是软柿子

本届世界杯的一个特色是，参赛球队之间在技战术准备方面彼此克制能力很强。除了西班牙队7比0哥斯达黎加队、法国队4比1澳大利亚队等极少数场次，大多数情况下实力更强的一方都无法在技战术层面从头至尾保持统治地位。这种克制能力不受阵容星味、球员个人技术等影响，弱队只要研究透彻，都可以根据自己的特点设计出一些方法，对强队的推进路线按照自己的能力实现多层次、多点破坏。

即使拥有梅西这样的球星，阿根廷队也无法奢望在澳大利亚队面前实现绝对的统治。澳大利亚队对沙特队的压出逼抢战术复制很好，但是他们面对的已经是另一支阿根廷队。

阿根廷队在小组赛三场比赛的阵容调整，是世界杯参赛强队里变化最大的，中场首发从帕雷德斯变成吉多·罗德里格斯再变成恩佐·费尔南德斯。正是恩佐·费尔南德斯改变了阿根廷队的中场平衡，他的协助和策应能够让梅西更放心向前突击。沙特队在首战集中冲击阿根廷队压出后中路留下的空当，这样的空当在对澳大利亚队的比赛中已经消失了，澳大利亚人最后构成威胁的是远射和冲吊。不过恩佐·费尔南德斯有点倒霉，澳大利亚队的那个球是击中他以后变线入网的。

反过来，任何战术都有其冒险性，防守战术也不例外。这场打澳大利亚队，由于没有了迪马利亚，也没有缺席世界杯的洛塞尔索、华金·科雷亚等球员，阿根廷队并没有能够最好利用澳大利亚队学习沙特队前压逼抢以后留下的后场空当。阿根廷队在小组首战上半时打沙特队的身后球战术运用非常合理，可惜的是被视频助理裁判吹掉三个球，尤其是劳塔罗那个极具争议的越位（半自动越位技术可能漏算了远端的沙特13号球员沙赫拉尼）。 **★王勤伯**

最终2比1的比分对双方都说得过去。澳大利亚队名义上错失“苟”进加时赛的机会，如果那个球不是年轻的库奥尔，而是换成更有经验的球员，哪怕是对面的劳塔罗恐怕也不一定能怎样。倒是那个乌龙球，无论飞行轨迹还是折射角度都堪称罕见，也算是对澳大利亚人努力争取的一点奖励，以及对戏剧性的一点保留。

2022年的卡塔尔，人为制造的戏剧性成了主流，与2020年欧洲杯那一大堆乌龙球形成鲜明对比。世界杯需要点戏剧性，球队期待好运眷顾，梅西、C罗则希望队友多给点力。很难说此时阿根廷和葡萄牙是否还是这两人扛在肩上前行，梅西本场的进球是他在世界杯淘汰赛打入的第一球。能说他之前那几届没有贡献吗？接下来的破局重任也未必一定压在他的肩头。阿根廷队需要德保罗这样的猛将，需要埃米利亚诺·马丁内斯这样的巧匠，需要胡利安·阿尔瓦雷斯这样的福将。

下一战对荷兰队是梅西的第“一千零一夜”，就在这“阿里巴巴和四十大盗”的沙漠场景里。

2022年12月3日，胡利安·阿尔瓦雷斯（左）从马修·瑞安脚下断球，为阿根廷队再进一球。

2022年12月3日，梅西行步如风。

场场生死战，场场出生天

《体坛周报》赴卡塔尔特派记者
梁宏业

经历了一天的休假，阿根廷队球员被允许与亲友相聚后，又重新进入了训练状态。然而，迪马利亚仍未加入合练，依旧在健身房训练和理疗，对淘汰赛阶段的阿根廷队，造成了相当程度的影响。

迪马利亚历来都是阿根廷队最重要的球员之一，也是梅西最信任的伙伴之一，甚至迪马利亚还是蓝白军团最大的福将。阿根廷队最近两次夺得冠军，都是由迪马利亚攻入决赛里的唯一进球：第一次是2008年奥运会决赛，迪马利亚在鸟巢接到梅西的长传破门，阿根廷国青1比0战胜尼日利亚国青夺冠；第二次则是2021年美洲杯，迪马利亚在马拉卡纳球场的进球帮助球队客场战胜巴西队，时隔28年后再次夺冠。甚至2014年世界杯，阿根廷的决赛饮恨，有相当部分评论认为，如果不是迪马利亚因伤缺战，他们将更有机会战胜德国队。然而，历史没有如果。

淘汰澳大利亚队的1/8决赛，迪马利亚就因大腿肌肉伤势未能出场，阿根廷队则暴露出缺乏边锋的难题。事实上，阿根廷队唯一的边锋就是迪马利亚，斯卡洛尼选择让帕普·戈麦斯客串，完全不是边锋的味道。在迪马利亚缺战的情况下，阿根廷队打不出深度，是球队在比赛大部分时间内遭遇的难题。而这一困扰，也延续到了1/4决赛对荷兰队的常规时间。

对澳大利亚队的艰难胜利，让阿根廷队再次遭到舆论质疑，“绝非夺冠大热”的声音再次出现。西班牙队前后腰阿尔贝尔达认为：“阿根廷队的表现还是暴露很多疑问的，这和大家的预期并不相符。”巴萨的评论员埃米利奥则表示：“阿根廷队就是天天期待梅西一个人创造奇迹。你看到了吗？比赛最后时刻，他给劳塔罗·马丁内斯送了两个那么容易的球，都进不了。”埃米利奥的评论员搭档帕科补充道：“我认为梅西正在把足球运动变为个人运动，马拉多纳还有卡尼吉亚、巴尔达诺、布鲁查加这些队友陪伴他，然而梅西太可怜了，他身边似乎没有帮手，只有迪马利亚一个人，还受伤了。”

南美版 ESPN 的评论员阿莱克斯对迪马利亚的思念，可能更胜梅西本人：“阿根廷队没有迪马利亚，打不出进攻深度，完全靠梅西的灵感踢球，梅西的进球来自奥塔门迪的停球失误，我们甚至不知道这能不能算作奥塔门迪的助攻。德保罗的确很努力，跑了几千米迫使门将出现失误，阿尔瓦雷斯最终把球打进，但这就是阿根廷队的全部了。斯卡洛尼在两球领先后换打三中卫，试图打对手的反击，但还没打出来，对手扳回一球最后还险些扳平，而梅西送出的助攻都被劳塔罗浪费了。”

在洛塞尔索因伤错过世界杯，其余核心球员状态太差的情况下，梅西的作用的确更加突出。阿根廷队首场输给沙特队后，梅西在此后所有关键时刻扛起了球队，比如在对墨西哥队破僵时的神来一脚，比如在对澳大利亚队时，把握一个不是机会的机会拔得头筹。但这同样暴露出，此刻的阿根廷队，除梅西以外，几乎一无所有。评论员马尔迪尼担忧道：“梅西就是阿根廷队的全部，问题是这对于梅西和阿根廷队来说也不是很健康。”

越多赞美投向梅西，越显现斯卡洛尼及其球队在这一刻面临的困境。比如路透社评论：“阿根廷队可能不想考虑场上没有梅西会发生什么，他们前进中的几乎所有精彩都是这位 10 号球员创造的。在即将到来的比赛中，阿根廷队肯定需要从中场和边路获得更强的穿透力。澳大利亚队密集中路迫使阿根廷队向边路寻找空间，由于边锋迪马利亚小腿受伤，没人为梅西分担进攻压力。阿根廷队放慢了比赛节奏，本应跟随节奏变化的猛烈打击很少出现，除非梅西在接球时，他几乎总是背身拿球。然而，梅西早就习惯了为国家背负重担。在卡塔尔 4 场 3 球表明，他可能正在接近最佳状态，可能会让阿根廷队在世界杯上越走越远，他的目标是最终将世界杯奖杯添加到已经闪闪发光的奖杯收藏中，只有勇敢的人才会打赌他无法做到。”

无论如何，大家还是希望阿根廷队能走得更远，球队身上也能找到一些未来可能绽放的吉兆。西班牙前国门卡尼萨雷斯对梅西及其伙伴充满信心：“大家要小心，巴西队可是谁都不怕只怕阿根廷队，阿根廷队 2021 年在马拉卡纳球场战胜了巴西队，这是一个奇迹。另外 1990 年的那支阿根廷队比当时的巴西队差很多，但最后还是战胜了巴西队，当时阿根廷队有马拉多纳，现在他们有梅西。”另外，阿根廷队还是一支拥有打出竞争力传统的球队，从第二场对墨西哥队开始，潘帕斯雄鹰场场遭遇生死战，场场生的都是他们。

→ 2022年12月3日，梅西与帕普·戈麦斯揽肩并行，沉浸于胜利喜悦中，但客串边锋的后者在球场的作用上，无法弥补因伤缺席的迪马利亚所留下的巨大空缺。

2022年12月3日，梅西跃入胡利安·阿尔瓦雷斯怀中，庆祝后者的进球。

谁话人无千日好？

《体坛周报》特约记者
吴昊宇

对阵澳大利亚队的这一夜，对于梅西而言，是一个真正意义上的纪录之夜，他迎来了个人职业生涯第1000场正式比赛，同时是他第23次代表阿根廷队在世界杯出场。上半场的比赛让人梦回他巴萨生涯的经典之作，也让梅西的世界杯进球数达到9个，超过了马拉多纳的世界杯进球数字。截至此战，世界杯进球数排在梅西身前的阿根廷人，只剩下打入10球的“战神”巴蒂斯图塔。

淘汰赛首球，终于来了

在对阵澳大利亚队的里程碑之战，梅西在开场哨响阶段仍然扮演中场组织者的角色。他的位置后撤很深，也屡次将球送到澳大利亚的禁区前沿，但在需要他一锤定音的时刻，梅西也从来不会脚软。奥塔门迪失误的停球，反倒无心插柳，给了梅西最舒适的起脚位置，阿根廷队长轻松将球送入网底，就像他在巴萨生涯中屡次做到的那样。梅西终于完成了在世界杯淘汰赛的首个进球，2006年夏天，还是小将的梅西在阿根廷队对决墨西哥队的1/8决赛中打入一球，可惜被误判为越位。如果当时存在视频助理裁判，梅西的世界杯淘汰赛首球，不至于等到这一天才出现。

“梅西的存在让比赛变得更加简单，即使年龄大了，他也可以用自己的方式影响比赛。”小组赛末轮面对波兰队，担任现场评论员的英格兰名宿费迪南德和阿兰·希勒都对梅西赞不绝口，同样在世界杯期间客串足球评论员的阿根廷名帅波切蒂诺亦赞不绝口：“梅西可以让一切变得很简单。”在阿根廷队击败波兰队后，波兰队主帅米赫涅维奇的艳羡无以复加：“如果我们有梅西，莱万说不定可以一场比赛进5个球。”那场比赛当选最佳的麦卡利斯特，甚至“自责”抢了球队领袖的风头：“我拿到了全场最佳，但我觉得这个奖项更应该给梅西，他的存在让一切都变得如此简单。”

用进球了却夙愿后，梅西再度开始以自己的方式影响着比赛，他一次次为队友制造着近在咫尺的射门机会。梅西本场比赛共计制造了4次绝佳机会，下半场他的几次精彩突破，也让人依稀看到了他在巴萨巅峰时期的影子，可惜替补出场的劳塔罗·马丁内斯屡次浪费梅西的“美意”，梅西也颇有遗憾，错失了在千场之战中完成传射的机会。

最后时刻的阿根廷队，经历了一段过山车剧情，也让梅西的纪录之夜变得提心吊胆，但利桑德罗·马丁内斯和埃米利亚诺·马丁内斯的两次关键救险，最终让他们有惊无险挺进八强。虽然圆满过关，但梅西谈到最后的惊魂时刻，仍然心有余悸，他表示，没有早早杀死比赛让阿根廷队差点付出代价，而这还要感谢防线队友的努力。

这一次，梅西告别孤单

“梅西在自己的千场里程碑之战中取得进球，但这对他而言远远不够，他还有着更加远大的梦想。”阿根廷媒体 TyC 体育在评价梅西本场比赛中的表现时如此说道。而那个更加远大的梦想是什么，不言而喻。

梅西和阿根廷在世界杯已经经历了太多遗憾时刻：2006 年梅西坐在替补席上目送阿根廷队点球不敌东道主德国队；2010 年阿根廷队在 1/4 决赛中被德国队 4 比 0 淘汰出局，梅西在马拉多纳怀中落泪的一幕令人唏嘘不已；2014 年的决赛更是遭遇千古遗恨，梅西目视大力神杯的瞬间仿佛最遥远距离的具象实体；2018 年对阵法国队，送出两次助攻的梅西已经尽力，奈何面对姆巴佩领衔的高效攻击线，阿根廷队糟糕的防线根本无法抵挡，再度宣告早早出局。

卡塔尔首秀输给沙特队，对此时的阿根廷队来说，再也不是坏事。经过几次调整，主帅斯卡洛尼找到了当前最适合梅西的主力阵容，恩佐·费尔南德斯和胡利安·阿尔瓦雷斯等人的上位也增强了这支阿根廷队的活力。对波兰队罚丢点球后，梅西坦言：“罚丢点球我当然不高兴，但在我犯错之后，球队反而更加强大了。”梅西已经无须像此前几届世界杯那样，将阿根廷队的全部压力都压在肩头。此时，他的身旁有一群在关键时刻能够挺身而出的生力军，这对于梅西和阿根廷队而言，无疑是最幸运的事情。

声音

千场当日才知千场

在休息时间不到 72 小时的情况下，阿根廷队还是击败了澳大利亚队，作为制胜功臣，梅西丝毫不感到疲累：“每三天踢一场，这对我们来说似乎很疯狂。与此同时，我们想留在这里，因为世界杯的感觉，接下来将是最困难的阶段。”

“我们知道比赛会如此艰难。我们没有休息，因而很担心，事实上比赛非常激烈，我们发现能够取得领先，然后又是一个进球，并且控制了比赛。尽管我们最终让比赛变得复杂，并且丢球了，但世界杯就是这样的。”

谈到千场里程碑，梅西甚至有些惊讶：“老实说，我没想到这点，今天才发现，起初我以为还有几场（才能达到），我活在当下，享受我们经历的一切，我很高兴能再迈出一步，闯入 1/4 决赛。非常高兴又进了球，也向目标迈进了一步。”

赛后在混合区看到家人庆祝的视频，梅西露出笑容，他描述当时的心情：“我的家人一直都在，特别是孩子们，因为他们已经长大了，能够看到他们如何理解一切，如何享受和受苦，这很特别。其他家人都去过世界杯和美洲杯了，但孩子们还没有。”

2022 年 12 月 3 日，阿根廷队为胜利的延续载歌载舞，作为队长的梅西在背后温柔守护并注视着一干后辈。

2022年12月3日，埃米利亚诺·马丁内斯（左）一次又一次用双手化解阿根廷队危机。

别摇摆，信“斯基拉奇”！

《体坛周报》足球评论员
梁熙明

埃米利亚诺·马丁内斯最后关头肉掌打出澳大利亚队最后一射，队友们像好莱坞电影中人类躲过末日浩劫那样，团团簇拥，诉说他们险死还生的喜悦。

澳大利亚球员虽然主要来自苏超、英冠联赛，但执行力强，身体高大壮实，如果久拖不决，等阿根廷球员体力衰减，必然生变。

好在，梅西的超巨能力改写了局面，让阿根廷队驾驭进程一下子容易了许多，而当澳大利亚队送礼第二球后，出现可见的沮丧，阿根廷队距离取胜不远了。但是，这是世界杯，澳大利亚队并没有举白旗，加上折射的意外，使得阿根廷队又不稳了。

本来，以阿根廷队的实力，是可以消灭悬念的，然而，劳塔罗·马丁内斯上来后连续的罪人级失误，使得阿根廷队迟迟不能吃下定心丸，才有了马丁内斯最后的挽救。

无疑，劳塔罗会受到铺天盖地的谩骂。但是，作为指挥员，斯卡洛尼已经没有时间再考虑其他，面对战术执行力、比赛能力、球员个人素质都高澳大利亚队两个档次的荷兰队，以阿根廷队比赛后1/3的控场能力、把握能力，是非常令人担心的。

可以理解为什么斯卡洛尼要用劳塔罗换下阿尔瓦雷斯。劳塔罗是2019年美洲杯以来就树立的梅西主力配对，这是斯卡洛尼建队后的第一个重大决定，三年来效果一直很好，起初担任临时教练的斯卡洛尼也因此转正，获得征战2022年世界杯的机会。所以，斯卡洛尼相信劳塔罗，情感上倾向于打了三年的成熟方案，这是人之常情。

但是，世界杯的残酷性、偶然性，超过了足球圈里任何常规，它可以使任何“定律”失效。心理压力，往往会让一个好端端的球员毫无来由地判若两人，劳塔罗突然哑火，找不到感觉，变得不会踢了。劳塔罗性格是比较急躁的，在意甲联赛的他就比较容易动怒，世界杯的巨大压力下，他“躁”的方面被进一步放大。

原本，上一场出线之战对波兰队，斯卡洛尼已经拿下了劳塔罗，改用阿尔瓦雷斯，而且阿尔瓦雷斯也牢牢把握住了人生机遇，对阵波兰队、澳大利亚队发挥绝佳，有了进球感觉，完全是一名大场面下爆发的球员。但是，斯卡洛尼毕竟对用了三年的劳塔罗还有感情，使得他在以为“稳了”的情况下换下阿尔瓦雷斯，再给劳塔罗一次机会，如果劳塔罗能把握机会，那么后续比赛还多了一个用人选择。然而刚换劳塔罗没几分钟就意外丢球，随后劳塔罗连续错失机会，让阿根廷队处于巨大的危险之中。

世界杯这样残酷的战场，一个赌注押下去，也许就是生与死，一生的回味，或遗憾。大赛无数惊涛骇浪，历史告诉世人，一旦有了爆发人选，就绝不要犹豫，希望“再给一次机会”。最典型的，莫过于1990年世界杯的维奇尼。

那年的意大利，原先敲定的主力锋线是维亚利搭档曼奇尼，这也正是1988年欧洲杯意大利的阵容，如同劳塔罗搭配梅西。但是，世界杯千变万化，临战前曼奇尼耍大牌，只得弃用。维奇尼改用马拉多纳的那不勒斯搭档卡尔内瓦莱，可是事实证明这只是个在老马羽翼下混吃的南郭先生，大场面下根本马尾串豆腐——提不起来，而第一主将维亚利在巨大压力下变得完全不会踢了，对美国队点球不进，被讥讽患了进球恐惧症。

天可怜见，幸好在世界杯前，维奇尼挑选锋线最后一个名额时，注意到尤文图斯有个一年前还在踢意乙，队内头号射手、一脸西西里乡村样貌的斯基拉奇，那就让他当第五选择吧，没准是个替补。结果恰恰是这个替补人选，在维奇尼走投无路之下，他上去后突然爆发，进球如麻，再也停不下来。同时，争议很大的巴乔也适时闪光，虽然原先设想的主力配对全报废，可是老天在世界杯上给他空降一个爆发的新搭档——巴乔、斯基拉奇。

可悲可叹的是，大好形势下维奇尼犯糊涂，半决赛对阿根廷队，竟然又摇摆回去，幻想“再给维亚利一次机会”，结果可想而知，维亚利毫无作为，待巴乔重新上场，为时已晚，维奇尼葬送家门口第一个四夺世界杯的千古良机。

老天已经赐予斯卡洛尼一个爆发的阿尔瓦雷斯，后面的对手越来越强，斯卡洛尼不应摇摆，切要抓紧。

声音

劳塔罗救过我们很多次

对澳大利亚队心惊肉跳的胜利，降低了舆论对于阿根廷主帅斯卡洛尼的用兵评价，斯卡洛尼对赛中决定一一进行了解释。

为什么用利桑德罗·马丁内斯换下帕普·戈麦斯，斯卡洛尼表示：“他的脚踝有很大问题，但即便如此，我还是觉得球队需要别的东西，换人后我们取得了进步。”

劳塔罗连续两场替补，将首发让给胡利安·阿尔瓦雷斯，此役替补出场后又浪费几次机会，但斯卡洛尼还是给予爱将支持：“阿尔瓦雷斯做得很好。但我想继续说，劳塔罗救过我们很多次。我不想详细分析阿尔瓦雷斯，因为这对劳塔罗不公平，他会进球的。”

为什么迪马利亚甚至没有进入替补名单，“他的身体状况还不太好，让他坐在替补席上总是一种诱惑。希望随着时间的推移，他能够出场。”

2022年12月3日，劳塔罗·马丁内斯（左）在苏塔的干扰下错失良机。

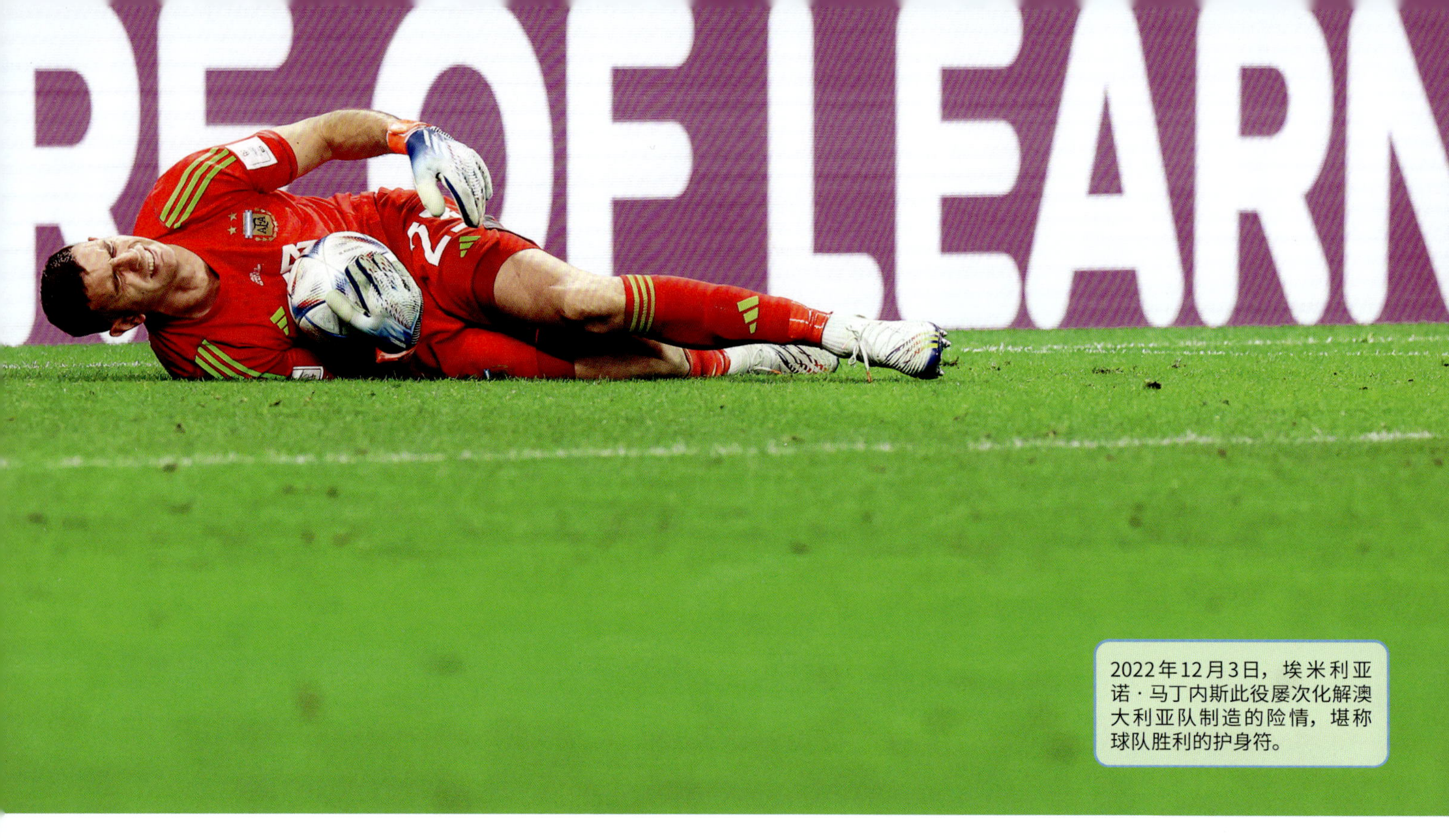

2022年12月3日，埃米利亚诺·马丁内斯此役屡次化解澳大利亚队制造的险情，堪称球队胜利的护身符。

神之一手铺天盖地

《体坛周报》特约记者
吴昊宇

对阵澳大利亚队一战的伤停补时阶段，阿根廷队还以2比1领先，此时澳大利亚队替补出场不久的18岁小将库奥尔，在后点接到古德温的左路传中，转身打出一脚距离极近的射门，阿根廷门将埃米利亚诺·马丁内斯及时出击延缓球速，将球封堵。

错失良机的库奥尔一脸惘然，而塔利亚菲科和恩佐·费尔南德斯等人立即上前与马丁内斯紧紧拥抱。关键时刻，大马丁的扑救拯救了蓝白军团。队长梅西也在赛后表示，需要感谢马丁内斯的关键扑救，不然结果很可能会不一样。德保罗也夸赞了马丁内斯的表现，他表示，如果阿根廷队想要取得成就，那么必须仰仗一位伟大的门将。

从阿森纳的万年替补到阿根廷队的绝对主力，马丁内斯在最近两年的上升轨迹堪称传奇。虽然2020年夏天，阿森纳最终选择了莱诺，一度让马丁内斯对“枪手”心生怨恨，但在加盟阿斯顿维拉之后，马丁内斯始终都是绝对主力，他不必继续在酋长球场的板凳上蹉跎岁月，也得以在卡塔尔作为阿根廷的第一门将出战。

阿根廷队以1比2负于沙特队的惊天冷门，开启了本届世界杯之旅，而那场比赛马丁内斯也成了最失意的人。沙特队全场只有两次射门命中门框范围内，但都转化成了得分。世界杯首秀赶上如此剧情，即使职业生涯经历再多起伏，马丁内斯也遇到了心理上的问题。他在对阵墨西哥队赛后坦言，被沙特队打入两球对于自己的打击很大，那场比赛过后他也和心理医生聊了很多。

卸下心理包袱的马丁内斯，表现逐步恢复正常，他在对阵墨西哥队时，面对贝加罚出的刁钻任意球，直接腾空将球摘下。小组赛两连胜，马丁内斯都保持了球门的清白。本场比赛除了最后的神扑以外，面对落后时奋力一搏的澳大利亚，马丁内斯毫无惧色，他数次将高空球稳稳拿下。而比赛中阿根廷队唯一的丢球，则是门将根本无法控制的折射进球。

之前一年的美洲杯赛场，埃米利亚诺·马丁内斯就为阿根廷队的夺冠立下汗马功劳。对阵哥伦比亚队的半决赛，马丁内斯在点球大战中三次将哥伦比亚队罚出的点球拒之门外，力助蓝白军团杀入决赛，并在决赛零封东道主巴西队，蓝白军团亦得以终结长达28年的成年队冠军荒。在美洲杯之前，马丁内斯的阿根廷一门位置并不稳固，但在美洲杯的完美发挥，令他彻底挤掉了阿尔马尼、马尔切辛等对手，彻底坐稳了蓝白军团的一门位置。

正如德保罗的恳切评价，一位伟大的门将是阿根廷队寻求荣誉的最大保障。阿根廷队在历史上有过如1990年临危

2022年12月3日，埃米利亚诺·马丁内斯在最后关头以肉身做盾牌，化解库奥尔的致命一射。

受命的戈耶切亚，一己之力保障球队杀入决赛的传奇门将故事。但也有过如上一届俄罗斯世界杯，已经在俱乐部沦为替补的卡瓦列罗成为首发门将的案例。

卡瓦列罗在俄罗斯对阵克罗地亚队时的拙劣表现，直接导致阿根廷队吞下惨败，虽然最终成功出线，但不得不在1/8决赛就提前面对法国队，导致早早出局。后来继位首发门将的阿尔马尼同样不算靠谱，直到马丁内斯正式上位，阿根廷队才有了最优秀的守护神。对澳大利亚，马丁内斯用关键扑救拯救了阿根廷队，而阿根廷的圆梦之路，表现愈发出色的马丁内斯堪称门前最大的保障。

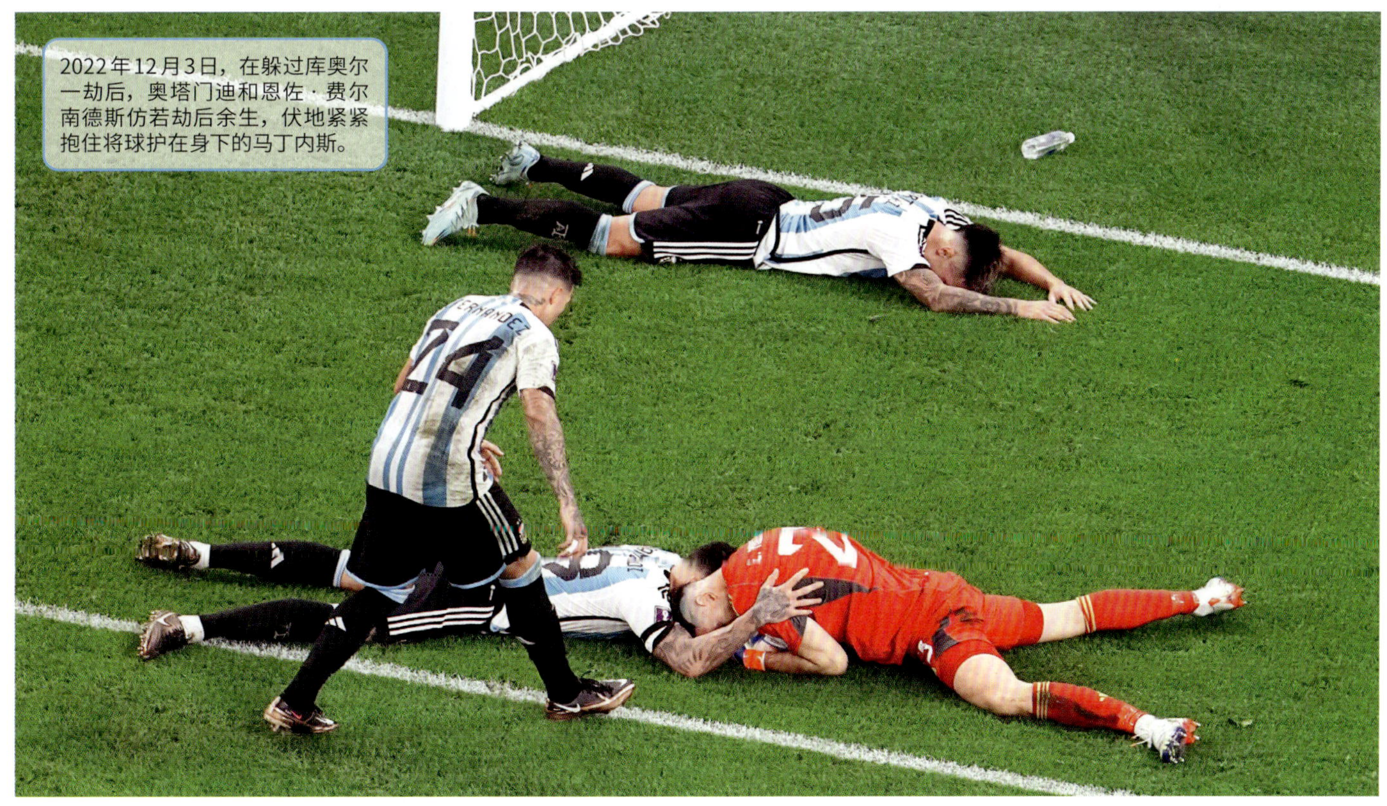

2022年12月3日，在躲过库奥尔一劫后，奥塔门迪和恩佐·费尔南德斯仿若劫后余生，伏地紧紧抱住将球护在身下的马丁内斯。

2022年12月3日，胡利安·阿尔瓦雷斯（左）以冲刺诠释阿根廷人永不言弃的精神，并最终造成马修·瑞安出球失误，阿尔瓦雷斯也得以为球队扩大比分。

是射手，更是第一道防线

《体坛周报》记者
曹知远

世界杯1/8决赛，阿根廷队2比1战胜澳大利亚队，进入八强。梅西在第34分钟的低射破门，吸引了更多媒体的目光，名宿费迪南德就盛赞称："梅西为我们奉献了本届世界杯最好的个人表演，其他人都被他远远甩在身后。看看现场球迷的反应吧，梅西几乎是神一样的存在。"

称赞梅西，俨然是各大媒体的"固定节目"，而在比赛中打入第二粒进球的胡利安·阿尔瓦雷斯，同样获得了阿根廷媒体的表扬与认可。凭借出色表现，阿尔瓦雷斯从小组赛第三场开始，挤掉劳塔罗·马丁内斯，成为斯卡洛尼的锋线先发选择，在这两场比赛里，他均用进球回报了斯卡洛尼的信任。

胡利安·阿尔瓦雷斯对澳大利亚队的进球过程，赛后被阿根廷媒体大加称赞。媒体人吉多·格莱特在TyC体育的专栏中表示，阿尔瓦雷斯的进球，值得更为精细的研究："谈起胡利安·阿尔瓦雷斯的能力与射门技巧，这没什么新鲜的。曼城前锋打入了第二粒进球，帮助阿根廷队2比1战胜澳大利亚队。不过，有必要花一些时间，来了解一下他在这粒进球当中的贡献，因为他在对手的最深区域，一直在奔波着封堵出球路线。"

回顾此球不难发现，胡利安·阿尔瓦雷斯不遗余力的压迫，让他最终觅得了这次良机。在澳大利亚门将马修·瑞安向左侧给出手抛球之前，阿根廷中场麦卡利斯特在禁区前沿争夺球权，澳大利亚球员随后将球解围，踢回底线，马修·瑞安横向移动，将球接住。

从距离上来看，无论再怎么追赶，阿根廷锋线的几名球员也无法赶在马修·瑞安之前将球拿到，但胡利安·阿尔瓦雷斯还是进行了一次冲刺，追到瑞安身前。已经感到压力的瑞安，向左侧给出了手抛球，德保罗又立即进行快速压迫，迫使对手一路回传给门将瑞安。而在德保罗压上的同时，原本已经回跑的阿尔瓦雷斯飞速启动，与德保罗协同压迫，直接向瑞安扑去。面对两人逼抢，已经被封堵到失去出球路线的瑞安终于失误，阿尔瓦雷斯拿到球权，完成破门。

这粒进球看上去是瑞安的失误导致，但德保罗的持续前压逼抢，与阿尔瓦雷斯的敏锐观察、高速启动和路线选择，

声音

去奔跑，压迫，榨干汗水

对阵风格粗野的澳大利亚队，阿根廷队赢得毫不轻松，主帅斯卡洛尼总结比赛，大力称赞球队的献身精神："我们很满意。今天比赛非常艰难。他们的压力令人窒息，体能恢复比我们更好。上半场让我们付出了代价，很难在两条线之间找到球员，进行连续四五脚的配合。梅西打开局面后，我们有所进步，在中场休息纠正了一些问题。最后几分钟，球队不应该遭受这样的痛苦，因为有几次杀死比赛的机会，我们必须扩大领先优势。有些时刻你必须去战斗，去压迫，去奔跑，必须付出最后一滴汗水，那是你必须防守的时刻。

"总的来说，我认为我们踢了一场典型的世界杯比赛。这些球员天生就是为了踢这种类型的比赛。他们为此接受了训练。我告诉他们去发挥，去做他们知道该怎么做的。有时候，匆忙和焦虑会让你踢得变形，我的想法是，即使他们可能输给沙特队或澳大利亚队，这样的事情让你变得复杂，我们也不必停止相信我们的足球，人们必须信任他们。"

或许才是进球的关键。也正因如此，格莱特这篇专栏的标题，就是《胡利安·阿尔瓦雷斯，防守型射手》。

格莱特将阿尔瓦雷斯的这一风格特点，归结为效力河床时养成的习惯，"河床球迷从一开始，就在享受阿尔瓦雷斯的表现，他在球队中一直都是第一个防守者，总是在追着对手的门将与后卫，不停奔跑。只有这样，他才能满足加拉多的要求。加拉多对球员的要求极为严格，在场上不使出全力的球员，就不会得到出场机会，再有天赋与资历也不行"。

"要感谢阿尔瓦雷斯的奉献，还有他的天赋、可塑性与射手直觉。他在加拉多的培养下成才，挤掉了更出名的球员，成为主力，赢得一席之地。2022 年夏天加盟曼城后，他几乎每个星期都会得到时任主帅瓜迪奥拉的称赞。而在阿根廷队，他也是后来居上，胡利安·阿尔瓦雷斯的身前原本有劳塔罗·马丁内斯与华金·科雷亚，但他用奉献与进球赢得了位置。阿根廷联赛、英超或者世界杯，这对于阿尔瓦雷斯来说都没什么区别，他付出的努力，没有商量的余地。"

2022年12月3日，为阿根廷队送上大礼的马修·瑞安（中）只能无奈目送胡利安·阿尔瓦雷斯（右）的斜射击穿澳大利亚队球网。

2022年12月3日，劳塔罗·马丁内斯（右）回首望向梅西，此役他挥霍了梅西送上的绝佳机会。

实力谱写功劳 实力让出主力

《体坛周报》特约记者

小五

“劳塔罗在过去拯救了我们很多次，仅凭一个晚上的表现，就对他进行批评是不对的。”斯卡洛尼在对澳大利亚队赛后为劳塔罗·马丁内斯说情。不知情的人可能会以为他是个35岁以上、今不如昔的名将，实际上，这年的劳塔罗正值25岁“芳龄”。

一个无可争议的事实是，劳塔罗·马丁内斯在此刻的世界足坛，并没有拥有太多名字。卡塔尔的这支阿根廷队有三个马丁内斯：利桑德罗·马丁内斯、埃米利亚诺·马丁内斯和劳塔罗·马丁内斯。人们提起前面两位，历来是名姓不分家。而劳塔罗似乎已经抛弃了“马丁内斯”，他的背号印的是劳塔罗，除了是他的个人习惯以外，也显示出他无意为马丁内斯这个大众姓氏增加些许知名度，而是更热衷于带着劳塔罗这个并不特别普遍的名字开疆拓土。

按斯卡洛尼话中的意思，劳塔罗·马丁内斯确实劳苦功高。卡塔尔世界杯预选赛七球的贡献，还有2021年美洲杯的三球，劳塔罗用表现赢得了位置，但在最重要的世界杯，他又凭借实力葬送了这个依靠实力赢得的位置。这支阿根廷队还需不需要劳塔罗？斯卡洛尼肯定会说需要，球迷肯定会说不需要，有了阿尔瓦雷斯这个更年轻、更有活力、更有灵气的前锋，谁还会怀念这个“老将”呢？

和梅西生在同一时代的同国前锋都是幸运的。劳塔罗第88分钟那脚经典错失良机的过程中，梅西在反击中拿球，澳大利亚队四名防守者注意力全都集中在梅西的身上。一般来说，防守球员喜欢下意识跟着球走，对梅西，他们既要跟着球走，也要跟着人走。在梅西分球的一刹那，似乎四名防守球员才意识到，原来梅西身边仍然存在其他进攻球员，劳塔罗只需要做到一个前锋最基础的事情：脚弓摆正，远角推射。但，劳塔罗打飞了。

可惜的是，这种进攻方式并不是劳塔罗最擅长的，斯卡洛尼在世预赛曾经为劳塔罗的表现几近疯狂，他激动跳起，手舞足蹈，冲进场地。回放一看，原来球是玻利维亚后卫解围到了劳塔罗的脚上弹进去的，劳塔罗和梅西都特别喜欢把不是机会的机会创造成机会，只不过后者用的是才华，劳塔罗靠的是不惜力的拼抢。就像化身成蓝领球员的德保罗对澳大利亚队一战中所做的一样，“抢劫”了门将，让阿尔瓦雷斯轻松完成破门。

这是劳塔罗未能成为顶尖前锋的主要原因之一。其实这些年来，他已经逐渐摆脱了“怼锋”的帽子，踢球更靠脑子，进攻范围也在变大，视野和大局观同样增长了不少。但这并不是阿根廷队在世界杯上紧缺的特质，他们更需要一个能把“简单推射”变成进球的前锋，一个能够在弱侧强势输出的角色。劳塔罗是在第三场对波兰队时丢掉首发的，不进球的人自然要让位会进球的人，阿尔瓦雷斯取代他后已经两场打进两球。

情绪化是劳塔罗的另一个瓶颈。上赛季和本赛季中，劳塔罗在国际米兰都陷入过一段时间的进球荒，他经常会陷入一种情绪当中，越是着急就越是不进，这是与冷静射手正相反的一种特质，倒是与他的绰号“公牛”特别契合。球迷喜欢他的激情，喜欢他的冲动，最终也只能接受他的球荒。

从世界杯看到俱乐部，国际米兰已经改名叫“失意者联盟”，卢卡库的荒诞剧情由劳塔罗继承，甚至连小兄弟华金·科雷亚也因伤临时退出了阿根廷队的世界杯大名单，劳塔罗曾在世预赛为后者送出两个精彩助攻。蓝黑四大前锋里有三人状态都不及格，更让人们对压根没有世界杯任务的哲科心生器重。

2022年12月3日，劳塔罗(右)射门击穿卡拉契奇防守，却击不穿澳大利亚球网，信心也随着一次又一次的错失机会而被碾压粉碎。

第5战
世界杯1/4决赛
2:2
（点球3比4）

11
ON
10
FIFA
9

世界杯1/4决赛

荷兰 2:2 阿根廷

（点球3比4）

2022.12.9 卢赛尔球场

荷兰 3412

- 23 诺佩特
- 5 阿克
- 4 范戴克
- 2 廷伯
- 17 戴利·布林德
- 21 弗伦基·德容
- 15 德罗恩
- ?? 邓弗里斯
- 8 哈克波
- 7 贝尔温
- 10 孟菲斯·德佩

阿根廷 532

- 23 埃米利亚诺·马丁内斯
- 26 莫利纳
- 13 克里斯蒂安·罗梅罗
- 19 奥塔门迪
- 25 利桑德罗·马丁内斯
- 8 阿库尼亚
- 7 德保罗
- 24 恩佐·费尔南德斯
- 20 麦卡利斯特
- 10 梅西
- 9 胡利安·阿尔瓦雷斯

主裁判：安东尼奥·马特乌·拉奥斯（西班牙） FIFA本场最佳球员：梅西

换人

荷兰		阿根廷	
46’	7-贝尔温↓ 11-贝尔黑斯↑	7-德保罗↓ 5-帕雷德斯↑	67’
46’	15-德罗恩↓ 20-科普迈纳斯↑	8-阿库尼亚↓ 3-塔利亚菲科↑	78’
64’	17-戴利·布林德↓ 9-吕克·德容↑	13-克里斯蒂安·罗梅罗↓ 6-赫尔曼·佩泽拉↑	78’
78’	10-孟菲斯·德佩↓ 19-韦霍斯特↑	9-胡利安·阿尔瓦雷斯↓ 22-劳塔罗·马丁内斯↑	82’
113’	8-哈克波↓ 12-诺阿·朗↑	26-莫利纳↓ 4-蒙铁尔↑	106’
		25-利桑德罗·马丁内斯↓ 11-迪马利亚↑	112’

进球

35’ 0比1（莫利纳）莫利纳右路突进后传给梅西，前插等待接应，梅西带球向中路内切送出直塞，莫利纳点球点附近低射进左下角。

73’ 0比2（梅西）阿库尼亚左路下底突入禁区被邓弗里斯放倒，梅西点球射进球门右侧。

83’ 1比2（韦霍斯特）贝尔黑斯右路斜传，韦霍斯特13米外甩头攻门，球弹地入网。

90+11’ 2比2（韦霍斯特）佩泽拉对韦霍斯特犯规，荷兰获得任意球。科普迈纳斯主罚低平球传向中路，韦霍斯特小禁区前右脚停球，左脚低射破门。

点球决胜

荷兰	阿根廷
✗范戴克	梅西✓
✗贝尔黑斯	帕雷德斯✓
✓科普迈纳斯	蒙铁尔✓
✓韦霍斯特	恩佐·费尔南德斯✗
✓吕克·德容	劳塔罗·马丁内斯✓

黄牌

荷兰		阿根廷	
43’	廷伯	阿库尼亚	43’
45+2’	韦霍斯特	克里斯蒂安·罗梅罗	45’
76’	孟菲斯·德佩	利桑德罗·马丁内斯	76’
88’	贝尔黑斯	帕雷德斯	89’
91’	贝尔温	梅西	90+10’
120+8’	邓弗里斯	奥塔门迪	90+12’
120+9’	邓弗里斯	蒙铁尔	109’
120+9’	诺阿·朗	赫尔曼·佩泽拉	112’

红牌

荷兰		阿根廷
120+9’	邓弗里斯	

技术统计

荷兰		阿根廷
0.55	预期进球	1.92
6(2)	射门（射正）	14(5)
0	射中门框	1
2	远射	9
52%	控球	48%
634(83%)	传球（成功率）	602(83%)
68(57%)	长传（成功率）	52(33%)
25(24%)	传中（成功率）	12(17%)
13(15%)	盘带（成功率）	10(70%)
2	角球	8
1	越位	2
55	成功对抗	68
19	成功争顶	13
18	铲断	19
15	拦截	6
14	解围	19
30	犯规	18
8	黄牌	8
1	红牌	0

数说

梅西追近传奇纪录

梅西此役为莫利纳送出绝妙助攻，并命中点球。传射建功的梅西继续刷新多项纪录，其世界杯参赛场次也已迫近马特乌斯保持的纪录。

4 莫利纳成为继卡米内罗（1994年西班牙）、迭戈·福兰（2010年乌拉圭）、格列兹曼（2018年法国）之后，第4位在世界杯1/4决赛及之后阶段进球的马竞队员。

4 梅西追平世界杯点球主罚次数纪录（尤西比奥/伦森布林克/巴蒂斯图塔/C罗/阿萨莫阿·吉安，4球）。

4+ 梅西成为首位年满35岁之后，在4场以上世界杯比赛中进球的球员。

5 梅西超过贝利（4次助攻），成为1966年有相关统计以来，世界杯淘汰赛助攻数最多的球员（5次助攻）。

6 梅西本届世界杯已参与6球（4球2助），超过布鲁诺·费尔南德斯（2球3助），仅次于姆巴佩（5球2助）。

7 梅西7次世界杯助攻分别传给了7位不同的队友：克雷斯波（2006年）、特维斯（2010年）、迪马利亚（2014年）、阿圭罗和梅尔卡多（2018年）、恩佐·费尔南德斯和莫利纳（2022年）。

10 梅西追平巴蒂斯图塔的阿根廷球员世界杯进球纪录（10球），在南美球员中仅次于贝利（12球）和罗纳尔多（15球）。

17 梅西第17次作为队长出战世界杯，追平拉斐尔·马克斯（墨西哥）保持的纪录。

24 这是梅西参加的第24场世界杯比赛，在世界杯参赛场次上追平克洛泽（24场），仅次于马特乌斯（25场）。

25 莫利纳国家队25场首球，也是他本赛季各项赛事首球。

35岁168天 梅西成为单场世界杯完成传射的最年长球员（35岁168天），世界杯单场传射最年轻纪录也属于梅西（2006年对塞黑，18岁357天）。

47 梅西在大赛（世界杯/美洲杯）中已参与47球（23球24助），大赛进球超过C罗（22球）。

52 梅西收获在国家队的第52次助攻，2022年在国家队和俱乐部已送出29次助攻，职业生涯成年队已收获349次助攻。

95 梅西再度改写南美球员国家队进球纪录（170场95球，其中24场世界杯，10球；60场世界杯预选赛，28球；34场美洲杯，13球；其他比赛51场44球），在所有球员中仅次于阿里·代伊（109球）和C罗（118球）。

790 球员正式比赛进球排行：C罗819球，梅西790球，贝利757球。

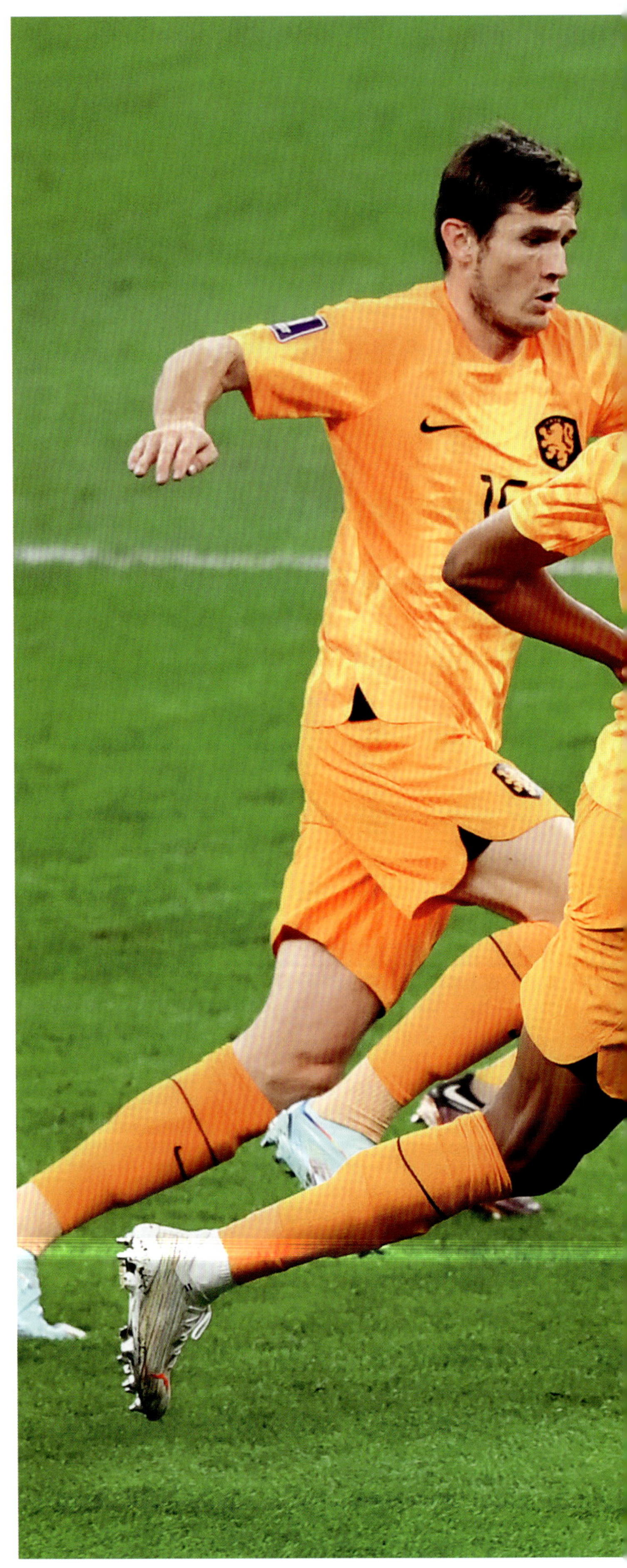

莫利纳为阿根廷队首开纪录后，抱起梅西庆祝，这粒进球源自梅西送出的绝妙助攻。

主动"降温"扼崩盘

《体坛周报》赴卡塔尔特派记者
梁宏业

这是一场只属于世界杯的比赛，也是一场只属于阿根廷的比赛。阿根廷队在2比0领先的情况下，被荷兰队在补时最后一刻扳平。但阿根廷队没有垮掉，最终在点球大战中4比3战胜对手，晋级半决赛。

斯卡洛尼变阵收获奇效

这场比赛前，夺冠最大热门巴西队被克罗地亚队淘汰出局，展现出世界杯的残酷与艰难。阿根廷队知道机会来了，因为上半区最大对手巴西已经离开，但阿根廷队更要知道的是，没有一个对手容易对付。

斯卡洛尼在本场比赛中，突然改变了一直沿用的四后卫体系，改打三中卫，迪马利亚直到加时赛才替补登场，利桑德罗·马丁内斯、奥塔门迪、克里斯蒂安·罗梅罗担任首发中卫，莫利纳和阿库尼亚则司职两翼。斯卡洛尼其实是用了4个半后卫阵形，当球队在进攻时，右翼卫莫利纳冲在边锋的位置，专打布林德身后，罗梅罗在这种情况下补位，出现在右后卫位置。所以在进攻时，阿根廷队的站位是4312，只有在防守的时候，莫利纳才会收回到防线。

阿根廷队的变阵，在最大程度上抑制了盯人不牢的漏洞，双方防线都是三中卫和两个边翼卫，所有球员一一对应，谁都找不到窍门，谁都要老老实实比拼实力。最终的结果是，斯卡洛尼的变招起到了奇效，第一次断球反击就是由右翼卫莫利纳发动，布林德这一侧的攻防能力弱于邓弗里斯这一侧，斯卡洛尼看准了这一点，希望通过梅西、德保罗和莫利纳的配合，频繁打布林德身后。

而在梅西和弗伦基·德容的对决中，因为变阵的缘故，

利桑德罗·马丁内斯（上图中）、奥塔门迪（上图右）与克里斯蒂安·罗梅罗（下图）此役组成三中卫，斯卡洛尼的变阵收获了不错的成效。

替补登场的高中锋韦霍斯特（中）连入两球，为荷兰队扳平比分，阿根廷队被拖入加时赛。

梅西的位置实际上从前腰变为了前锋，无法和弗伦基·德容完全对位。弗伦基·德容的攻防任务太重，所以左中卫阿克不得不跟出来盯防梅西。第 35 分钟，梅西也正是利用阿克出禁区盯防自己的时机，突然送出直塞妙传，一直在不停插上的莫利纳打进了单刀球，1 比 0。

荷兰队在比赛中并非拿不到控球权，阿根廷队没有在中前场猛扑荷兰队，荷兰队在中场总是可以舒服控球。只不过，哈克波再次出现在他不适应的前腰位置，范加尔的这一安排，效果并不好。哈克波极其需要空间，他在荷甲联赛大红大紫，也更多是因为荷甲联赛的开放性，给前锋的空间非常大。在对阵阿根廷队的这场极其讲究战术的高水平比赛中，一拿球就被贴身防守的哈克波，根本无法适应。

比赛进入下半时，场面依旧胶着，阿根廷队领先后更愿意在本方半场捍卫胜利果实，因此将进攻优先权送给荷兰队。中场休息后，贝尔黑斯换下了贝尔温，哈克波被顶到锋线，但荷兰队还是无法通过渗透打穿阿根廷后防。而阿根廷队的问题是，球队虽然防守稳固，能断下球，并在梅西的主导下撕破对手第一层防守发动反击，但由于缺乏迪马利亚这样的反击快马，阿根廷队的反击机会都因为速度不够或前锋把握机会能力差而被浪费。直到第 73 分钟，阿库尼亚突入禁区被邓弗里斯放倒，梅西主罚点球，将比分改写为 2 比 0。

荷兰借势反超？阿根廷“冷处理”

正当大家都以为阿根廷队将稳稳拿下胜利时，荷兰队主帅范加尔先后换上了高中锋吕克·德容和韦霍斯特，此时斯卡洛尼的对策值得商榷。他选择用高中卫佩泽拉换下了另一位防空能力不错的罗梅罗，而没有换下最矮的中卫利桑德罗·马丁内斯。中场位置的换人中，也是用帕雷德斯取代了此前有伤的德保罗，而没有使用高空对抗能力更强的吉多·罗德里格斯。

范加尔的足球变得简单粗暴，既然无法利用孟菲斯·德佩、贝尔温和哈克波这样的灵巧技术型前锋撕破阿根廷防

赫尔曼·佩泽拉高难度解围，加时赛中，阿根廷队没有让荷兰队借势反超。

线，那干脆就玩点不是那么高级的老土传中冲吊战术。果然，简单就是美，第 83 分钟，韦霍斯特头球扳回一球。

在这里必须要提一下本场比赛的西班牙主裁拉奥斯，这是梅西在西甲的老相识，穆里尼奥曾称赞他是西甲最好的裁判，因为他的判罚尺度相对宽松，在爱判犯规的西甲属于异类。很明显，阿根廷球员知道他的特点，所以本场比赛阿根廷队打出了极强的侵略性，几乎每个动作都要和对手贴身，哪怕对手已经把球踢出，都要有身体接触才能作罢，这让荷兰人踢得非常费力。

而再好的裁判也难以逃脱找平衡的毛病。在果断判罚给阿根廷队点球后，拉奥斯就开始把东风吹给荷兰队——荷兰队几乎不再被判罚犯规，而阿根廷队却屡次在禁区前危险地带被吹犯规。在超长补时的最后一刻，荷兰队再次获得禁区前任意球机会，他们利用这次机会打出了漂亮的战术任意球，藏在人丛中的韦霍斯特得球后转身打反角，奇迹般扳平了比分。

从 2 比 0 领先到 2 比 2 被追平，到了考验阿根廷球员心智和精神的时刻了。是一直懊恼抱怨裁判，还是稳住阵脚从头再来？阿根廷队选择了后者，这也正是阿根廷队一直是历史传统强队的原因。阿根廷队在加时赛前20分钟都在“冷却”比赛，不让荷兰人借着补时扳平的士气开启狂轰滥炸。而在加时赛最后阶段，阿根廷队突然发力，7 分钟内完成了 7 次射门，其中包括恩佐·费尔南德斯射中门柱的打门，可惜的是，球队并未改写比分，点球大战到来。

阿根廷门将大马丁成为点球大战中的英雄，他将荷兰队前两个出场的范戴克和贝尔黑斯的点球都扑了出去。此后科普迈纳斯、韦霍斯特和吕克·德容都将点球踢进，阿根廷队只有恩佐一人踢丢点球，梅西、帕雷德斯、蒙铁尔和劳塔罗都稳稳命中。第五个出场的劳塔罗将点球射入，阿根廷全队沸腾了，球场内的阿根廷球迷沸腾了。阿根廷球员在面临巨大不利的情况下没有垮掉，他们在点球决战中站稳，而荷兰队则又一次倒在了点球大战。

梅西，阿根廷的太阳！

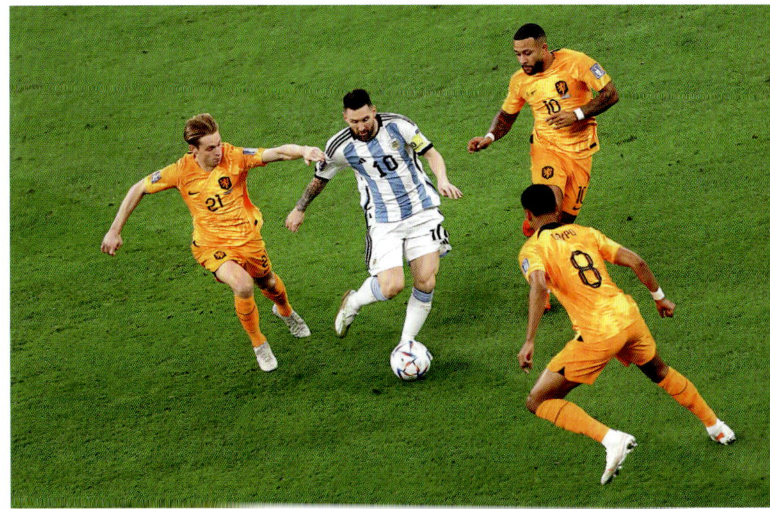

↑ 范加尔没有派人专盯梅西，但梅西还是免不了被荷兰球员围堵。

← 阿根廷队点球战胜荷兰队后，梅西率领阿根廷众将一同庆祝胜利。

《体坛周报》赴卡塔尔特派记者
梁宏业

阿根廷队点球战胜荷兰队，挺进半决赛，梅西再次扮演了太阳的角色，就像阿根廷蓝白相间国旗中那个5月的太阳，象征着自由与黎明。梅西在比赛中一传一射，参与了本队的全部两粒进球，而在点球大战中，梅西以队长身份第一个出场命中，最终帮助球队淘汰荷兰。

冤家路窄，火药味浓

荷兰队主帅范加尔在赛前，表现出对梅西的轻视，这也是比赛结束后梅西和范加尔出现争吵的原因之一。范加尔在新闻发布会上被记者问到如何防守梅西，荷兰老帅在斥责了问题愚蠢后，说道："这也没什么难的，只要切断给他的传球路线就行了。"更过分的是，范加尔在接受荷兰电视台采访时还说："梅西在场，阿根廷队就少了一人，因为他不参与防守。"

范加尔历来都不认同南美足球的哲学，也不认同马拉多纳、梅西式的个人英雄主义。当年范加尔执教巴萨时，巴萨签下里克尔梅，他希望让阿根廷中场成为针对性新援——皇马在之前签下了齐达内。但范加尔要求里克尔梅不能多带球，要像欧洲中场一样踢球，结果半个赛季过去，范加尔就把曾经的博卡10号给用废了。里克尔梅此后辗转到比利亚雷亚尔，才在欧洲赛场证明了自己。

也许范加尔只是不想让队内的年轻人惧怕梅西，但他真的激怒了梅西。从战术上看，范加尔的确没有派专人盯防梅西，也没有做出针对性的部署，这可能是他本场比赛犯下的第一个错误。如果阿根廷队依旧打四后卫阵形，那么弗伦基·德容可以和梅西对位。然而阿根廷队也换阵为五后卫，梅西实际上是两名前锋之一，所以应该和荷兰队的一名中卫对位，

声音 迭戈在天上看着我们

点球大战淘汰荷兰队，阿根廷队有惊无险地晋级。梅西赛后表示，已故的马拉多纳，是支撑阿根廷继续前进的精神力量："迭戈在天上看着我们，他在推动着我们前进，我真的希望这能保持到最后。当劳塔罗进球，我们晋级时，我非常高兴，终于卸下了心中的重担。我们不应该进入加时赛，更不应该进入点球大战。我们承受了太多折磨，结果就是这样，但这是好事。这是世界杯1/4 决赛，晋级是最美好的事。我们配得上胜利。很多人想在我们输掉首战后，把我们打倒。"

← 范加尔赛前的表态激怒了梅西。第73分钟射入点球后，梅西朝着场下的范加尔，做出了里克尔梅的招牌庆祝动作。

但梅西又经常活跃在前腰位置，这就是和弗伦基·德容位置相对。

比赛刚开始时，弗伦基·德容防守梅西，但在第 5 分钟，就出现了阿根廷球员前场断球后直接传给梅西的情况，此时梅西已经把弗伦基·德容跨过。而且弗伦基·德容更多精力放在组织荷兰队中场进攻上，也不可能一直盯着梅西，这时候荷兰队的麻烦就来了。

结果，荷兰队真的按照范加尔的思路防守梅西，弗伦基·德容难以抽身时，更多是阿克在盯防梅西，这意味着荷兰队要抽调一名中卫前压。梅西在第 35 分钟助攻莫利纳破门，恰恰就是利用自己的盘带吸引阿克上抢，而阿克扑出后的空当被莫利纳前插利用，最终马竞右后卫接梅西直塞妙传，帮助球队打进了第一球。

也许范加尔不相信 35 岁的梅西还是那么无所不能，甚至其他人也很难相信梅西还有如此好的状态，但阿根廷球员相信，阿根廷球迷相信，梅西自己也相信。梅西在上半场就曾和贝尔温缠斗，在一次禁区内背身拿球时，还晃开了不敢下脚的阿克，完成射门。下半时阿根廷队缺乏反击点，但梅西也还是顶住阿克的贴身防守，将高球用胸部卸下，帮助恩佐完成了突破对手的反击。梅西甚至还在第 61 分钟把布林德给晃倒，阿根廷球迷把掌声、欢呼声献给梅西，并把嘘声送给了布林德。3 分钟后，布林德直接被范加尔换下。

在梅西罚中点球，帮助球队两球领先后，阿根廷队长还不忘在范加尔面前做庆祝动作，他跑回到教练席附近对着范加尔，双手撑起耳朵做了个听欢呼声的动作。这可是当年里克尔梅的招牌庆祝动作，梅西是在讽刺范加尔永远不懂阿根廷球员吗？

梅西生气了，后果很严重

点球大战中，两队队长范戴克和梅西都选择第一个出场，范戴克的点球被扑出。荷兰门将诺佩特已经在比赛中吃了梅

点球大战中，梅西是阿根廷第一个出场的球员，他稳稳命中。

西一个点球，这次他还是选择向自己的左侧扑去，因为这正是比赛中梅西主罚的方向。而这一次梅西选择打向相反的方向，踢中了第一个点球。

赛后梅西还没有消气，而且明确针对范加尔："范加尔说荷兰队踢得很好，但他只会堆高点，开大脚。我不喜欢有人在赛前说太多话，这不是足球的一部分。我很尊重别人，但我也希望别人能尊重我，范加尔对我们一点也不尊重。"大马丁赛后也为梅西说话："现在荷兰人可以闭嘴了。"阿根廷主帅斯卡洛尼则表达得比较斯文："梅西证明了，他在场上，我们也是 11 个人在战斗。梅西感情上受到了伤害，他想展现自己是历史第一人。你要让梅西生着气踢球，那问题就严重了，他踢球的方式让人激动。"

而对于阿根廷队打进四强，梅西说道："这支球队懂得在比赛不同时刻的不同踢法，当我们需要进攻的时候，我们能做到，当我们需要防守的时候也一样。阿根廷队能成为世界上最好的四支球队之一，那是因为我们每一场比赛都带着同样的竞争意识和紧凑感在踢球。"

梅西毫无疑问再次成为比赛最佳。在球队首场输给沙特后，梅西一直都是球队表现最好的球员，从对墨西哥队时的无征兆冷射打破僵局，到对波兰队时连续给劳塔罗送出绝佳机会，到上一场对澳大利亚队利用上半时唯一机会破门，再到本场献上致命直塞帮助队友首开纪录。阿根廷球迷一直在唱着梅西的歌，也相信梅西可以创造神迹。本届世界杯，梅西一直维持着关于自己的神话，从没有让身着蓝白间条衫的球迷失望过。

这样的传球，我们只有鼓掌

这场荷阿大战，荷兰名宿巴斯滕和范德法特在电视台担任点评嘉宾。中场休息时，两人聊到梅西助攻莫利纳的进球，范德法特说："梅西这记传球不属于这个世界，简直难以置信。他是这个世界上唯一能传出这种球的球员。"巴斯滕则说："对于这样的传球，我们只有鼓掌。"

赛前一天巴斯滕曾表示："梅西不参与防守，实际上我们是 11 打 10，我们只需要注意不让他拿球就行。既然多打一人，那就应该派人 90 分钟盯着他，意大利人也是这么对付马拉多纳的。没了梅西，阿根廷队就差很多。"

比赛结束后，埃米利亚诺·马丁内斯激情庆祝。

他放的火，他双掌扑灭

《体坛周报》特约记者
吴昊宇

当荷兰队长范戴克气定神闲走向点球点，不少人或许会想到此前联赛杯决赛上的一幕：当时范戴克面对切尔西门将凯帕，后者故意站在略微靠近球门一侧的位置，而范戴克偏偏将球打向了凯帕站立的那侧，球势大力沉，直挂球门死角，也让凯帕颜面无光。

这一次面对阿根廷门将埃米利亚诺·马丁内斯，范戴克打出的点球仍然力道十足，但马丁内斯准确判断了点球方向，将球拒之门外。随后面对贝尔黑斯的点球，马丁内斯再度准确将球扑出。虽然随后经历了一些波折，但马丁内斯的精彩两连扑还是帮助阿根廷队有惊无险地过了荷兰队这一关。在2021年美洲杯三度扑出哥伦比亚队点球，力助阿根廷队杀入决赛之后，马丁内斯此番又帮助阿根廷队赢下了点球大战。

点球大战中立下奇功，也算是马丁内斯完成自我救赎。他对吕克·德容的击打激怒了荷兰全队，随后橙衣军团的攻势一浪高过一浪。虽然马丁内斯几次关键出击拦截下荷兰的传中球，但对于两个失球，他也是无能为力。

而马丁内斯对吕克·德容的挑衅，展现出了他作为南美球员的特点：擅长使用小动作激怒对手。这往往是双刃剑，当陷入绝境的荷兰队被马丁内斯的小动作激怒时，他们险些上演翻盘奇迹。幸好在点球大战中，马丁内斯用自己最擅长的方式立功。在常规时间和加时赛中没能拿出最佳表现的马丁内斯，还是在点球大战中成为阿根廷的英雄。比赛过后，马丁内斯激动落泪，而在采访中，他除了表达自己的激动情绪，也对主裁判拉奥斯“开炮”，称这位西班牙籍裁判狂妄自大，是世界杯赛场上最差的裁判。

这便是埃米利亚诺·马丁内斯，他在情绪激动时毫无顾

声音

他是世界杯最差裁判

点球大战完成两连扑，埃米利亚诺·马丁内斯成为阿根廷的英雄，赛后他在接受采访时说："我太激动了，我们为 4500 万人踢球，大家在经济方面并不顺利，能给他们带来一些快乐总是很好的。"

谈起主裁拉奥斯的判罚，马丁内斯表达了不满，"我不知道裁判为了这个任意球（韦霍斯特利用这次机会打入绝平球）做了什么，他给了 10 分钟补时，希望我们能被扳平。这是本届世界杯最糟糕的裁判。我无法在 90 分钟内帮助队友们，我们很累，但幸运的是我能够在点球大战中帮助球队，并且扑出两个点球，我本可以再多扑出几个。我们赢了，因为我们有激情，因为我们为 4500 万阿根廷人而战，我们和他们一样兴奋。"

忌，时常想去激怒对手。2021 年美洲杯半决赛的点球决战中，马丁内斯在门线上"起舞"，让哥伦比亚球员三次失手。在哥伦比亚后卫米纳主罚点球前，马丁内斯对他说："我已经猜透你了，我知道你会往哪里踢。"随后，他果然将米纳的点球准确扑出。而本场比赛准确扑出"大场面先生"范戴克的点球，同样证明了马丁内斯的浑不懔性格：势大力沉的点球又如何？我只要猜准了，一样可以扑出去！

世界杯开赛以来，马丁内斯的状态一场好过一场，从首战被沙特队两次射正便丢掉两球，到小组赛次战和末战接连零封对手，到 1/8 决赛扑出澳大利亚队本可能将比赛拖入加时的射门，再到本场在点球大战立下奇功。曾经颠沛流离、屡次被阿森纳外租的马丁内斯，已经作为一号门将，跟随阿根廷队站到了世界杯半决赛的舞台。在之后的点球决战中，马丁内斯仍将是阿根廷最大的保障。

点球大战中，荷兰队范戴克与贝尔黑斯踢出的点球，都被埃米利亚诺·马丁内斯扑出。

命中制胜点球之后，劳塔罗·马丁内斯怒吼庆祝。

终于准了一回

《体坛周报》特约记者
吴昊宇

阿根廷队与荷兰队的加时赛，劳塔罗·马丁内斯一度和国际米兰的队友邓弗里斯纠缠在了一起。之前的比赛中，这两人的表现差距不小，邓弗里斯在对阵美国队时两送助攻，成为荷兰队右路的进攻之源，而劳塔罗·马丁内斯则连续错失良机，与自己的好兄弟卢卡库一道进入国际米兰在本届世界杯上的“失意者联盟”。

世预赛上，劳塔罗攻入7球帮助阿根廷队跻身正赛，2021年美洲杯他又打入3球帮助球队夺冠。但是卡塔尔世界杯正赛，劳塔罗只在首秀中来了个越位帽子戏法，此后还被表现更加抢眼的胡利安·阿尔瓦雷斯抢去了首发位置。

劳塔罗在本届世界杯上的表现，的确有点对不住自己“阿根廷全队第一身价”的头衔。世界杯前劳塔罗在“转会市场”网站上的身价达到7500万欧元，俨然是阿根廷顶级球星的派头。但上一场对阵澳大利亚队，劳塔罗在替补出场后，接连挥霍了梅西恰到好处的传球制造的绝佳机会。当所有人都在说梅西能让比赛变得更加简单的时候，劳塔罗却偏偏要强行增加难度，如果不是最后时刻埃米利亚诺·马丁内斯的关键扑救，劳塔罗就可能成为阿根廷的罪人。

本场比赛劳塔罗继续担任替补。这一次他在替换阿尔瓦雷斯登场之后，还是在一些时刻展现出自己世界最强“兑子前锋”的风采。加时赛中，劳塔罗的转身抽射被荷兰门将诺佩特化解，而他在前场的积极扯动，同样为恩佐·费尔南德斯最后时刻击中立柱的射门制造出了空间。

阿根廷队能够在加时赛中始终压制着荷兰队，没有让在常规时间最后时刻起势的荷兰队将气势延续下去，劳塔罗对于荷兰后场施加的压力，起到了至关重要的作用。“小蜘蛛”阿尔瓦雷斯虽然也足够犀利，但是在冲击和压制对手防线，以及为身后的队友制造射门空间等方面，劳塔罗无疑做得更好。

到了点球大战，埃米利亚诺·马丁内斯状态神勇，将范戴克和贝尔黑斯的点球拒之门外，让阿根廷队在点球大战以2比0作为开局，距离晋级只一步之遥。但恩佐·费尔南德斯的失手和吕克·德容的命中，让最后出场的劳塔罗再度成为全场焦点，如果这一关键点球罚丢，或许就更加坐实了本届世界杯劳塔罗与阿根廷队“八字不合”的状态。好在劳塔罗稳稳命中，总算为阿根廷队进入半决赛立下功劳。打入这粒点球后，劳塔罗用怒吼，释放心中的重压。

↑ 尽管门前脚感不佳，但劳塔罗·马丁内斯在锋线上的冲劲，还是发挥了重要作用。

花絮

点球战，荷兰球员数次干扰

阿根廷队点球战胜荷兰队，挺进半决赛。阿根廷队胜出的一刻，在中线等待的众将一齐奔出，并且朝着荷兰球员怒吼，中卫奥塔门迪更是做鬼脸进行嘲讽。阿根廷球员的反应，在外界看起来有些过度，不过赛后奥塔门迪透露：“每一次我们去踢点球的时候，都有荷兰球员跟我们的球员说话。”

赛后多家媒体证实，奥塔门迪此言非虚，荷兰球员的确在有意识地主动干扰上前踢点球的阿根廷球员，其中最活跃的是邓弗里斯。在劳塔罗出场前，甚至有邓弗里斯、韦霍斯特与诺阿·朗三名球员在一旁干扰。不过，劳塔罗并未受到影响，踢进了制胜点球。

声音

我们没有得意忘形

点球胜出的一刻，阿根廷众将冲着荷兰球员怒吼庆祝，有欧洲媒体批评称：“阿根廷人得意忘形。”半决赛前的新闻发布会，阿根廷队主帅斯卡洛尼对此做出回应：“那天的比赛，大家都是正常去踢，荷兰与阿根廷一样，都是正常对待比赛。足球就是这样。比赛中确实出现了一些困难的时刻，双方有争执，但有裁判在主持公道。

“我们懂得如何对待失败与胜利。世界杯首战我们输给了沙特队，然后大家回到了酒店，继续进行备战。之前的美洲杯，我们战胜了巴西队，赢得冠军，但也留下了内马尔、梅西、帕雷德斯还有其他球员一起坐下聊天的画面，这样的画面体现了这项运动的美好。

“有人说我们赢球之后得意忘形，这种说法我不能接受。我们十分尊重荷兰队，也十分尊重克罗地亚队，以及所有的对手。”

大心脏不敢看最后一罚

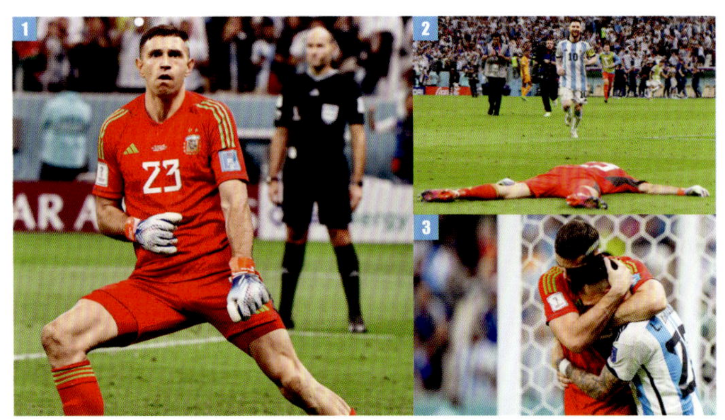

扑出贝尔黑斯的点球后，阿根廷门将埃米利亚诺·马丁内斯得意起舞（图1）。但面对劳塔罗的关键点球，大马丁却不敢再看。劳塔罗一蹴而就，大马丁兴奋倒地，队长梅西跑来与他共同庆祝（图2）。之后，大马丁又与劳塔罗紧紧相拥（图3）。

《体坛周报》记者
曹知远

阿根廷队点球战胜荷兰队，挺进半决赛。原本两球领先的阿根廷队，在常规时间最后阶段连丢两球，被荷兰队拖到了点球大战。这场点球决战中的一些细节，值得在赛后回味。

阿根廷门将埃米利亚诺·马丁内斯扑出了荷兰队的前两个点球，为阿根廷队晋级立下大功。扑出第二个点球后，一向个性张扬的大马丁冲着看台上的荷兰球迷起舞。当劳塔罗出场时，这位大心脏门将却换了一副模样。若劳塔罗命中此球，阿根廷队就将在点球大战中获胜，紧张的大马丁转过头去，不敢直视。而在劳塔罗将球打进、看台上的阿根廷球迷爆发欢呼后，大马丁掩面倒地，激动不已。

在中线上等待的阿根廷众将，此时飞奔了过来。由于荷兰球员在点球大战中一直在进行干扰，奥塔门迪等人还在飞奔向劳塔罗的同时，用肢体动作对荷兰球员进行了嘲讽。在众人扑向罚进关键点球的劳塔罗的时候，只有一个人跑向了大马丁——队长梅西。

作为梅西好友，已经退役的阿圭罗在赛后也进入到球场中，与阿根廷众将一同欢庆胜利。

本届世界杯有着出色表现的中场小将恩佐·费尔南德斯，在这场点球大战中失手，幸好这并没有影响最终的结果。在众人围着劳塔罗庆祝时，心有余悸的恩佐，朝着看台的方向双手合十，向阿根廷球迷致歉。

在庆祝的人群中，还有一个熟悉的身影——阿圭罗。由于心脏问题，阿圭罗不得不提前退役，本届世界杯他以媒体评论嘉宾的身份来到卡塔尔，他也在赛后进入球场，与阿根廷全队庆祝胜利。

点球大战的惊心动魄无须多言，阿圭罗在社交媒体上回复球迷的消息，印证了这一点："我的医生好几次发消息给我，你琢磨琢磨吧。"消息的具体内容我们不得而知，但有一点是确定的——这场紧张刺激的点球大战，已足以让阿圭罗的医生产生额外的担忧。

声音

点球大战无人退缩

荷阿大战点球决胜，阿根廷人笑到了最后。斯卡洛尼透露，他在安排点球人选时没有遇到任何难题："有时候这种情况会很难做出安排，有的球员可能会退缩。然而，队内有太多主动请缨的球员，我们只需要决定点球手的顺序。的确，我们本应避免点球大战，但我们仍然战斗到了最后。下半场非常奇怪，一切都由我们控制，当你认为一切都结束的时候，现实会让你感到惊讶。我们这支球队有经验，有自豪感，也有年轻球员，这是关键，我们想战斗。"

谈到双方的摩擦，斯卡洛尼认为："这些事情都发生在场上，也就留在场上吧。我们并未在失去球权的时候少打1人，我们是11个人在踢球。梅西在这场比赛里一直带着情绪，他证明了他是有史以来最好的球员，我们很高兴能拥有他。"

莫利纳为阿根廷队首开纪录，这是他的国家队首球。进球后，莫利纳与梅西一同庆祝，后者送出的助攻堪称绝妙。

首球留给大场面

《体坛周报》特约记者
吴昊宇

阿荷大战进行到第35分钟，梅西送出手术刀般精准的直塞球，一个身影出现在范戴克身后，冷静捅射将球准确送入荷兰队大门。纳韦尔·莫利纳在这一刻，打入了自己在阿根廷队的首粒进球。国家队首球出现在世界杯淘汰赛这种场合，莫利纳需要感谢梅西送出的精彩助攻，而他自己鬼魅般的跑位也是关键。

虽然这个赛季在马竞的开局并不如意，但在世界杯赛场上，边后卫莫利纳还是展现出了优秀的插上助攻能力。本场比赛阿根廷队变阵三中卫，这让莫利纳有了更多的进攻空间，他与梅西屡次在右路打出不错的进攻配合。

加盟马竞之前，莫利纳在乌迪内斯的定位就更倾向于进攻型边后卫。2021/2022赛季在乌迪内斯，莫利纳在右后卫的位置上贡献8球2助攻的数据，进攻端表现非常不错。此前在阿根廷队，莫利纳也有过3次助攻。本届世界杯对决波兰一战，正是莫利纳的精彩助攻，帮助麦卡利斯特为球队首开纪录。

加盟马竞之后，莫利纳一度有些水土不服，他防守端的弱点屡次被对手针对。赛季初期马竞主场迎战比利亚雷亚尔，首发出战的莫利纳身后屡屡被对手打穿，他的失误让耶雷米·皮诺为比利亚雷亚尔率先破门。最后时刻，莫利纳不冷静的犯规，让他吃到了红牌被罚出场，其马竞主场正式比赛首秀如同噩梦。

随着赛季深入，莫利纳的表现略有好转，但他在马竞仍然没有完全适应。以助攻能力出色著称的莫利纳来到西甲赛场后，始终没有收获进攻上的良好数据，而他防守端的缺点，也被无限放大。

出身博卡青年的莫利纳曾是阿根廷国青队成员，2021年首次代表阿根廷成年队出战。由于莫利纳出色的进攻能力，在2021年美洲杯赛场上，阿根廷主帅斯卡洛尼首战使用蒙铁尔作为首发后，就一直让莫利纳担任主力右后卫。不过对阵巴西队的决赛，斯卡洛尼还是安排防守更加出色的蒙铁尔担任首发，阿根廷队最终零封巴西队，夺得冠军。

命中点球后，梅西做出了里克尔梅的经典庆祝动作，为前辈出头。

替前辈出气！

《体坛周报》特约记者
吴昊宇

阿根廷队与荷兰队的大战，堪称是一场充满了恩怨和清算的比赛，加上当值主裁判拉奥斯的火上浇油，两队球员的情绪都被调动起来。埃米利亚诺·马丁内斯和帕雷德斯等人的挑衅，荷兰球员的疯狂回应，以及赛后梅西等人的反应，都让这场比赛注定载入世界杯经典史册。

其中最经典的镜头，莫过于梅西罚中点球助阿根廷队两球领先之后，对着范加尔做出里克尔梅经典庆祝动作的一幕。当初在巴萨，范加尔对于里克尔梅的排挤，让这位阿根廷中场大师无比郁闷地离队，而这或许也在年轻的梅西心中留下了深刻烙印。此番旧愁新恨一起清算，梅西自然不会客气。虽然这一幕也让荷兰迸发出了能量，但笑到最后的，是梅西和他的阿根廷队。

中场大师迷失在诺坎普

在2002年加盟巴萨之前，里克尔梅是博卡青年的明星球员，一度被认为是马拉多纳之后阿根廷最优秀的10号位球员。为博卡青年踢球时，里克尔梅曾带领球队在洲际杯上战胜皇马，也让自己的名字和那支博卡青年一起享誉世界。就在里克尔梅加盟巴萨一年前，作为巴萨死敌的皇马以打破转会费纪录的价格签下了齐达内，这让巴萨高层坐不住了，他们希望也签下一名巨星，与弗洛伦蒂诺领航的皇马分庭抗礼，而里克尔梅正是他们心中的那个人。

← 范加尔要求里克尔梅改变位置和踢法，这让里克尔梅难以发挥特长。

↓ 2008年北京奥运会男足比赛，阿根廷队小组赛首战2比1战胜科特迪瓦队，梅西与里克尔梅相拥庆祝。两人共同帮助阿根廷夺得男足金牌。

2002 年夏天，里克尔梅来到诺坎普，1300 万美元的转会费和为期 5 年的长约，代表着巴萨对他的厚望，时任主席加斯帕特希望里克尔梅能够成为巴萨的“齐达内”。不过，当时担任巴萨主帅的范加尔并不喜欢里克尔梅，在里克尔梅刚刚加盟时，范加尔与他有过一次谈话，荷兰教头直接告知里克尔梅：“当你控球的时候，你是世界上最好的球员之一，而当你脚下没有球的时候，我们就相当于少了一名球员。”范加尔甚至告知里克尔梅，他并没有要求巴萨高层签下他。此外范加尔还曾公开说过，比起里克尔梅，他更喜欢球风相对强硬的另一名阿根廷球员基利·冈萨雷斯。

这番谈话，似乎也预示着里克尔梅的巴萨生涯注定不会成功，他必须服从范加尔的安排，出任左中场，经常参与防守。在范加尔手下，里克尔梅通常在半场比赛过后就被替换下场，全然没有博卡青年时期作为绝对核心的出彩发挥。

2003 年 1 月，范加尔因成绩不佳遭到解雇，安蒂奇接过巴萨教鞭。在安蒂奇手下，里克尔梅的处境并没有太多转变，他在安蒂奇带领巴萨出战的 24 场比赛中只有 10 次首发。2003 年夏天，巴萨高层进行了换届，拉波尔塔第一次登上巴萨主席位置，他开始对“前朝遗毒”进行清理。

罗纳尔迪尼奥成为巴萨新任主席带给会员们的“见面礼”，里克尔梅在那个夏天甚至无法进入巴萨热身赛名单。失去了高层支持，意味着他必须离开。西班牙媒体还曾报道称，里克尔梅与巴萨队内多名荷兰籍球员关系恶劣，甚至已经到了科库、德波尔、克鲁伊维特、奥维马斯等“荷兰帮”成员联名上书，要求送走里克尔梅的地步。

新仇旧怨，一起算清

里克尔梅租借加盟比利亚雷亚尔，后来的故事大家也都

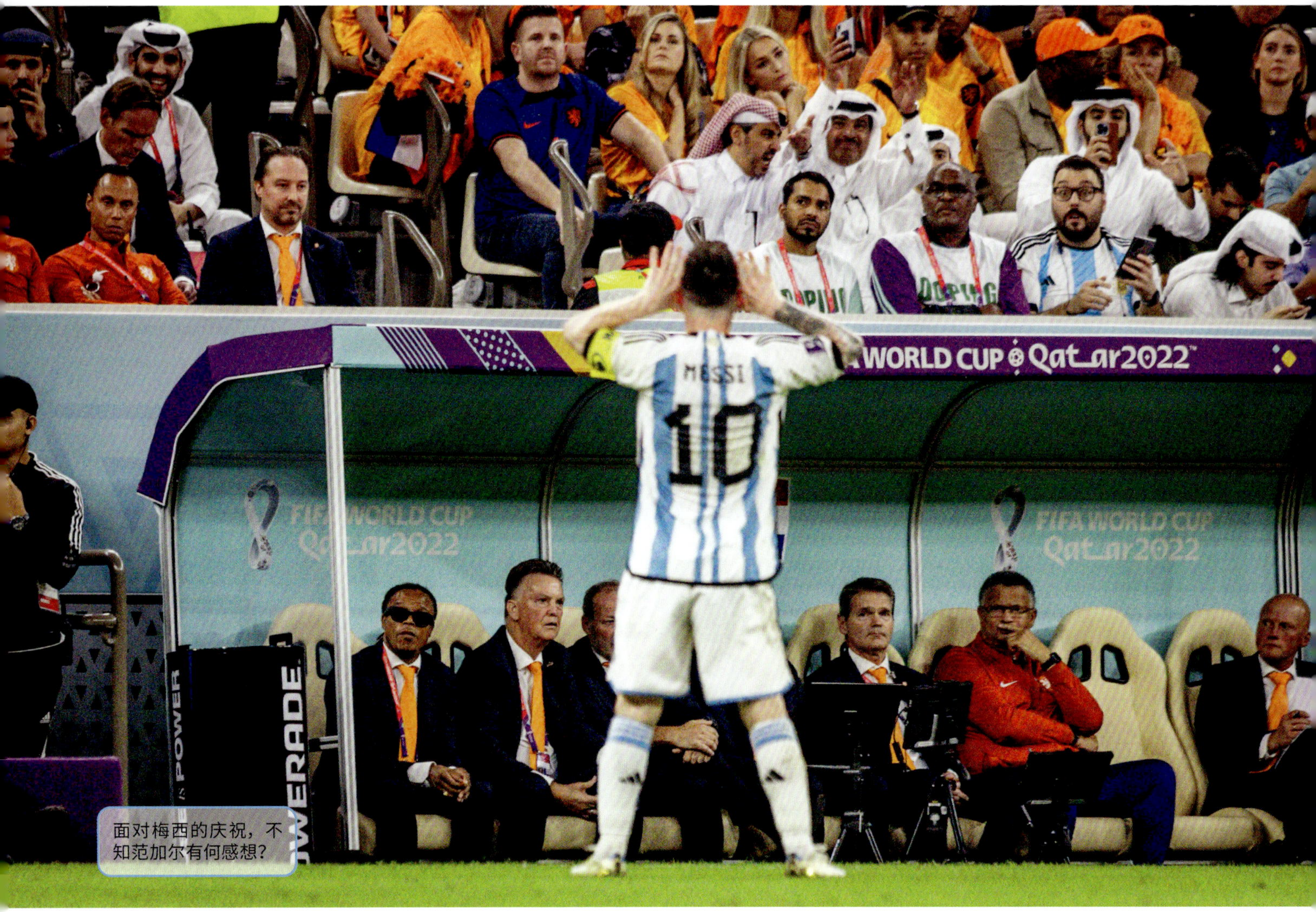

面对梅西的庆祝，不知范加尔有何感想？

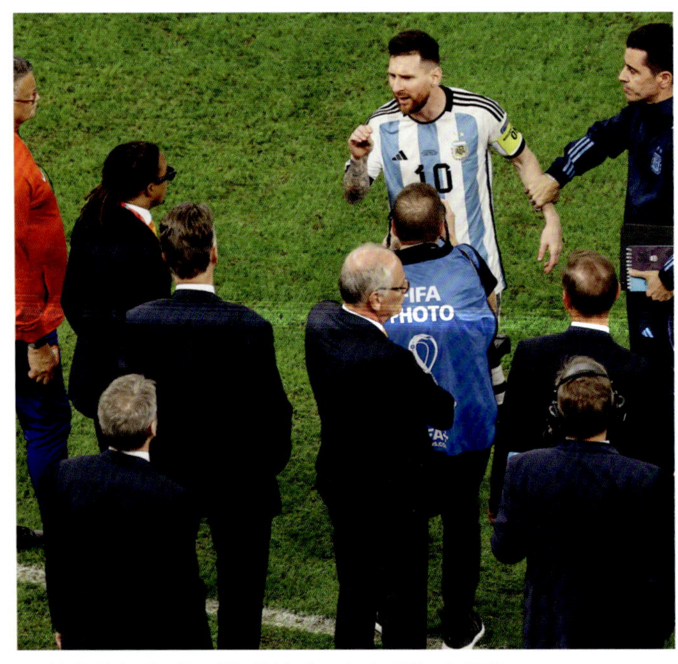

比赛结束后，梅西找到范加尔，打出手势：你闭嘴！

知道了，里克尔梅与迭戈·福兰、塞纳等人在“智利工程师”佩莱格里尼的带领之下，在2005/2006赛季的欧冠赛场上奏响了最浪漫的“情歌”，他们一举杀入欧冠半决赛，距离决赛也不过一步之遥。后来在接受媒体采访回顾巴萨生涯时，里克尔梅否认自己与当时的巴萨球员关系不佳：“我与哈维、伊涅斯塔都建立了很好的关系，克鲁伊维特也一直和我保持着联系。”

可以说，范加尔与里克尔梅的那次交谈，和他对里克尔梅的使用方式，是这位古典中场大师巴萨生涯遭遇失败的根源。当时在拉马西亚成长的梅西，必定记得这一段陈年恩怨，在比赛中做出里克尔梅的经典庆祝动作，无疑是梅西对范加尔最好的回应。

虽然后来阿根廷媒体表示，梅西与里克尔梅在国家队也有过摩擦，但近年来，里克尔梅在接受采访时不止一次强调，自己与梅西从来没有矛盾，他多次表示梅西是世界最佳球员。这一次，梅西在世界杯赛场上为自己昔日的老大哥出了头，新仇旧怨在这一刻得到了结。

“你看什么呢？蠢货！”

↑ 韦霍斯特注视着梅西，两人之间的火药味从场上延续到了场下。
↓ 梅西赛后表示，韦霍斯特（右二）登场后一直在挑衅。

《体坛周报》记者
曹知远

阿根廷队对阵荷兰队的1/4决赛，梅西先是助攻莫利纳破门，而后又命中点球，帮助阿根廷队取得两球领先。替补登场的荷兰中锋韦霍斯特则梅开二度，帮助荷兰队扳平比分，将比赛拖入加时。

这两位为各自球队立功的球员，在赛后发生了冲突，两人之间的火药味成为媒体关注的一大焦点。外界对此事的聚焦，来源一段视频——赛后接受阿根廷媒体TyC体育采访前，梅西冲着镜头外的一个人喊道，“你看什么呢？蠢货，你看什么呢？蠢货！一边待着吧，蠢货，一边待着吧。”

梅西在冲着谁喊呢？正是韦霍斯特。在韦霍斯特打入此役个人第一粒进球后，阿根廷队中圈开球，荷兰高中锋随后直奔梅西，并用手击打梅西前胸，两人的冲突或许由此而起。

对于冲突的细节，记者里卡多·罗塞蒂透露：“韦霍斯特希望与梅西交换球衣，并且希望握手，但梅西不肯接受。荷兰人对此也很不满。”韦霍斯特则在接受采访时表示：“赛后我想与梅西握手，但他没接受，还说了难听的话，我不太懂西班牙语。我很失望。”

不过，韦霍斯特激怒梅西的原因，或许不止场上的一次对抗。赛后梅西在受访时表示：“对方的19号（韦霍斯特）自打一上场，就开始挑衅我们，冲撞我们，一直在跟我们说些什么。我认为这不应该是足球的一部分。我一直都尊重所有人，我也希望大家尊重我。”

梅西怒斥韦霍斯特之前，韦霍斯特做了什么？或许是对梅西拒绝交换球衣并拒绝握手感到不满，韦霍斯特在球员通道内，希望与梅西对话。此役与阿根廷全队一同庆祝的阿圭罗，给出了这部分的细节：“荷兰的那个19号，他开始喊：‘哎，梅西，哎，梅西。’他对梅西说：‘你到这里来。’我这时过来对他说：‘到此为止吧，你也知道现在大家有些情绪，你还说什么呢？闭嘴吧。’他让我不要跟他说闭嘴，我让他不要跟梅西说话。”

花絮

“给你俩窝窝！”

梅西怒斥韦霍斯特的一幕，成本届世界杯的一大“名场面”。比赛中，梅西与韦霍斯特就曾出现冲突，而韦霍斯特不停的挑衅则进一步激怒了梅西。赛后韦霍斯特希望与梅西握手并交换球衣，但他的提议遭到拒绝，希望与梅西对话的他等来的是梅西的怒斥：“你看什么呢？蠢货！”

梅西所说的“你看什么呢？蠢货！（Que miras, bobo）”这句话，则被中国球迷“空耳”成了“给你俩窝窝！”这句话迅速在中文网络媒体上流行，成新晋的热梗。在国外社交媒体上，这句话同样热度十足，有商家做出了印有这一“名人名言”的周边产品，还有啤酒商将这句话放进了广告当中。相关的“二创”视频也层出不穷，天下球迷一同玩梗，不亦乐乎。

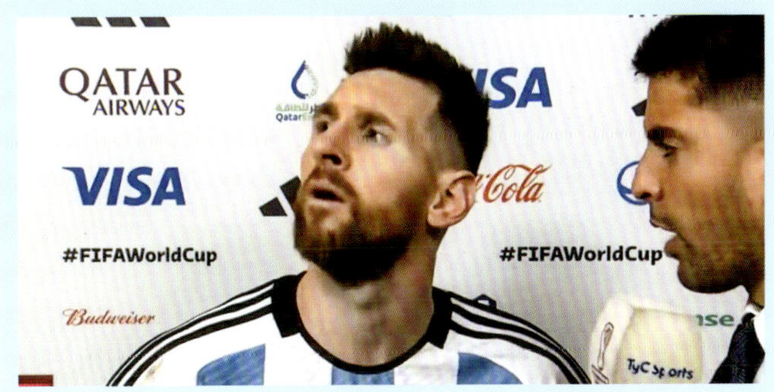

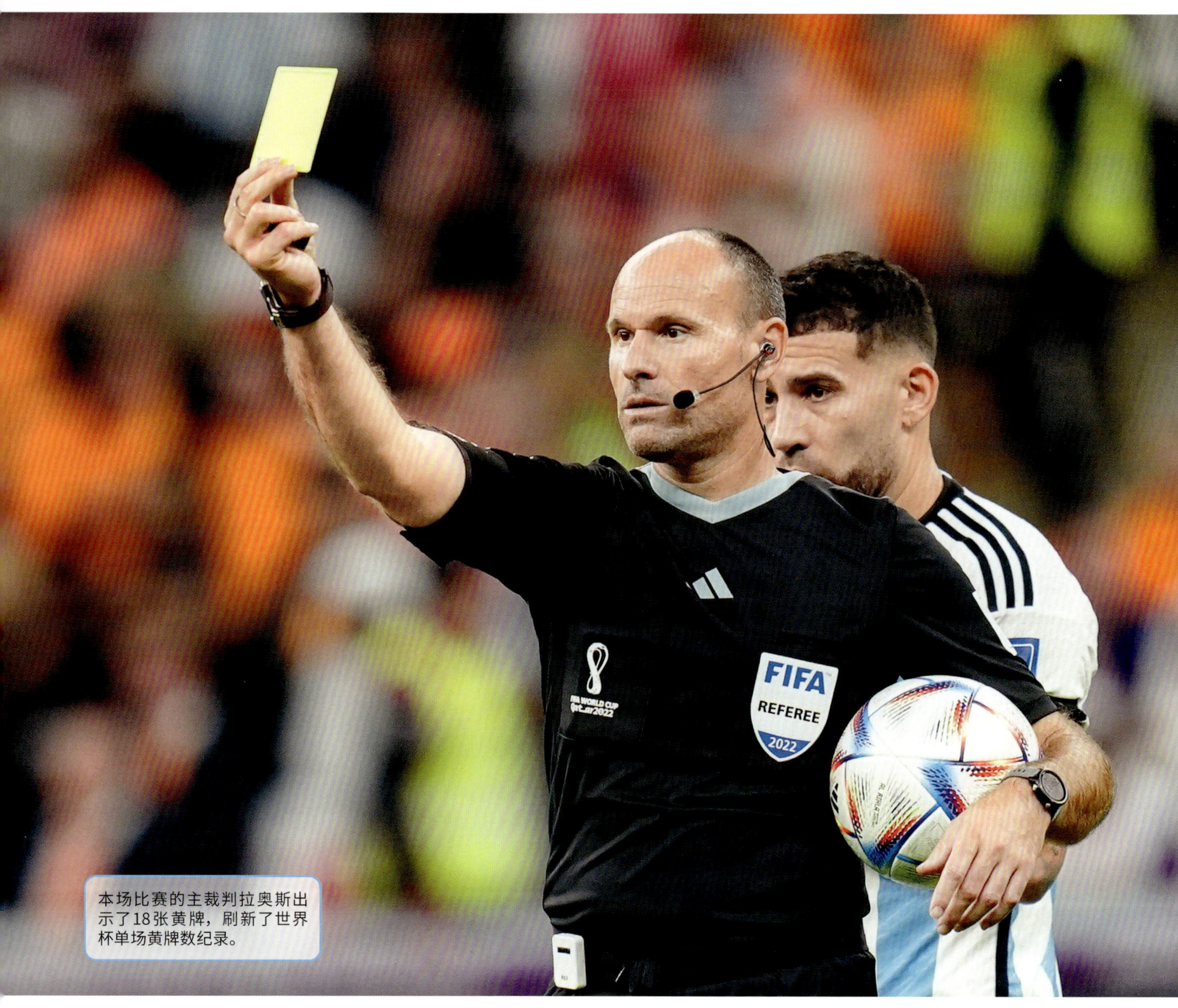

本场比赛的主裁判拉奥斯出示了18张黄牌，刷新了世界杯单场黄牌数纪录。

"小公主"控场失败

《体坛周报》特约记者
孙奇

世界杯1/4决赛荷阿大战，成一场火星四溅的“卡牌大战”。在这场火爆异常的肉搏战中，主角不仅是梅西与韦霍斯特。当值主裁拉奥斯格外抢镜，累计出示18黄1红（包括阿根廷主帅斯卡洛尼与助教萨穆埃尔的黄牌），创下世界杯单场黄牌数新高。这位有着“小公主”之称的西班牙主裁在比赛中多次做出争议判罚，引发了双方的不满。

火上浇油，半场埋雷

荷兰队与阿根廷队在世界杯多次交手，是恩怨颇多的老对头。这场对决选派拉奥斯作为主裁判，国际足联裁判委员会显然看好西班牙人的控场能力。多年执裁西甲、欧战的经历，让拉奥斯的业务水平深受欧足联与国际足联信任，他曾在2020/2021赛季执法切尔西与曼城的欧冠决赛。然而，在这场比赛中，他的表现令人失望。

开场哨响，双方上来便“刺刀见红”，前5分钟就出现了激烈的身体对抗。前45分钟拉奥斯就出示了5张黄牌。除了故意手球的克里斯蒂安·罗梅罗、踢人犯规的阿库尼亚外，他还对在场边抱怨的队员与教练组成员出了牌。这里，就需要提到拉奥斯独特的个性与外号。

执法生涯至今，拉奥斯令人印象最深的是“小公主”这一外号。该称谓准确概括了他的性格特点：分外自信、肢体语言丰富与性格高傲。只要有球员对他提出质疑，得到黄牌是寻常事。一言以蔽之：我可以和你絮絮叨叨，但你不能有反对意见！他曾在比赛中对梅西说道：“质疑会让我生气，请不要来找我抗议。”

如何在火药味十足的比赛中，充满艺术性管理好双方球员情绪、及时保持良好沟通，向来是主裁判的一大难点。上半时频繁出牌的拉奥斯，更多以生硬的方式管理比赛，且对部分应当严格执行的犯规采取了降格处理，这为下半场的“爆雷”埋下了种子。

在这样一场重量级赛事中，拉奥斯并未像首场1/4决赛的主裁奥利弗那样采取“先紧后松”的策略，他在不同时段对不同动作的尺度不一，使得比赛逐步失去平衡。阿圭罗在上半时不到20分钟就感慨：“主裁也太喜欢博眼球了。”易边再战，拉奥斯的争议判罚彻底点燃了双方怒火。

黄牌数超越2006年荷葡大战

常规时间尾声，西班牙人对比赛彻底失去控制。帕雷德斯飞铲阿克被拉奥斯鸣哨示意犯规，脾气火爆的阿根廷中场随即对身前的荷兰队替补席一记爆射，这个挑衅意味十足的动作引发了双方的激烈冲突，一度让比赛陷入混乱。事态平息后，连做两个吃牌动作的帕雷德斯只收到了一张黄牌。

加时赛中拉奥斯的一次判罚也令人摸不着头脑。“小公主”本已在荷兰队犯规后判定攻方有利，在看到梅西被侵犯后立刻吹哨，然而没有给荷兰队补发黄牌。点球大战前后，双方再次爆发小规模冲突，拉奥斯只得再次出牌。赛后荷兰后卫邓弗里斯试图与阿根廷教练组理论，被拉奥斯出示了本场唯一一张红牌。西班牙主裁不仅大幅刷新了本届赛事的单场黄牌纪录，也将世界杯历史纪录改写。

荷兰队整场比赛获得的黄牌没有一张是由于犯规，全部来自和主裁拉奥斯的争论。无独有偶，橙衣军团曾在16年前经历过一场类似的比赛，那也正是世界杯上一次创下单场发牌纪录的一战。2006年世界杯1/8决赛荷兰队对阵葡萄牙队，当值主裁全场累计出示16黄4红，新纪录就此诞生。在场上局面剑拔弩张之时，当值主裁伊万诺夫并不恰当的出牌时机，反而火上浇油。此役拉奥斯接近灾难的控场，与当年的伊万诺夫无异。

赛后，拉奥斯受到了球员和媒体的口诛笔伐。荷兰中场弗伦基·德容直言：“他一直在到处掏牌，我从未见过这样的事。”阿根廷这边，梅西赛后面对镜头表示：“国际足联不应该在这场关键战役中安排这样的裁判。”阿根廷门将马丁内斯也抨击拉奥斯，称其为世界杯最差的黑衣法官。阿根廷《奥莱报》认为，拉奥斯对场上的某些细节过分关注，给出过长的补时也值得商榷。荷兰队也正是在常规时间补时的最后一刻，打入了扳平比分的进球。

能在赛后招来双方如暴风骤雨般的一致抨击，拉奥斯以一种不光彩的方式成了众人议论的焦点。1/4决赛开打前，他在执法卡塔尔队对阵塞内加尔队、美国队对阵伊朗队两战有着不错表现，被外界认为是决赛主裁的有力竞争者。荷阿大战后，“小公主”也结束了自己在卡塔尔世界杯上的执法任务。2021年，拉奥斯就曾在欧洲杯法国队与葡萄牙队的小组赛中翻车，提前结束了执法之旅。

↑ 拉奥斯此役的吹罚，让对阵双方都感到不满。

梅西的一千零一夜

梅西的传球穿过了阿克的裆下，也穿越了整条荷兰防线。

《体坛周报》足球评论员
王勤伯

就像第一次看世界杯。好希望这就是我第一次看世界杯。

从未有过这样心情紧绷的经历，短短几小时内见证巴西和阿根廷以如此近似的方式走到悬崖边，一个掉了下去，一个活了下来。

这个晚上也是梅西球员生涯的“一千零一夜”，地点竟然就在阿拉伯国家。

他从罗萨里奥一路走来，曲折又精彩的故事可以在点球大战的每一个回合走向终结。在劳塔罗射进第 5 粒点球的那一刻，我们终于知道梅西的一千零一夜避免了以悲伤形式结尾，他和队友们留在了卡塔尔，甚至可能一直留在卢赛尔球场，一千零二夜，一千零三夜……

我们到底又该如何记住梅西的一千零一夜？他又进球了，他又助攻了，他再一次勇于担当，他再一次无惧压力，他受到挑衅，他赛后仍然充满怒气。

所有这些白描的词句之外，还能写下什么？

梅西造成的失语是普遍的。看，多少名宿、战术分析师坦言，他们无法评析梅西助攻莫利纳的传球线路！意大利国家电视台的解说员说：“所有观众都被梅西骗了。”

那是一个专属天才和精灵的时刻！平庸的球员只能看到所有人在看台上和电视机前都能看到的空间，优秀的球员能够看到观众暂时看不到但回头立即能够看明白的空间，天才不需要看到空间，他在没有空间的地方创造空间！

伟大的足球不仅是无中生有的才华和快乐，它更是一种启示。你所面对的现实敌人强大而且准备严密，你唯一有效的武器是在不懈努力中试图创造空间，出其不意。突破和胜利不一定来自惨烈的硬碰硬较量，它更可能取决于你是否有能力实现销魂一击。

猫是世界上最擅长销魂一击的动物。

你几乎找不到一种可以让猫失去动作协调的情形，猫甚至升华了自己的猎物，让惨烈的结局也显得像一场游戏。

巴西人非常清楚猫和足球的关系。巴西环球电视台每周日著名的《奇妙世界》节目足球部分，会把巴甲联赛中门将的神奇扑救（尤其是扑点球）配上猫的叫声。

在卡塔尔，被猫附身的是克罗地亚门将利瓦科维奇，是阿根廷门将埃米利亚诺·马丁内斯。尤其是马丁内斯，好几张扑救点球的图片里，他的肢体在完全舒展的状态中扭曲翻转，像极了空中的猫姿。

阿利松没有猫姿？他在英超拥有极高的扑点效率。这不

埃米利亚诺·马丁内斯扑救点球时身姿舒展，与伸展的猫姿十分相像。

面对一只误闯赛前发布会的流浪猫，巴西新闻官提起了它的后颈皮和背皮，将其扔下地，这似乎是个不好的兆头。

是问题，也不会关系到他是否提前研究克罗地亚球员的点球方向，问题仅仅是猫在那一刻没有选择对他附身。

赛前新闻发布会上，巴西新闻官把跳上桌子的流浪猫提着后颈皮和背皮扔下地，当时这个动作就已经让部分巴西人产生了心理阴影。

你不能对一只拥有九条命的动物缺乏敬意。

淘汰赛上的克罗地亚队拥有九条命。维尼修斯和帕奎塔每次获得破门机会，就像被猫在洞口吹过气的老鼠，突然脚下没有了力气。莫德里奇是一只经验十足的老猫，在第 117 分钟突然横向撕出突破口，让奥尔希奇和佩特科维奇两个效力三流联赛的前锋完成了对巴西队的绝平。利瓦科维奇扑点效率不如对阵日本队，他仅仅扑出了罗德里戈的点球，但同样的喵星法术让马尔基尼奥斯神不知鬼不觉地把球踢向了门柱。

巴西著名漫画家马里奥·阿尔贝托赛后创作了一幅作品：一只穿着克罗地亚球衣的猫，口里衔着几根黄色的羽毛。

《飞翔吧，金丝雀》，每次巴西队出征，这首老歌都会被唱起。我作为巴西球迷，想到是本队不小心惹怒了“喵星人”，折翼猫口之下，也算些许释怀。金丝雀有自己的美感与华丽，也有专属的克星和宿命。

猫跳上维尼修斯的新闻发布会桌子，视频在网络上爆火，也带红了一首巴西儿歌《猫》。

这是因为大量网民搜索“维尼修斯 + 猫”，而巴西家喻户晓的儿歌《猫》的作者也叫维尼修斯。他的全名是维尼修斯 · 德莫拉埃斯，20 世纪巴西最重要的现代诗人、歌曲作者之一，我曾在多篇文章里介绍过他。

这首《猫》歌来自诗人去世前联合众多音乐家一起创作和演唱、为巴西儿童制作的儿歌专辑《诺亚方舟》。

让我一直疑惑的是，为什么专辑里其他很多歌曲的歌词都非常有趣，《猫》尽管乐调欢乐好听，歌词却如此平淡？

“猫猫漂亮一跳，又轻又稳，从地上到了墙上，然后它又改变主意，重新回到了地面。”

在伟大的足球比赛中，我似乎看到了答案。

足球和猫是世上最难用文字书写的对象。在命运的极度莫测和动作的瞬间和谐交融的场景里，别说文字和思绪，我们的视线也常常是闪亮又迷惑的。诗人面对着猫，便不再是诗人，只是人。

足球也一样，我见过不少知名作家一写足球就变得笨拙无比。我并不常常觉得他人是自己的镜子，但我一直相信足球和猫是镜子，让我发现自己内心的语言只剩下亲昵的粗口和一连串感叹词。

梅西那个突破传球，是绝无可能用相同阅读时间里的文字去重新呈现的经典。文字和数字、技战术一样，是一点一滴搭建的结果，可以细分和拆解。足球精灵的演出却是无法拆解的，没有一个局部属于“因为”，也没有一个局部属于“所以”。好像毕加索这样说过：一只猫，从胡须到尾巴都是猫。

对我来说，梅西的一千零一夜比一千夜更有象征意义。一千是统计的结果，是里程记号一样的数字。梅西说，他在对阵澳大利亚的赛前几小时，才知道这一里程碑。一千零一多出的“一”，是那一根猫尾巴，让猫变得完整的尾巴。

请允许我以最宽容的方式送别内马尔，我想说，他在这一天相对梅西，缺少的是只是一根猫尾巴。

我还必须以写作者的身份对梅西表达感谢。

谢谢你，Leo，这是我第一千零一次画猫，我从未用文字把猫画出来，但这一千零一夜里，每一次的见证和尝试，都像是生命里的第一次。

荷阿大战结束后，梅西望着球迷，握拳庆祝。

10

第6战
世界杯半决赛
3:0

5
13
23
19
10
9
19

换人

阿根廷	克罗地亚
62’ 5-帕雷德斯↓ 25-利桑德罗·马丁内斯↑	15-帕沙利奇↓ 1-弗拉希奇↑ 46’
74’ 7-德保罗↓ 14-帕拉西奥斯↑	19-博尔纳·索萨↓ 18-奥尔希奇↑ 46’
74’ 9-胡利安·阿尔瓦雷斯↓ 21-迪巴拉↑	11-布罗佐维奇↓ 16-佩特科维奇↑ 50’
86’ 20-麦卡利斯特↓ 15-安赫尔·科雷亚↑	9-克拉马里奇↓ 14-利瓦亚↑ 72’
86’ 26-莫利纳↓ 2-福伊特↑	10-莫德里奇↓ 7-马耶尔↑ 81’

进球

34’ 1比0（梅西）恩佐·费尔南德斯过顶球，胡利安·阿尔瓦雷斯挑过利瓦科维奇之后被撞倒，梅西主罚点球命中右上角。

39’ 2比0（胡利安·阿尔瓦雷斯）阿根廷球员破坏对方角球后反击，梅西后场传球，胡利安·阿尔瓦雷斯中线拿球个人突破，尤拉诺维奇和博尔纳·索萨中途拦截均被阿尔瓦雷斯挡下，阿尔瓦雷斯小禁区内凌空弹射破门。

69’ 3比0（胡利安·阿尔瓦雷斯）梅西右路连续变向摆脱格瓦迪奥尔后切入禁区底线传球，阿尔瓦雷斯小禁区线右脚扫进。

黄牌

阿根廷	克罗地亚
71’ 奥塔门迪	利瓦科维奇 32’
68’ 克里斯蒂安·罗梅罗	科瓦契奇 32’

技术统计

阿根廷		克罗地亚
2.34	预期进球	0.52
9(7)	射门（射正）	12(1)
0	射中门框	0
3	远射	6
39%	控球	61%
399(83%)	传球（成功率）	607(87%)
43(47%)	长传（成功率）	31(55%)
6(17%)	传中（成功率）	20(20%)
11(45%)	盘带（成功率）	19(68%)
2	角球	4
1	越位	0
41	成功对抗	54
0	成功争顶	7
22	铲断	19
8	拦截	5
21	解围	7
15	犯规	8
2	黄牌	2
0	红牌	0

数说

阿根廷，半决赛之王

阿根廷队3比0击败克罗地亚队，队史5次参加世界杯半决赛全部晋级。梅西传射建功，世界杯直接参与19球（11球8助），追平贝利的历史纪录。

1 梅西成为1990年卡尼吉亚之后，首位世界杯半决赛进球的阿根廷球员。

2 此前世界杯半决赛半场领先2球及以上的球队：1930年乌拉圭3比1（最终6比1胜南斯拉夫）；1938年匈牙利3比1（最终5比1胜瑞典）；2014年德国5比0（最终7比1胜巴西）。

3 梅西成为首位单届世界杯3场以上淘汰赛进球的阿根廷球员，而此前从未在世界杯淘汰赛进球。1990年以来单届世界杯1/8决赛、1/4决赛、半决赛均有进球的球员：1990年斯基拉奇、1994年斯托伊奇科夫和罗伯托·巴乔、1998年苏克、2010年斯内德、2022年梅西。

4 梅西是2010年比利亚之后，首位单届世界杯前5场4球以上并打进半决赛的球员。

4 梅西成为1966年有相关统计以来，首位4场以上世界杯进球且助攻的球员，此前3场是2006年对塞黑队、本届世界杯对墨西哥队和荷兰队。

5 阿根廷5次打进世界杯半决赛全部晋级（1930、1986、1990、2014、2022）。

6 阿根廷6次打进世界杯决赛，追平意大利和巴西（注：巴西另在1950年获得亚军，但那届没有决赛），仅次于德国（8次）。

7 阿尔瓦雷斯8次国家队首发进7球，本届世界杯4球，成为继2010年伊瓜因（4球）之后，第二位单届世界杯4球以上的U23阿根廷球员。

7 梅西成为世界杯历史上首开纪录次数最多的球员（7次），也是进球让本队从平局变为领先次数最多的球员（8次）。

8 梅西超过姆巴佩（5球2助），成为本届世界杯参与进球最多的球员（5球3助）。

8 梅西追平马拉多纳，成为1966年有相关数据以来，世界杯助攻次数最多的球员，他的8次世界杯助攻分别传给了8位不同的队友：克雷斯波（2006年）、特维斯（2010年）、迪马利亚（2014年）、阿圭罗和梅卡多（2018年）、恩佐·费尔南德斯、莫利纳和胡利安·阿尔瓦雷斯（2022年）。

16 梅西是本届世界杯至今唯一10次以上关键传球（16次）且10次以上成功过人（16次）的球员。

16 梅西世界杯16胜，追平卡福，仅次于克洛泽（17胜）。

19 梅西世界杯参与19球（11球8助），追平贝利（12球7助）、盖德·穆勒（14球5助）、罗纳尔多（15球4助）、克洛泽（16球3助）的世界杯纪录。

22 阿尔瓦雷斯（22岁316天）是1930年（佩乌塞莱21岁；斯科佩利22岁）以来，世界杯半决赛进球最年轻的阿根廷球员。

23 截至本届世界杯半决赛，梅西国家队28次主罚点球23中。

25 梅西25场世界杯，超过克洛泽（24场），追平马特乌斯纪录。

27 阿根廷此前世界杯27次领先2球，最终战绩26胜1平（本届平荷兰）。

35 梅西成为单届世界杯5球以上的最年长球员（35岁172天）。

37 参加世界杯半决赛最年长非门将球员排行：贡纳尔·格伦/瑞典/37岁241天；伊拉里奥/葡萄牙/37岁129天；莫德里奇/克罗地亚/37岁95天。

51 阿根廷队本届世界杯仅首战沙特队曾经落后51分钟，此后从未处于比分劣势。而克罗地亚队仅小组赛第二轮领先加拿大队50分钟，其他时段从未领先过。

MODRIĆ
10
20
11
LEARN

2022年12月13日，胡利安·阿尔瓦雷斯从中场开始带球，单刀杀入克罗地亚队禁区弹射破门，为阿根廷队将比分扩大为2比0。

不老梅西导演反击战

《体坛周报》赴卡塔尔特派记者
梁宏业

阿根廷队时隔 8 年再次杀进世界杯决赛，35 岁的梅西依旧是全场最佳，一传一射帮助球队 3 比 0 战胜克罗地亚队。

阿根廷队开场后便立足于前场紧逼，这是一个很好的想法，克罗地亚队虽然总能把比赛拖进加时赛，但这并不是一支喜欢开大脚打反击的球队。事实上，克罗地亚队非常细腻，喜欢从后场短传出球，阿根廷队想给克罗地亚队“刨根”的想法是一种合理的尝试。

但很快，阿根廷队就遭遇难题，当他们发起进攻时，克罗地亚队变化为五后卫，帕沙利奇退到右后卫位置增加防线宽度，阿根廷队一时找不到破解办法。更困难的还在后面，克罗地亚队站稳阵脚后，逐渐把阵形推向前场，阿根廷队明显在中场的较量中落入下风。阿根廷主帅斯卡洛尼应该为自己没让迪马利亚首发感到庆幸，因为即便减少一名前锋增加一名中场，球队在上半场还是受尽磨难，中场几乎被克罗地亚队生生吃掉，如果再少一名中场，情景会如何可想而知。

梅西在第 19 分钟回撤拿球被三人包夹，在这次对抗后，梅西手捂左腿疑似受伤，更是个不好的预兆。随着第 31 分钟，莫德里奇中场穿裆麦卡利斯特，克罗地亚队进入了巅峰状态，全场的阿根廷球迷鸦雀无声，而中立球迷和不多的克罗地亚球迷都为莫德里奇的表现而欢呼。

正当大家还沉浸在莫德里奇的穿裆过人，为克罗地亚队的精准传控叫好时，第 32 分钟，恩佐·费尔南德斯中路长传，胡利安·阿尔瓦雷斯单刀挑射虽然没进，但门将利瓦科维奇将其拦倒，裁判补吹点球，并给门将出示黄牌，梅西主罚一蹴而就。阿根廷队的进球提供了足球比赛的另一种解读方式：并非踢得最好的球队能赢球，而是最能掌握机会的球队。

攻出来的克罗地亚队果然防守不再那么稳固，仅仅 5 分钟后，阿根廷队再次展现出机会主义特点，他们从本方禁区前发动反击，梅西中路过渡，阿尔瓦雷斯拿球后直冲球门，带到禁区前面对两名克罗地亚回防的后卫，他没有把球分给两侧的队友，而是继续往球门直冲，虽然尤拉诺维奇和索萨两次碰到球，但都反弹到阿尔瓦雷斯身上，阿尔瓦雷斯就这样错进错出一直杀进小禁区，面对门将打进幸运一球。

克罗地亚队上半场踢得更好，却以 0 比 2 落后，主帅达利奇中场过后就连换两人，奥尔希奇和弗拉希奇换下帕沙利奇和索萨。下半时开始后克罗地亚队仍是占据主动的一方，阿根廷队却是更能创造出机会的一方。随后达利奇又用上一场对巴西队打进绝平球的佩特科维奇换下中场铁三角之一的布罗佐维奇。阿根廷队似乎嗅到了什么，开始尝试控制球权，克罗地亚队此时在中场已经开始势弱。

为了避免对荷兰队时两球领先最后一分钟被扳平的事故再度发生，斯卡洛尼第一个换人就用利桑德罗·马丁内斯换下帕雷德斯，减少一名中场，变阵五后卫，阿根廷队要坚持打防守反击的意图已经非常明显，同时也在放缓比赛节奏，让比赛场面逐渐冷却。

然而，梅西的表现再次让比赛进入了新的高潮，此前多次用手捂着左大腿的梅西似有不适，但让人们无法理解的是，第 69 分钟，已经 35 岁的他似乎回到了 25 岁，从距离球门 40 米的位置开始突破年仅 20 岁的克罗地亚队新生代最佳中卫格瓦迪奥尔，最终在右侧禁区边缘利用转身假动作成功突破对手传中，阿尔瓦雷斯中路包抄梅开二度，3 比 0。

被 35 岁的梅西强突并送出助攻，克罗地亚队彻底泄了气，此后再也没打出有威胁射门，比赛基本进入垃圾时间。斯卡洛尼趁机利用这场世界杯半决赛，让还没有出场的迪巴拉、安赫尔·科雷亚和福伊特都出了场。最终，名气更大、球迷更多、还拥有梅西的阿根廷队，波澜不惊地进入决赛，而踢出了更高水平的克罗地亚队，败在了一个更会把握机会的对手脚下。

争议

阿根廷的点球该判吗？

比赛第 32 分钟，恩佐 · 费尔南德斯在中场线传过顶身后球，胡利安 · 阿尔瓦雷斯单刀被克罗地亚门将利瓦科维奇撞倒，裁判判罚点球，梅西主罚首开纪录。这个进球为阿根廷队的大胜铺平了道路，但点球判罚却引起争议。这是阿根廷队在本届世界杯获得的第 4 粒点球——小组赛对沙特队和波兰队、1/4 决赛对荷兰队、半决赛对克罗地亚队——除了对波兰队罚失，梅西打进了另外 3 球。

对于点球判罚，克罗地亚方面认为是阿尔瓦雷斯主动撞到门将身上，是有意“碰瓷”。持相同观点的还有曼联名宿罗伊 · 基恩，他认为利瓦科维奇已经避无可避，这是一次“无心的意外”。而西班牙塞尔电台的客席裁判专家伊图拉尔德 · 冈萨雷斯认为，这是很明显的点球，“我相信利瓦科维奇想抢先碰到球，可阿根廷球员先到了，门将撞倒了他，倒霉”。

不同意判点球的一派认为，阿尔瓦雷斯是在完成射门动作后，才撞到静止的门将身上。支持判点球的一派论点则是，克罗地亚门将全程没有碰到球，他有伸腿的动作，如果他没有把腿伸开，阿尔瓦雷斯还可以绕过他接着把球补进。至于阿尔瓦雷斯那一挑到底是射门还是过人，并不影响门将阻挡犯规的定性。而考虑到已经有克罗地亚后卫回来补防，这并不是一个绝对的进球机会，因此主裁判只给利瓦科维奇出示了黄牌。

2022 年 12 月 13 日，梅西带球面对克罗地亚防线毫无惧色，施展“凌波微步”。

2022年12月13日，梅西打入点球后与队友胡利安·阿尔瓦雷斯（右一）、恩佐·费尔南德斯（左二）以及莫利纳（左一）庆祝。其中阿尔瓦雷斯和恩佐都是在本届世界杯上逐渐由替补成长为主力，以奇兵的身份立下殊功。

阿根廷反情报战的胜利

《体坛周报》足球评论员
王勤伯

为什么克罗地亚队成功限制了巴西队90分钟进攻，对阿根廷却频频犯错？这似乎不是体能原因可以解释的，因为克罗地亚实在太擅长把比赛拖入加时。这场比赛甚至是2022年世界杯进行到现在，强强对抗打出的最大比分差距，葡萄牙队6比1瑞士队无法纳入这个统计范围，瑞士队由于后防线严重缺人，主教练雅金被迫使用上任时就宣布过不喜欢的三后卫阵形。

高科技造现代化铁桶阵

本届世界杯上防守战术流行，关键不在于战术本身，而是技术手段的普遍运用所致。海量的录像采集和分析，大数据分析，这使得各队都能计划出从前场开始干扰破坏对手传球路线的方案。强队不是打不过弱队，而是大量的比赛时间，会消耗在既定方案受挫但又不能立即找到有效的新方法这一方面。科技手段其实给防守方提供的帮助，要大于进攻一方。

进入四强的球队里，摩洛哥队踢的是最现代化的铁桶阵，他们不是单纯摆大巴，而是带着主动性去阻断对手。由于摩洛哥队两个边锋都甘愿追回底线，他们可以一次又一次把对方的进攻逼到边路然后形成重围。

克罗地亚队的好成绩也和他们的战略有关。这是一支很难定义的球队。说他们踢防守足球，克罗地亚队控球又特别好，不轻易把球权交给对方；说进攻足球，克罗地亚队除了落后时，其余时间都不会急着进攻，所以对方的层层拦截设置往往以白跑为多。

法国队和阿根廷队存在因祸得福的剧情。法国队的本泽马，以及博格巴、坎特等主力球员的退出，阿根廷队洛塞尔索等球员因伤落选或退出，都让对手根据之前一两年比赛情况收集整理的应对方案很难用上。新的踢法就连德尚和斯卡洛尼都还在设计之中，对手如何知晓和预防呢？

胡利安·阿尔瓦雷斯和恩佐·费尔南德斯成为绝对主力，这是阿根廷队的对手在大赛开始前都无法猜到的。阿根廷媒体也没有办法预测斯卡洛尼怎么踢。半决赛以前，阿根廷媒体普遍预测迪马利亚会首发，次选劳塔罗，第三顺位才是帕雷德斯，结果都猜错了。《队报》等媒体也猜错了。

对比一下巴西队，他们可谓为本届世界杯准备最充足的球队，但他们无论首发阵容还是换人策略，都是可以预知的，难怪克罗地亚队的尤拉诺维奇等球员发挥那么好，他们可以很舒服地进行准备。

“河床连线”出奇制胜

技术手段覆盖了大多数的既定套路，这注定让足球比赛踢起来有点沮丧。见招拆招不是没有价值，问题是这种近似透明的知己知彼很容易让双方都感到无解，比赛陷入沉闷僵局，或者至少在开场后很长时间是这样。

能够制造差异的，时常是球星个人能力提供的附加值。例如巴西队对塞尔维亚队的第二个进球，维尼修斯是在对方布阵严密的情况下，用外脚背把球从人缝里传出，而理查利松在停球不理想的情况下直接来了个侧勾，作为解决方案。

还有一种情况是“反侦察”手段的运用。例如荷兰队2比2扳平阿根廷队的战术任意球，荷兰队之前从未用过，但是韦霍斯特在俱乐部用过。这就是国家队情报收集的盲区了，因为对对方战术套路的分析，最多只能涵盖几个核心球员的俱乐部数据，不可能把每个替补可能使用的罕见战术都覆盖到。

反过来，阿根廷队对克罗地亚队一战，阿根廷队也采取了与荷兰队类似的反情报战方法。这场比赛前阿根廷和欧洲很多主流媒体都关注迪马利亚是否首发，他们认为中路可能陷入双方混战的局面，争夺都在这里进行，但也都知根知底。就连阿根廷C5N电视台在街访路人时偶然遇到的小俱乐部教练也认为，可能需要迪马利亚从边路打破平衡。

最后大家看到了，阿根廷第一个进球造点和第二个单刀

2022年12月13日，胡利安·阿尔瓦雷斯接恩佐长传，甩开克罗地亚后卫洛夫伦（左一）形成单刀，随后他被门将利瓦科维奇（右一）撞倒，为阿根廷队赚得一个点球机会。

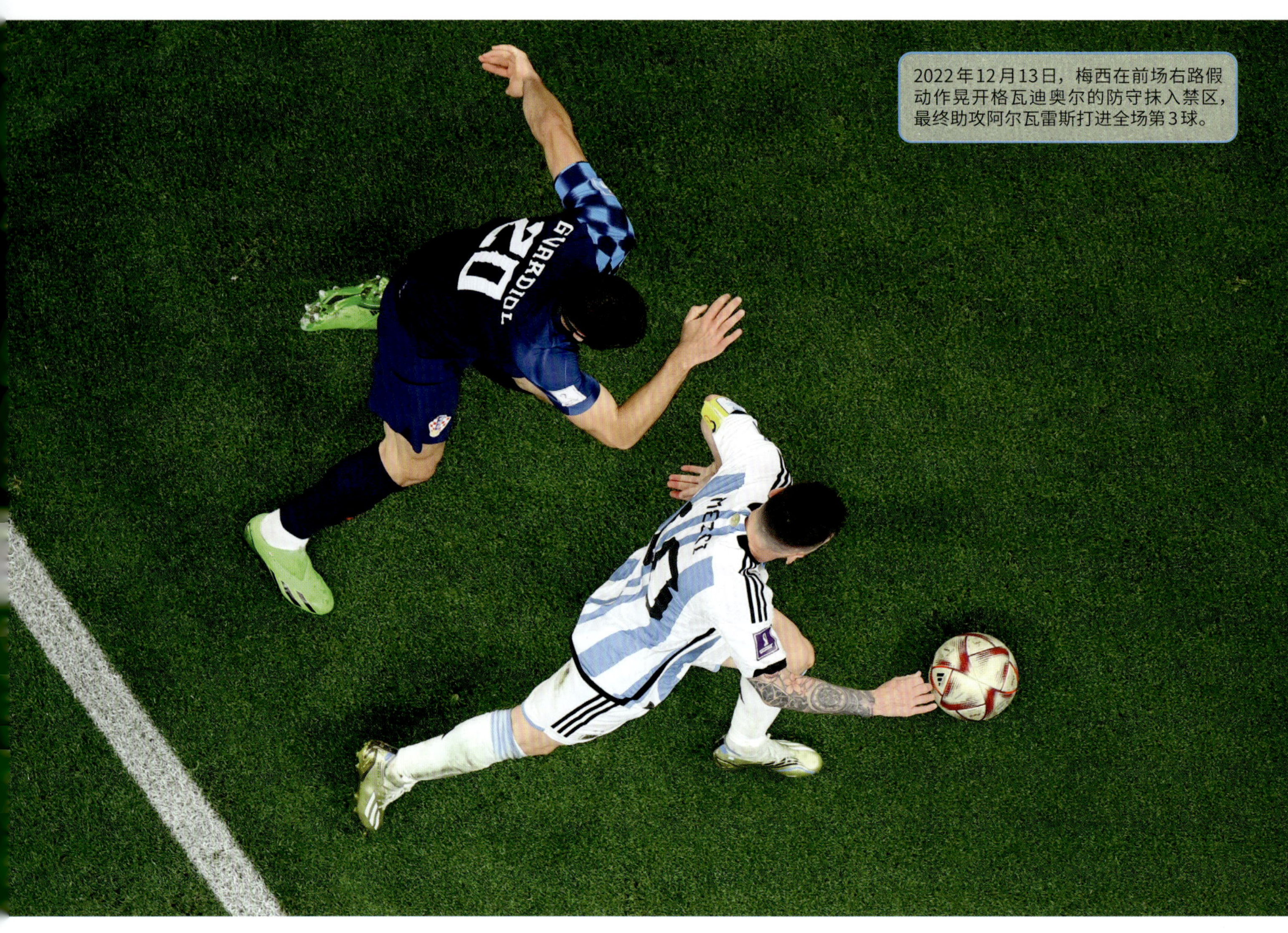

2022年12月13日，梅西在前场右路假动作晃开格瓦迪奥尔的防守抹入禁区，最终助攻阿尔瓦雷斯打进全场第3球。

都是从中路突进，这是如何实现的呢？阿根廷 C5N 电视台的评球嘉宾认为，斯卡洛尼派出帕雷德斯，承担了恩佐·费尔南德斯的部分防守任务，这样恩佐可以更多投入进攻。他和阿尔瓦雷斯都是在本届世界杯才成为主力的，他们的传球路线是当初在河床效力时的路线。

这可能是阿根廷队的幸运，也是一个人才不断涌现的国家才可能意外收获的宝贝。恩佐·费尔南德斯和阿尔瓦雷斯都才离开河床不久，对之前在俱乐部的配合路线烂熟于心，同时他们又得到了欧洲名师指点，在欧冠赛场得到了熏陶。这种球员既有冲击力和上进心，技战术特点在对手面前有较好的隐秘性。

秘密武器让最佳中卫错乱

世界杯开始前，笔者曾提到克罗地亚队的成绩关键，取决于他们的年轻中卫格瓦迪奥尔的表现。尽管他才 20 岁，但是已经拥有足够的顶级赛场经验，而且个人能力非常突出。克罗地亚队在中前场可以提供的新意不多，取得好成绩需要的就是后防线有个新的镇队之宝。

格瓦迪奥尔在之前对阵巴西队等比赛中都发挥得非常出色，甚至被专家视作本届世界杯表现最好的中卫之一，但为什么打阿根廷队发挥如此失常？阿根廷队制造的点球，是格瓦迪奥尔本场比赛的转折点。恩佐·费尔南德斯对阿尔瓦雷斯的传球路线不是他预知的，可以看到格瓦迪奥尔当时有过异常的反向移动动作，这个动作造成了他启动的落后。这是不熟悉传球路线，或者说赛前准备没有了解过这种传球路线。

阿根廷队的第二个进球则是克罗地亚队完全不了解河床的反击打法。河床在杯赛中的很多反击就是阿尔瓦雷斯这种打法，在看上去更好的传球时机不选择传球，坚持自己带球，而且朝着对手身上带，如果丢球，周围扯动的队友会快速过来围抢。从观众角度看，或许会认为阿尔瓦雷斯运气太好，球带到对方身上又弹回来接到。

其实阿尔瓦雷斯很熟悉这种场景，真正的原因是对方在他该传却不传的带球里已经感到慌乱。这种心理之下，就算是阿尔瓦雷斯丢了球，阿根廷队也有可能反抢到。包括恩佐·费

2022年12月13日，阿根廷主帅斯卡洛尼在场边认真阅读比赛形势，本场他的战术安排打了克罗地亚人一个措手不及。

尔南德斯也有过该传不传的情况，最后还是丢了。加拉多执教河床8年，杯赛冠军拿到14个，包括3次进入解放者杯决赛两次夺冠，但是联赛冠军只赢过1次，道理也很简单，他在杯赛里的很多秘密武器不可能在联赛里反复使用奏效。

格瓦迪奥尔在阿根廷队的第三个进球过程中，成为梅西的完美陪衬，和之前丢球受到的心理打击有些许关系，更重要的还是他始终倾向于认为，梅西会把球传出去。确实，梅西近些年很少玩这样的边路窄缝盘带了。这就是新秀和世纪传奇的差异，梅西转身过掉他，技术动作绝对不是高难度，但格瓦迪奥尔在心理上对梅西的可能选项准备不足。

斯卡洛尼神来之笔

球迷很喜欢根据前一场比赛的表现判断球队下一场比赛的前景。阿根廷队对荷兰队2比0领先后的丢球，让很多人担心阿根廷队领先后不知道怎么踢。

这其实都是带着过去的看球方法看待今天的足球，如果克罗地亚队在技战术方案上无法像荷兰一样启动秘密武器，他们很难突破阿根廷队准备完善的层层布防。达利奇在下半时干脆把布罗佐维奇、莫德里奇等人都换下场，因为之前可用的套路在阿根廷身上都不管用了，例如莫德里奇作为中介手在左侧快速塞给左前锋的踢法，尝试了两次都很失败。达利奇把奥尔希奇、佩特科维奇、利瓦亚、马耶尔等人全派上场，是在绝望之中，希望用阿根廷人不熟悉的套路去尝试取得效果。

从这场比赛我们可以看到，阿根廷队相对于巴西队的优势：他们拥有一个风格非常适合杯赛的主教练。斯卡洛尼和加拉多有很多相近之处，例如不拘泥于阵形，例如在杯赛中敢于进行较大调整，而且直觉很好，他们的调整大多数能够见效。

而巴西知名评论员科埃略对蒂特的批评是，他把世界杯当成了俱乐部赛事，误以为出现了问题可以在下一场比赛再去纠正，调整速度极慢。而且巴西队甚至比赛中的换人顺序、谁换谁都是固定的，对手太好准备了。或许，最适合接替蒂特巴西帅位的人，是加拉多。

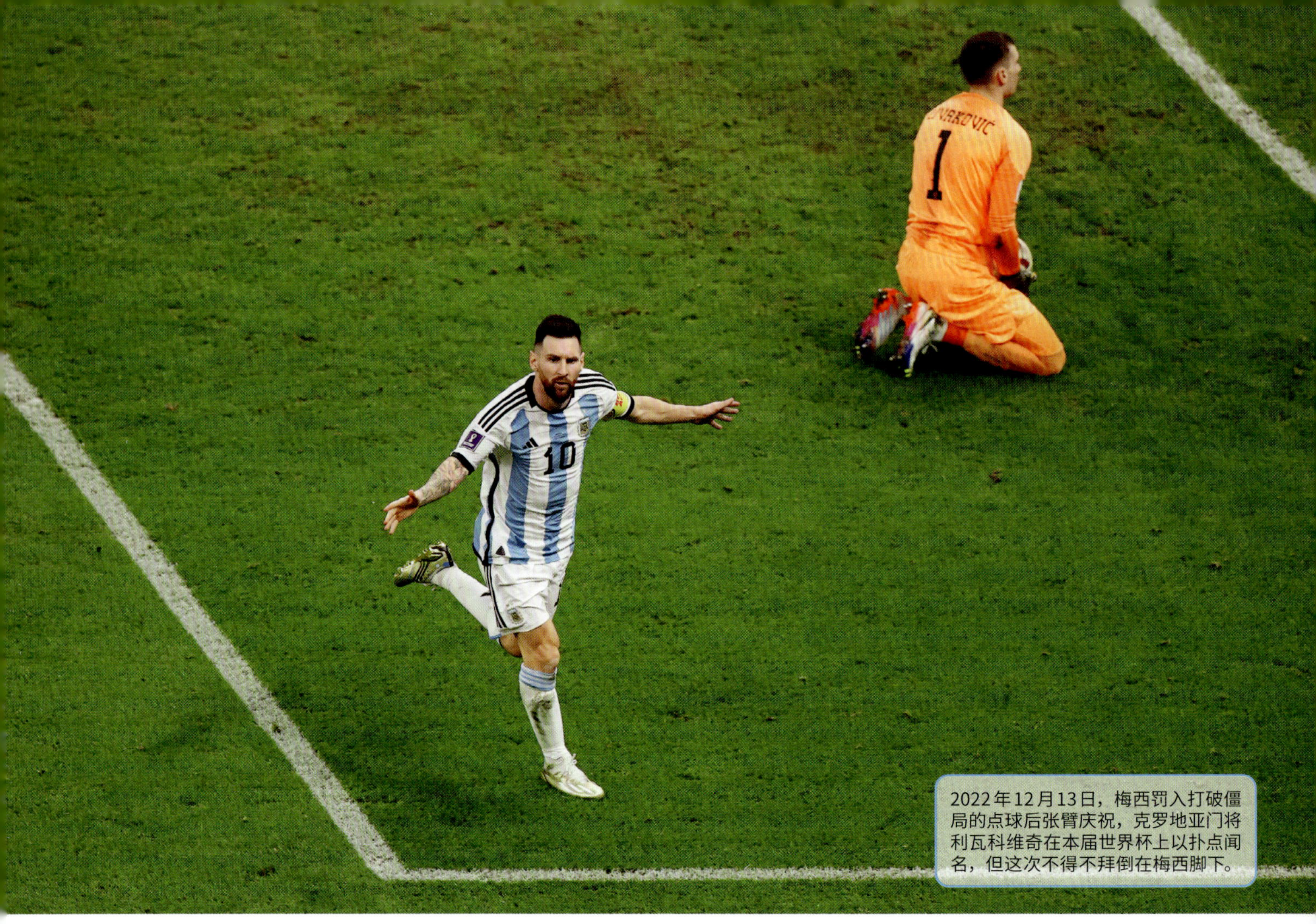

2022年12月13日，梅西罚入打破僵局的点球后张臂庆祝，克罗地亚门将利瓦科维奇在本届世界杯上以扑点闻名，但这次不得不拜倒在梅西脚下。

击破一切神话的梅西神话

《体坛周报》记者
闫羽、嘉林

世界杯送别痛哭的C罗之后，梅西将会以怎样的姿态结束2022年卡塔尔之旅？经历之前三场小组赛和两场淘汰赛的种种起伏跌宕，以及一场神乎其神的半决赛之后，35岁的梅西证明自己依旧是当世最伟大的球员。

先来列一长串纪录：进球数，梅西刷新了阿根廷球员在世界杯的进球纪录，以11球超越巴蒂斯图塔独占队史榜首；本届已打进5球，近3场都有破门，梅西还成为世界杯历史上第6位1/8决赛、1/4决赛和半决赛都有进球的球员，在斯基拉奇（1990）、巴乔（1994）、斯托伊奇科夫（1994）、达沃·苏克（1998）和斯内德（2010）之后。

此外，梅西是自1966年有助攻数据统计以来，世界杯首位能在4场不同比赛既进球又助攻的球员，并且除了2006年对塞黑队，另外3场都发生在卡塔尔。而算参与进球的总数，阿根廷10号也已追平世界杯纪录，19次（11球8助）与克洛泽、罗纳尔多和盖德·穆勒相同。除此之外，13场世界杯比赛有进球或助攻，这一数据也是与“外星人”罗纳尔多共享最多。

可能会有人不服，“不就是点球吗？5个球里包括3个点球！”没错，35岁的梅西已非孤胆英雄，他需要队友的帮助，就像对克罗地亚队这粒点球，要感谢胡利安·阿尔瓦雷斯对门将挑球过人，梅西赛后获评当场最佳时也直言：“胡利安的表现比所有人都强。”

然而，点球就那么容易？几天前，如果凯恩的点球能像梅西这么硬气，英格兰队也未必会止步八强。更何况，对面这位利瓦科维奇，可是本届世界杯著名的扑点狂人。梅西跟本队门将埃米利亚诺·马丁内斯和鲁利特意做过功课：“我昨天练了点球，对手会研究我们，我们也会研究对手。我和鲁利还有马丁内斯聊过，对方门将总是等主罚者先触球，然后扑向一边。这款球的球速很快，所以最好的办法是闪击对手，看一下球就直接踢。如果等待太久再做决定反而糟糕。”

大马丁赛后也透露：“对方门将在扑点方面很有信心，

我和鲁利告诉梅西，如果在点球前降下节奏，然后踢向一边，可能就会被扑住，对方门将下地很快。所以应该坚决打上角！”梅西照做了，采取本届赛事各队点球手极少运用的爆射上角，利瓦科维奇果然扑对了方向，但梅西用一记不可阻挡的爆射，击破了这段扑点神话：你强，我唯有做到更强！

还记得荷兰门将诺佩特对梅西的“挑衅”吗？“他也是人，会罚丢的，我们见过。”但结果呢？包括点球大战在内，阿根廷 10 号两次都稳健洞穿荷兰门将的十指关。那场对决并不简单，从常规时间韦霍斯特的绝平，到点球大战邓弗里斯的故意干扰，没有超凡心理素质就不可能过关。那一战赛后，梅西罕见地公开爆粗。但正如名宿萨瓦莱塔所言：“愤怒的梅西才是我们想看到的。他让我想起了马拉多纳。当你试图夺得世界杯时，这并不是坏事。”

另外，别忘了比赛还有一个小插曲。在罚进点球前的十几分钟，梅西曾多次按揉左大腿，一时间令人心惊。那期间，他一度移动缓慢，很少参与协防甚至快速进攻，临近上半场结束才有了一些盘带加速的表现。

最终，这位 35 岁老将踢满了全场。有时他看着像在散步，但跑起来的梅西仍把年富力强的克罗地亚后卫晃得晕头转向，让格瓦迪奥尔本届最强中卫的神话同样显得不堪一击。好消息是，梅西好友阿圭罗赛后透露，阿根廷王牌伤无大碍：“我来到更衣室，告诉他要注意一点。他对我说，那只是被顶了一下。我觉得两天内他的情况就会好起来。”

看上去，梅西参加决赛毫无问题。他已重申，这是他的最后一届世界杯，目标则十分简单：“我将第二次参加世界杯决赛。希望这次能以另一种方式结束。”

花絮

价值3000万欧元的过人

半决赛中，梅西在右路连续假动作甩开克罗地亚后卫格瓦迪奥尔下底回敲，助攻胡利安·阿尔瓦雷斯打入阿根廷第 3 球。2002 年出生的格瓦迪奥尔比梅西年轻 15 岁，是本届世界杯发挥最出色的中后卫之一，吸引了众多豪门俱乐部关注，身价自然水涨船高。然而在单防梅西时，他遭到了无情戏耍。赛后，梅西的神级表现引发热议，球迷们纷纷在社交平台上为梅西送上花式赞美：“梅西刚刚轻描淡写地摧毁了格瓦迪奥尔，这就是历史最佳球员的表现！”“梅西一个转身就让格瓦迪奥尔身价打折，这次过人直接让格瓦迪奥尔掉价 3000 万欧元。”

梅西突破格瓦迪奥尔的动作连接极其丝滑：他先是假晃骗开对方重心，紧接着转身往底线方向摆脱，等格瓦迪奥尔再回追，已经无法阻挡梅西的步伐。

年轻的胡利安·阿尔瓦雷斯有一股初生牛犊不怕虎的锐气，他在对阵克罗地亚的半决赛上，以闪电般的速度和不懈的奔跑为阿根廷队创造胜机。

魔童僚机，王的侍卫

《体坛周报》特约记者
吴昊宇

“La Arana（蜘蛛）”是胡利安·阿尔瓦雷斯在阿根廷最广为人知的绰号。这个绰号是他哥哥起的，原因是阿尔瓦雷斯小时候在地区联赛踢球时，天赋异禀，给人感觉他不仅只有两条腿，阿尔瓦雷斯本人很喜欢这个绰号。“小蜘蛛”的绰号不胫而走时，阿尔瓦雷斯还只是阿根廷的“未来希望”，如今，他作为阿根廷队正印9号，在世界杯半决赛独造三球。曾经的“小蜘蛛”已经成长为“蜘蛛侠”，成为全阿根廷顶礼膜拜的超级英雄。

面对和巴西队血拼120分钟后杀入四强的克罗地亚队，阿根廷队开场阶段并不占据中场优势，莫德里奇、科瓦契奇和布罗佐维奇始终牢牢控制着中场。但阿尔瓦雷斯还是抓住了一次少有的机会，曾经的河床双星完成又一次连线，恩佐·费尔南德斯恰到好处的挑传，插入禁区的“小蜘蛛”在将球挑过利瓦科维奇后被撞倒在禁区内，点球，梅西操刀命中。

阿尔瓦雷斯的表演并未结束，随后梅西在反击中接球被克罗地亚球员放倒，只见阿尔瓦雷斯马上接过球，一路突破到克罗地亚队禁区内，他没有选择将球分给左侧插上的队友，而是连续与对手做了“撞墙配合”后单刀直入，将球打进，尽显狡黠和犀利。DAZN在介绍阿尔瓦雷斯时称，曼城前锋虽然绝对速度不算快，但在出色的球感和射门嗅觉加持下，他的突破和跑动经常令对手防不胜防。上半场一次造点和一个进球，将其特点体现得淋漓尽致：逼抢和无球跑位积极，绝对速度不快但突破极为犀利。

易边再战，阿尔瓦雷斯门前打进“保姆球”，彻底锁定胜局。这个进球除了梅西精彩的突破外，阿尔瓦雷斯积极的做球和聪明的跑位也值得称道，正是他将长传球卸下后传给身边的梅西，随后熟练地插到门前完成抢点。这只是阿尔瓦雷斯第8次为阿根廷队首发，却已打进7球，成了梅西冲击世界杯冠军的最佳帮手。过去无论是特维斯、伊瓜因、帕拉西奥、阿圭罗还是劳塔罗，梅西成为阿根廷队头牌约15年，都从未搭档过如阿尔瓦雷斯这般高效率的锋线杀手。

下半场的进球发生后不久，主帅斯卡洛尼用迪巴拉将阿尔瓦雷斯换下，而被他挤掉位置的劳塔罗·马丁内斯也给“竞争对手”送上拥抱。斯卡洛尼在小组赛末轮将阿尔瓦雷斯提拔到首发阵容，而将此前始终担纲主力，但迟迟找不到进球感觉的劳塔罗放上替补席。阿尔瓦雷斯不辱使命，对阵澳大利亚队的 1/8 决赛，他积极逼抢迫使门将马修·瑞安出球失误，并打入了球队第二个进球，替补出场的劳塔罗却连连错失良机，此时阿尔瓦雷斯主力位置已彻底坐稳。

虽然劳塔罗在对阵荷兰队替补出场后展现出不错状态，也在点球大战中打入制胜一球。但到了半决赛，斯卡洛尼继续信任“小蜘蛛”收到了丰厚回报。阿尔瓦雷斯与梅西的配合已愈发默契，如果说梅西能让比赛变得简单，那么二人双剑合璧则让阿根廷队的进攻变得“易如反掌”。

阿尔瓦雷斯与梅西早就有缘。他的父亲曾表示，阿尔瓦雷斯尚未加入河床时，就已经得到了多家欧洲俱乐部的关注，其中包括梅西当时效力的巴萨。而梅西的父亲豪尔赫也曾亲自打过电话，询问阿尔瓦雷斯加入巴萨的事宜，这让老阿尔瓦雷斯“受宠若惊”。但由于当时皇马等俱乐部也有意，阿尔瓦雷斯的家人还是婉拒了巴萨的邀请。后来，阿尔瓦雷斯也没有去成皇马，在河床成名后，2022 年夏天正式加盟瓜迪奥拉执教的曼城。但无论给哈兰德打替补还是打辅助，抑或给梅西做僚机，阿尔瓦雷斯都有着足够多属于自己的高光时刻。

声音

MVP不该是我

梅西被评为当场最佳球员，但他表示打进两球的胡利安·阿尔瓦雷斯更应该获奖：“今天胡利安的表现高于所有人，他踢了一场非凡的比赛，他打开了局面，击倒了所有人，他配得上本场最佳球员奖项。”但不管怎样，梅西的光芒总是能盖过一切，阿根廷主帅斯卡洛尼说：“梅西毫无疑问是历史最佳球员，似乎这样说是因为我们是阿根廷人，其实并非如此。每次看到他，他都会为你产生一些东西，为队友产生一些东西，为人们产生一些东西，而不仅仅是为阿根廷人。他能穿上蓝白球衣，是我们的特权优势。”

2022年12月13日，阿尔瓦雷斯以碾压式的突破撞开了克罗地亚队球门，从高空俯拍的角度欣赏他舒展的射门动作，能感受到一种特殊的美感。

21岁的恩佐·费尔南德斯有一种超越其年龄的淡定从容，有他坐镇中场，阿根廷队的攻防转换顺滑如丝。

梅西迷弟，梅西筑梦者

《体坛周报》特约记者
吴昊宇

就在阿根廷队与克罗地亚队的半决赛开战前不久，数家媒体曝出消息，称已有好几家欧洲顶尖俱乐部看上了21岁的阿根廷中场恩佐·费尔南德斯，包括利物浦、皇马和曼联等豪门。而就半决赛上恩佐的表现来看，无论哪家豪强最终得到他，都必将是一笔未来受用多年的绝佳补强交易。

比赛开场阶段，拥有莫德里奇、布罗佐维奇和科瓦契奇三名世界级中场的克罗地亚队，不出意外占据了中场优势。而面对本场没有可靠替补的两名阿根廷边后卫塔利亚菲科和莫利纳，克罗地亚队也屡次冲击边路。恩佐与另一侧的中场队友麦卡利斯特，始终在进行协防。

克罗地亚队大举进攻之际，恩佐先是用一记标志性远射，让利瓦科维奇本场第一次受到考验。随后又是恩佐精彩长传球为阿根廷吹响了反击号角，阿尔瓦雷斯制造点球，梅西主罚命中，比赛的胜利天平瞬间倾斜到了阿根廷一边。下半场比赛恩佐与梅西撞墙配合，可惜后者的射门被利瓦科维奇扑出。作为此役唯一打满全场的阿根廷中场，恩佐在攻防两端存在感极强，不仅参与进球，他的积极协防也挡住了克罗地亚队开场的攻势。

“我的家人在看台上看着我，我希望发挥更好的表现。”1/4 决赛对决荷兰队一战，恩佐在加时赛最后时刻远射击中立柱，遗憾错失绝杀。随后点球大战上，第四个登场的恩佐射失，好在队友们没有让他成为罪人，恩佐则报之以又一场出色表现。

“没有人比主教练更了解本队球员的状态，因此斯卡洛尼才能够让恩佐、阿尔瓦雷斯和麦卡利斯特进入首发。事实证明，他的决定都是正确的。”阿根廷名宿萨内蒂在世界杯期间如此表示。首战沙特队的失利此时再看起来，对于阿根廷队无疑是塞翁失马，而斯卡洛尼也因此对过去一年已十分稳定的首发阵容，进行了多处调整，主动求变的阿根廷队最终一路杀到了决赛。

对阵墨西哥队一战，恩佐替补出场后接到偶像梅西的助攻，一记精彩兜射取得国家队处子球，以精彩表现赢得了主力位置。小组赛最后一场对阵波兰队，恩佐第一次在阿根廷队首发，而进入淘汰赛以来，恩佐踢满了每一分钟，他已成为这支阿根廷队不可或缺的成员之一。年轻的恩佐在防守端跑动积极，覆盖面很广，也让德保罗和麦卡利斯特可以将更多精力放在进攻端。恩佐时常展现出色的进攻能力，他的远射和长传是阿根廷队打破场上平衡的重要武器。

虽然与阿尔瓦雷斯是曾经的河床双子星，但相比年少成名且早早被多家豪门俱乐部盯上的“小蜘蛛”，恩佐的早年经历并不算一帆风顺。他曾在 2020 年被河床租借到国防与司法俱乐部。恩佐后来回忆称，当时任河床主帅加拉多告知自己要租借离队时，他颇受打击，也正是租借经历让自己成长。在国防与司法俱乐部，恩佐增强了防守水准，攻守更加平衡。回归河床后，恩佐逐步成长为重要成员，这位梅西的迷弟也在 2021 年 11 月实现了儿时愿望，入选国家队，与梅西成为队友。

不过，当时恩佐并未得到出场机会，他在 2022 年 9 月才上演国家队首秀，赛后恩佐难掩和偶像同场竞技的兴奋。虽然入选世界杯 26 人人名单，但在当时阿根廷媒体的分析文章看来，征召最近一年多发挥不错、登陆欧洲后在本菲卡迅速适应了节奏的恩佐，更多是出于为阿根廷队未来培养新人。如果不是大名单扩充到 26 人，以及洛塞尔索受伤，恩佐或许不会得到这次前往卡塔尔的机会。而此时此刻，恩佐已是阿根廷队不可或缺的绝对主力。

梅西是恩佐从小的偶像，在 2022 年 10 月的欧冠小组赛上，他就曾代表本菲卡和效力巴黎的梅西有过切磋。

2022年12月13日，梅西打进点球后挥舞拳头庆祝。35岁的他以又一场辉煌的世界杯胜利，为长达14年的梅罗之争画上了休止符。

梅罗之争已经有了答案

《体坛周报》足球评论员
梁熙明

随着一场碾压性的完美胜利，梅西又一次突破到终极城下，6 场比赛，4 场最佳，在经历了种种磨难之后，梅西把他最好的一届世界杯，留到了 35 岁。现在，还有最后一步。

队友梅开二度，兼造点首球，如此发挥，单场最佳仍属于梅西，可见他贯穿全场的作用。第三球边线一路突至底线回敲助攻，依稀有少年时风驰电掣的身影。但是他毕竟已经 35 岁了，卡佩罗说，梅西思考的，脚下未必做得出来，但他仍然毫无疑问是所有世界杯参赛球员的第一人，靠的是不疾不徐的节奏和时刻可能突出妙笔的震慑心理，使得格瓦迪奥尔像个乖乖的小跟班，从边线一路跟到底线而不敢出脚。这一球，不仅彻底锁定阿根廷队胜局，更是国王加盟典礼上的焰火，把气氛推向了极致高潮。

每一场都拖进加时的克罗地亚队，终究还是到了强弩之末。人终究不是铁打，体力终有极限。连续的过度消耗，让球员在场上兴奋不起来，就连场场跑 16 千米的布罗佐维奇，也因为肌肉出问题提前下场。上一场对阵巴西队，布罗佐维奇刚刚刷新世界杯单场跑动纪录——跑了 16.7 千米，打破了 16.3 千米的旧纪录——当然是他自己在对日本队一役中创造的。如此消耗，肌肉怎能不疲。

失去体能优势的克罗地亚队完全被牵着鼻子走，常规战力差的弱点，导致克罗地亚队面对阿根廷队的稳固防守没有任何办法，最后大换人堆五前锋只是聊尽人事。

阿根廷队则以一场典型的防守反击，从头至尾引领着比赛。与欧洲传控“先进潮流”截然相反，世界杯依然是传统防反为主旋律，就是被足球媒体几十年来反复批判“丑陋、保守、腐朽、落后”的让出球权、层层死守的战法，完全不注重控球，更不以控为守。

本届世界杯，不仅四强各自的总控球率都低于 50%，而且大量出现低控球率、甚至超低控球一方取胜的战例，最极端的为日本队对西班牙队低至 16.6% 的控球率依然获胜。可见世界杯与欧冠完全是两种策略，两种游戏，以欧冠成功经验照搬到世界杯，很难行得通。最典型的莫过于德国队，弗

利克以高位逼抢加传控书写过欧冠辉煌，但照搬到世界杯，就是碰壁。所以，那些打欧冠名帅主意的国家队可能要再考虑考虑了。

斯卡洛尼在首战意外大爆冷败给沙特队后，立即摆正位置，追求务实，结果成功复制了 1990 年之路——那届世界杯，阿根廷同样是首战大爆冷，但是败给喀麦隆队后主帅比拉尔多立即改组阵容，生存第一，马拉多纳虽过巅峰但威胁犹在，加上及时为马拉多纳找到好帮手卡尼吉亚，阿根廷队越打越好，最终在半决赛踢出全队最出色的一场比赛，让意大利队徒呼奈何。这一次，35 岁的梅西当然很难冲得起来，但他深厚的功底，仍然足以在关键时刻扭转大势，斯卡洛尼就利用这一点，并且为梅西找到好帮手阿尔瓦雷斯，使得全队状态上扬，到半决赛打出最经典的一场完胜。

梅西对荷兰队重兵之下以上帝视角妙传莫利纳，以及此战从边线一路带到底线的助攻，足以致敬 1990 年阿巴之战，马拉多纳最后时刻突发神来之笔的世纪助攻。

以 2008 年 C 罗赢取金球奖为标志，梅罗之争，随着本届世界杯双骄的战绩、战术地位与发挥，至此彻底画上了句号。沧海横流，方显英雄本色，梅西在危机当头力挽狂澜，领导全队杀入决赛，而 C 罗始终纠结全队服务于一人，沦为替补黯然出局。这场长达 14 年的个人对决，梅西以天赋、隐忍、低调、付出，终究使历史书写出最终的答案。

2022年12月13日，梅西以一记重炮稳稳将点球罚入。

阿根廷队对克罗地亚队赛前，一名球迷在世界杯球场的看台上，挂出一面梅西和莫德里奇对决的横幅，来为半决赛预热。

超人未竟的弑神之战

《体坛周报》赴卡塔尔特派记者
沈天浩

卢赛尔到底是个怎样的城市？搜索引擎上的第一条结果言简意赅："卢赛尔——卡塔尔的未来之城"。这是卢赛尔在官方网站上对自己的描述。

诚然如此。卢赛尔的城市规划，在2005年才首次公布。这座城市毗邻波斯湾，与首都多哈的距离似乎恰到好处。卢赛尔的高层建筑，几乎围绕着世界杯主题打造：在这座城市的天际线上，月牙形状的双塔建筑高耸入云，里面是国际足联在卡塔尔世界杯期间官方合作的酒店；卢赛尔球场附近，四座烟囱形状的巨型写字楼出现在道路前方，像是意大利未来主义画家笔下的"理想城市"。

2005年距离现在有多近？在一座城市的发展史上，17年如同须臾，卢赛尔比多哈、迪拜和巴西利亚都更加年轻。2005年距离现在又有多远？足以见证一名球员全部的职业生涯。也是在2005年，卢卡·莫德里奇结束租借，回到了萨格勒布迪纳摩；利昂内尔·梅西在对阵阿尔瓦塞特的比赛中，打入了巴萨一线队的处子球。

莫德里奇和梅西，成了这个晚上卢赛尔的主角，他们都穿10号，名字和姓氏的缩写都是LM。

35岁的50米赛道

来自罗萨里奥的LM10，代表足球的神性。

在当今足坛越来越同质化的年轻球员中，格瓦迪奥尔能够带给你难得的怀旧感，尤其是戴上面具之后，他仿佛是中世纪战士。在卡塔尔的前五场比赛，格瓦迪奥尔几乎无所不能，他把守的防区从未被敌人攻陷。面对梅西，格瓦迪奥尔依然武装到了牙齿，但天才的灵感化为一支金箭，射中了战士的眉心。

比赛第69分钟，梅西接到阿尔瓦雷斯回做，在边路首先完成对格瓦迪奥尔的人球分过，随后一路带球向前，克罗地亚后卫在身后苦苦追赶，就是无法断下梅西脚下的球。35岁的梅西和20岁的格瓦迪奥尔在半个球场展开竞速，后者利用这50米的赛道，靠速度弥合了起始身位上的劣势。梅西放弃竞速，选择转身，随后来到底线附近，彻底抹过了格瓦迪奥尔的防守，为胡利安·阿尔瓦雷斯送出舒适至极的助攻。

梅西与格瓦迪奥尔的对决，胜负其实早有预兆。在这次助攻前的十几分钟，梅西就接到德保罗的传球，从中场起速开始奔袭，上抢的格瓦迪奥尔拼尽全力，同样对阿根廷人束手无策。梅西与恩佐·费尔南德斯踢墙配合，随后在禁区内小角度射门被门将得到。实际上，格瓦迪奥尔在这次防守中的表现已经足够出色，他在梅西射门前的一刹那从背后上了劲，让后者的射门没有形成最大威胁。然而，格瓦迪奥尔依然相当困惑：他或许是当下最好的年轻中卫，但在两人一球的简单游戏中，他完全无可奈何。

热爱奔跑的37岁

来自扎达尔的LM10，代表足球的人性。

莫德里奇和梅西的职业生涯，在时间线上高度重合。梅西和莫德里奇都是金球奖得主，两人也都曾将自己的国家队带入世界杯决赛。俱乐部层面，莫德里奇和梅西一样拿到过大耳朵杯，而且不止一次。2018年拿到金球奖之后，莫德里奇几乎尝遍了梅西拿到过的所有荣誉。

即便如此，莫德里奇在其职业生涯中，从未和梅西一样给人以"天神下凡"的感觉。他无法和梅西一样，在自己竞技状态的极盛期控制一切，即使是在2018年世界杯上也不行。

数据

国家队，梅西首胜魔笛

这是梅西与莫德里奇第27次交锋，其中22次是巴萨对阵皇马，两次是巴黎对阵皇马。梅西总战绩为10胜5平12负，在国家队3战2负（2006年3月热身赛2比3负；2018年世界杯小组赛0比3负），此役是梅西首次在国家队战胜魔笛（2014年热身赛阿根廷2比1胜，但莫德里奇没有出场）。两人最近一次在俱乐部交锋是2021/2022赛季欧冠1/8决赛次回合，皇马3比1战胜巴黎，总比分3比2晋级，莫德里奇一次侧后方飞铲，连人带球将梅西放倒，成为那场比赛的标志性画面。

2006年3月1日，阿根廷队和克罗地亚队在友谊赛交手，这也是梅西和莫德里奇首次在球场上过招。当时梅西19岁，莫德里奇21岁，那场比赛梅西打入一球为阿根廷队反超比分，不过最终克罗地亚队在第92分钟绝杀，3比2击败了阿根廷队。

球王级梅西，灾难级裁判

克罗地亚队虽然输球，但莫德里奇还是很有风度地祝贺了梅西：“希望梅西夺得本届世界杯冠军，他是历史上最好的球员，配得上这个称号。”但对于本场主裁奥尔萨托的判罚，莫德里奇颇有怨言：“我从来不谈裁判，但今天我不能不说，因为他是我认为的最差裁判之一。不仅仅是这一场比赛，之前我参加的比赛，他也吹罚过很多次，我对他没有好的印象，简直是灾难。”克罗地亚主帅达利奇倒是没有过多把输球归因于裁判：“祝贺阿根廷队进入决赛。有时运气会眷顾你，有时不会，这就是真相。我们没什么可抱怨的，我们踢得缺乏流畅性，特别是进攻上缺少突破。我们知道自己有什么，缺乏什么，就是这样。”

如今的莫德里奇，看起来似乎比实际年龄更老，比官方数据显示得更瘦弱，但他依然热爱奔跑，特别是在加时赛奔跑。对阵日本队的1/8决赛，莫德里奇在加时赛被换下，人们认定他的体能已近耗竭。四天后的1/4决赛，他踢满了120分钟，在终场前4分钟策动了本队那次扳平比分的进攻。对于这名37岁的超人来说，体力恢复的速度比消耗的速度更快。

比起4年前，莫德里奇在本届世界杯上更加靠近边路。在战术层面上，莫德里奇扮演了至关重要的角色：这支克罗地亚队几乎无人能够在球场右半边发挥出水准，右后卫尤拉诺维奇是球队后防线上的短板，前场的帕沙利奇和弗拉希奇在这一位置上同样有些别扭。

莫德里奇用自己的经验、跑动和技术，在最大程度上弥补了球队在攻防两端弱侧的缺失。与阿根廷队的半决赛，克罗地亚队在前20分钟的亮眼表现之后，逐渐难以为继，两队在体能储备和技术能力上的差距被无限放大。莫德里奇这场比赛踢得并不出彩，一脚球正中自己突出的鹰钩鼻，是他这个黯淡夜晚的写照。即便如此，莫德里奇依然可以昂首走出卢赛尔。将时间拉回到2006年或是2008年，没人能想到莫德里奇可以带领克罗地亚队走得这么远。

实际上，今晚的卢赛尔还有另一位LM10——劳塔罗·马丁内斯。他在国际米兰穿10号，但在本场比赛中只能坐在替补席上。劳塔罗作为主角参与了阿根廷队的整个世预赛征程，但在正赛期间，阿尔瓦雷斯实在过于闪耀，这个22岁的小伙子，似乎已经成了梅西在国家队层面的最佳搭档之一。从这里开始，又注定要在这里结束，无论何种结局。能够容纳接近9万人的卢赛尔球场，承载了足球历史上最让人心动的终极挑战之一：梅西冲击世界杯冠军。

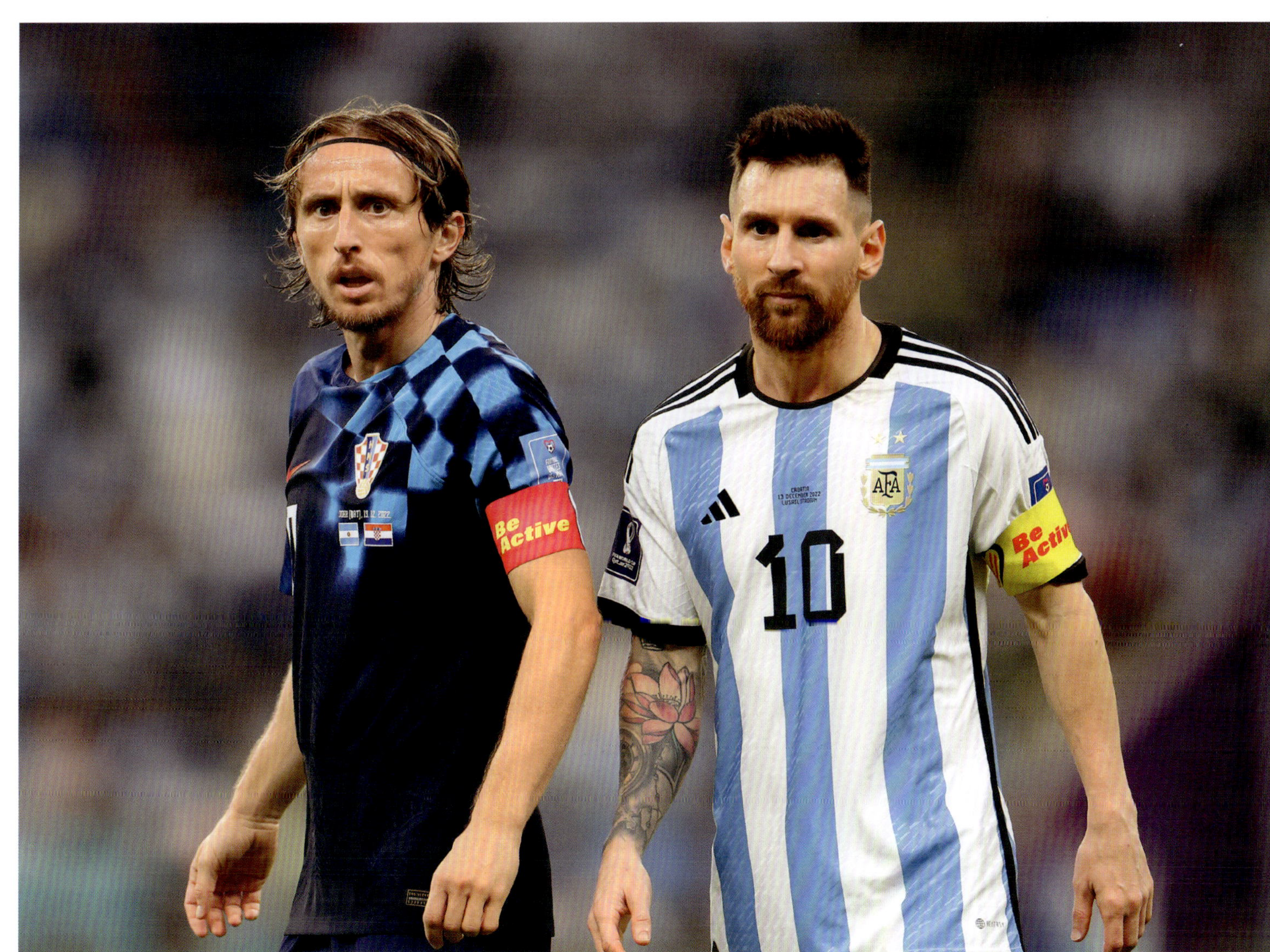

↑ 2022年12月13日，距离两人首次交锋近16年，梅西和莫德里奇在世界杯半决赛重遇。岁月在他们的面容上画上了痕迹，也在球迷的心中留下了永恒的回忆。

第7战
世界杯决赛
3:3
（点球4比2）

世界杯决赛

阿根廷 **3:3** 法国

（点球4比2）

2022.12.18 卢赛尔球场

阿根廷 433：23 埃米利亚诺·马丁内斯；26 莫利纳，13 克里斯蒂安·罗梅罗，19 奥塔门迪，3 塔利亚菲科；7 德保罗，24 恩佐·费尔南德斯，20 麦卡利斯特；10 梅西，9 胡利安·阿尔瓦雷斯，11 迪马利亚

法国 433：1 洛里斯；5 孔德，4 瓦拉内，18 于帕梅卡诺，22 特奥·埃尔南德斯；7 格列兹曼，8 楚阿梅尼，14 拉比奥；11 奥斯曼·登贝莱，9 吉鲁，10 姆巴佩

主裁判：希蒙·马齐尼亚克（波兰） FIFA本场最佳球员：梅西

换人

阿根廷			法国
64’	11-迪马利亚↓ 8-阿库尼亚↑	11-奥斯曼·登贝莱↓ 12-穆瓦尼↑	41’
91’	26-莫利纳↓ 4-蒙铁尔↑	9-吉鲁↓ 26-马库斯·图拉姆↑	41’
102’	7-德保罗↓ 5-帕雷德斯↑	7-格列兹曼↓ 20-科芒↑	71’
102’	9-胡利安·阿尔瓦雷斯↓ 22-劳塔罗·马丁内斯↑	22-特奥·埃尔南德斯↓ 25-卡马温加↑	71’
116’	20-麦卡利斯特↓ 6-佩泽拉↑	14-拉比奥↓ 13-优素福·福法纳↑	96’
120+1’	3-塔利亚菲科↓ 21-迪巴拉↑	4-瓦拉内↓ 24-科纳特↑	113’
		5-孔德↓ 3-迪萨西↑	120+1’

进球

23’ 1比0（梅西）迪马利亚左路切入禁区被登贝莱推倒，梅西点球射进右下角。

36’ 2比0（迪马利亚）反击中梅西外脚背分右路，胡利安·阿尔瓦雷斯直传，麦卡利斯特禁区前低传左侧，迪马利亚小禁区前推进远角。

80’ 2比1（姆巴佩）姆巴佩挑传，穆瓦尼左路超越奥塔门迪突入禁区被后者放倒，姆巴佩点球射进左下角。

81’ 2比2（姆巴佩）科芒右路抢断梅西后发起反击，马库斯·图拉姆挑传禁区左侧，姆巴佩14米外凌空打进远角。

108’ 3比2（梅西）恩佐·费尔南德斯禁区前斜塞，劳塔罗右侧射门造成洛里斯脱手，梅西3米外补射越过门线。

118’ 3比3（姆巴佩）科芒角球被破坏，姆巴佩禁区线上射门击中蒙铁尔肘部，姆巴佩点球射进左下角。

点球决胜

阿根廷	法国
✓梅西	姆巴佩✓
✓迪巴拉	科芒✕
✓帕雷德斯	楚阿梅尼✕
✓蒙铁尔	穆瓦尼✓

黄牌

阿根廷			法国
45+7’	恩佐·费尔南德斯	拉比奥	55’
90+8’	阿库尼亚	马库斯·图拉姆	87’
114’	帕雷德斯	吉鲁	90+5’
116’	蒙铁尔		
120+5’	埃米利亚诺·马丁内斯		

技术统计

阿根廷		法国
3.23	预期进球	2.27
20(10)	射门（射正）	10(5)
0	射中门框	0
8	远射	3
54%	控球	46%
635(83%)	传球（成功率）	531(77%)
64(44%)	长传（成功率）	75(51%)
17(6%)	传中（成功率）	24(13%)
18(44%)	盘带（成功率）	31(55%)
6	角球	5
4	越位	4
58	成功对抗	88
10	成功争顶	22
23	铲断	26
10	拦截	10
20	解围	18
26	犯规	19
5	黄牌	3
0	红牌	0

数说

冠军梅西，纪录粉碎机

阿根廷时隔36年夺得世界杯第三冠，梅西首夺大力神杯，创造了多项世界杯纪录。

0 法国队上半时在阿根廷队禁区0触球，首次世界杯决赛上半场0射门，也是1966年有相关统计以来首次世界杯上半时0射门。

1 世界杯史上首开纪录次数最多的球员：梅西8次；罗纳尔多/维耶里/比利亚6次。

1 迪马利亚成为1966年有相关数据以来，首位世界杯决赛破门并制造点球的球员。

2 阿根廷队小组赛首轮1比2不敌沙特队，成为继2010年西班牙队之后，世界杯历史上第二支首战告负却夺冠的球队。

3 阿根廷第6次打进世界杯决赛，仅次于德国（8次），最终第3次捧杯。世界杯冠军榜：巴西5次、德国和意大利各4次、阿根廷3次、法国和乌拉圭各2次、英格兰和西班牙各1次。

4 单届世界杯点球进球纪录：梅西（2022年）、伦森布林克（1978年）、尤西比奥（1966年）4球；格列兹曼（2018年）、斯托伊奇科夫（1994年）、内斯肯斯（1974年）3球。

5 梅西成为世界杯历史上首位单届小组赛、1/8决赛、1/4决赛、半决赛和决赛都有进球的球员。

6 梅西成为第6位在欧冠和世界杯决赛都有进球的球员：齐博尔（巴塞罗那/匈牙利）；盖德·穆勒（拜仁/西德）；普斯卡什（皇马/匈牙利）；齐达内（皇马/法国）；曼朱基奇（拜仁/尤文/克罗地亚）；梅西（巴萨/阿根廷）。

6 梅西是世界杯历史上主罚点球次数最多的球员（6罚4中，不计点球大战）。

8 世界杯决赛第8次进入加时赛（1994年和2006年进入点球战），近5届4次进入加时赛。

8 世界杯历史上，第8次有球队跨大洲夺冠，其中巴西4次（1958年、1970年、1994年、2002年），阿根廷2次（1986年、2022年），西班牙1次（2010年），德国1次（2014年）。

10 欧洲球队世界杯夺冠次数12比10领先南美球队，不过当南美球队在决赛遇上欧洲球队，南美球队8比3优势明显。

10+ 1970年（盖德·穆勒参与13球；贝利参与10球）以来首次单届世界杯2名以上球员参与10球以上（梅西7球3助；姆巴佩8球2助），此前1位单届世界杯参与10球以上的是马拉多纳（1986年5球5助）。

11 梅西11场世界杯进球，追平克洛泽和罗纳尔多纪录，其次为克林斯曼10场世界杯进球。

13 世界杯进球榜：克洛泽16球；罗纳尔多15球；盖德·穆勒14球；方丹/梅西13球；贝利/姆巴佩12球。

21 梅西创造世界杯参与进球纪录（参与21球，13球8助），其次为4人并列19球：贝利12球7助、盖德·穆勒14球5助、罗纳尔多15球4助、克洛泽16球3助。

26 梅西26场世界杯，超越马特乌斯纪录。

36 阿根廷时隔36年再夺世界杯，此前两次夺冠是1978年和1986年。

44 斯卡洛尼是2002年沃勒尔（德国，42岁）以来世界杯决赛最年轻主帅（44岁），成为1978年同胞梅诺蒂（39岁）之后最年轻的冠军教练。

最伟大决赛，最梦幻加冕

《体坛周报》赴卡塔尔特派记者
梁宏业

这很可能是世界杯历史上最伟大的一场决赛。看似波澜不惊胜负已定，却在 80 分钟后风云突变，跌宕起伏。最伟大决赛，有最伟大剧本，更有最伟大演员。梅西梅开二度，姆巴佩帽子戏法，但最终点球大战后，梅西在生涯最后一次世界杯，以最梦幻方式带领阿根廷队登基称王，兑现了全世界无数球迷对这场决赛的最大期待。

斯卡洛尼藏牌大师

赛前，阿根廷队临时换阵让人大吃一惊，斯卡洛尼赛前两天都在主要演练五后卫战术，迪马利亚并不在首发，但决赛前，斯卡洛尼突然变阵，迪马利亚进入了主力阵容，利桑德罗·马丁内斯并未首发，阿根廷队恢复到最常用的 433 阵形。

2022年12月18日，蒙铁尔在点球大战打进制胜一球后，其他站在中线的阿根廷球员表情瞬间从严肃变成狂喜。

另一个变化则是，塔利亚菲科取代了理论上的主力阿库尼亚成为首发左后卫。

斯卡洛尼除了能藏人，还能藏玩法。迪马利亚在斯卡洛尼的国家队一直打右边锋，2021 年美洲杯决赛的进球也是在右路利用反击打进的。所以，大家第一感觉自然是阿根廷队要和法国队在右路进行决战，因为两队最重要的边路球员迪马利亚和姆巴佩都在此路。但德尚难以想到的是，比赛开始后，迪马利亚换为左边锋。这意味着阿根廷队主攻方向的大调换。

阿根廷队开局踢得异常主动，全队侵略性上抢，进攻推进中多一脚触球配合，而迪马利亚的战术作用也体现得淋漓

↑ 2022年12月18日，迪马利亚为阿根廷队打进2比0的进球后，做出其标志性的“比心”庆祝动作。

2022年12月18日，姆巴佩在比赛第81分钟凌空卧射破门，在两分钟内为法国队扳平比分。

尽致。无论是在一对一个人突破，还是作为全队最后一个接应点，迪马利亚都更接近终结者角色，他经常高悬在左前方，接梅西在右肋发起的进攻，经过中路快速过渡到他脚下。

阿根廷队敢让迪马利亚如此高悬在前部的一个原因就是，右路是法国队偏弱的一路，登贝莱面对紧逼防守经常丢球，所以迪马利亚没有太多回防任务，只需专心进攻，也就是说斯卡洛尼找到了法国队的漏洞。第23分钟阿根廷队的进球把这个漏洞体现得淋漓尽致，迪马利亚左路一对一突破回防的登贝莱，却被登贝莱在禁区内放倒，梅西主罚点球得手，1比0。

阿根廷队先进球后，并未立刻变换为防守姿态，而是继续打着自己的战术，法国队找不到应对方法，进攻散乱，经常刚推过中场就被阿根廷队断球。这种情况下，阿根廷队打出了一次漂亮反击，梅西、阿尔瓦雷斯连续传递后，麦卡利斯特将球横传给左路的迪马利亚，阿根廷边锋一蹴而就，2比0。

德尚在上半场结束前就发怒式换下登贝莱和吉鲁，说明他已看出斯卡洛尼的阴谋。法国队在上半场0射门，在对方

声音

百年一遇的决赛

在一场跌宕起伏的120分钟决赛落下帷幕之际，全世界的球迷都为之心潮澎湃，作为看客的英格兰媒体也为之折服。英格兰前国门格林感慨道：“这场决赛堪称百年一遇，而大力神杯也最终被一位百年一遇的伟大球星收入囊中！”英格兰前队长希勒则用“空前绝后”来形容本届决赛：“我们整场比赛都在屏住呼吸，这是一场难以用言语形容的决赛，你只会庆幸自己在现场见证这一切。说老实话，我之前从未亲眼看过如此不可思议的比赛，我想自己余生可能也再难见证如此精彩的比赛了！”

2022年12月18日，阿根廷和法国的世界杯决赛进入加时，梅西在第108分钟门前补射破门，帮助球队再次取得比分领先。

禁区0触球，场面是羞辱性的。

法式个人主义突然发威

阿根廷队在下半时前20分钟仍占据绝对主动。但迪马利亚被换下场改变了比赛走势，法国队逐渐找回感觉。破釜沉舟的德尚在第71分钟再换两人，法国队的攻势继续推进一档。此时的阿根廷球员似乎进入了体能极限，越踢越被动，在中场中转时被断球太多，上半时那种一脚传球配合逐渐消失。如果说上半时是阿根廷队的整体足球战胜了法国队的个人主义足球，那么在下半场最后20分钟，则是法国队的个人主义足球大显神威的时候。

第80分钟，穆瓦尼利用身体素质和爆发力，强吃奥塔门迪被放倒获得点球，姆巴佩主罚命中扳回一球，这是法国队全场第一次射正。一分钟后，梅西在中场被科芒断下，小图拉姆和姆巴佩在禁区前打出二过一配合，最终姆巴佩抽射一锤定音，2比2，一场原本看似大局已定的比赛又重新回到悬念之中。下半场最后15分钟，阿根廷队异常被动，似乎法国队任何一次反击都能结束阿根廷人的冠军梦想。但最终阿根廷队熬到了加时赛。

喘过一口气的阿根廷队在加时赛连续换人，梅西则展现出强大的争胜愿望。第105分钟，阿根廷队在禁区前打出快速小配合，但劳塔罗接到梅西最后一传没有选择直接射门，停球后射门被后卫挡出。3分钟后，劳塔罗、恩佐和梅西在禁区前打出连续配合，劳塔罗的射门再次被扑，但梅西插到门前补射得手，3比2！

阿根廷队替补球员们都冲进场内庆祝，但比赛并未结束，姆巴佩也并未放弃，巴黎前锋在比赛最后的凌乱时段体现了强人的统治力，他的远射被蒙铁尔的手肘挡出，点球！姆巴佩主罚射中再次扳平比分，完成了决赛帽子戏法，最终以8粒进球捧走金靴。两队在最后时刻都还有绝佳机会拿下世界杯，但无论是穆瓦尼的单刀还是劳塔罗利用反击获得的头球攻门机会都被浪费，最终只能进入点球大战。

点球点前，梅西和姆巴佩依旧不分胜负，两人都打进首个点球，随后阿根廷队出场的迪巴拉、帕雷德斯和蒙铁尔全部命中，而科芒和楚阿梅尼未能罚中，最终阿根廷队点球大战中4比2战胜对手，历史上第三次捧起了世界杯冠军奖杯，也是梅西职业生涯第一次举起大力神杯。

2022年12月18日，点球大战分出胜负瞬间，阿根廷球员开始狂奔庆祝胜利，法国球员则木然地站在原地品尝失利的苦果。

阿根廷队决赛评分

中场才子们没辜负梅西

阿根廷队一度葬送好局却笑到最后，面临很多球队都可能垮掉的局面，蓝白将士们挺了下来！

埃米利亚诺·马丁内斯（10）：姆巴佩的三粒进球和他关系不大，加时赛最后时刻挡出穆瓦尼的射门直接拯救了蓝白军团，点球大战再度化身圣马丁，扑出了科芒的点球，并"吓"偏了楚阿梅尼的射门。

塔利亚菲科（7.5）：临危受命担任首发圆满完成任务，全场 4 次抢断、4 次拦截和 1 次解围。

奥塔门迪（6.5）：习惯性送点险些葬送好局，但上半场让吉鲁几乎无法发挥还是展现了实力。

克里斯蒂安·罗梅罗（7.5）：整场发挥稳健，70 次传球成功 60 次，完成 9 次解围和 2 次拦截。

莫利纳（7）：作为右后卫时常插上牵制对手，第二球正是源自他的精彩解围直接找到队友。

德保罗（7.5）：保镖型中场本场化身被踢型中场，数次被对手放倒，在中场圆满完成了过渡和拦截任务。

恩佐·费尔南德斯（9）：年仅 21 岁在世界杯决赛担任攻防枢纽，丝毫没有怯场，传球稳健，覆盖面积大，且送出了全场最多的 10 次抢断。

麦卡利斯特（9）：本场阿根廷中场另一个表现极为出色的球员，防守尽职，进攻传带俱佳，第二球源自他的助攻。

梅西（9.5）：点球首开纪录，加时赛帮助阿根廷队再度领先，他每次在进攻三区的传球都能制造威胁。在关键的点球大战，梅西首个出场不辱使命。唯一的瑕疵是他被抢断导致阿根廷队被拖入加时赛，但在最终结果面前，这已成无足轻重的小插曲。

胡利安·阿尔瓦雷斯（7）：虽未进球，但作用依旧不可忽视，他的骚扰让对手在上半场几乎没有办法控住球。

迪马利亚（9.5）：再次证明自己是大场面先生、决赛专家，他突破登贝莱制造点球帮助阿根廷队首开纪录，随后反击破门让阿根廷队半场 2 比 0 领先。下半时他被换下后，法国队发起了猛烈反扑。

阿库尼亚（6）：替补上场后在进攻端给球队的支持相对有限，但还是很好参与了整体防守任务。

蒙铁尔（6）：替补莫利纳登场后没有太多发挥，还在加时赛手球送出姆巴佩扳平的点球，好在点球大战打入制胜点球，让自己的名字写入了历史。

帕雷德斯（5.5）：虽然在上场后依然显得有些毛躁，但在点球大战继续展现精湛射术，成为夺冠的重要一部分。

劳塔罗·马丁内斯（7）：在加时赛再度浪费了数次机会，但梅西的第二球来自他精准的跑位和射门。

佩泽拉（3.5）：自带灾星属性，对阵荷兰队最后时刻犯规送任意球，这一次佩泽拉替补登场不久就被法国队扳平比分。

迪巴拉（6）：斯卡洛尼换上迪巴拉就是让他踢点球，他做到了。

法国队决赛评分

谁为大半场梦游负责？

法国队卫冕失败，姆巴佩在比赛后段一度力挽狂澜，他们最大的疑团是为何在决赛中长时间失常。

洛里斯（5）：3粒失球和他关系不算大，但点球大战碌碌无为，被马丁内斯完胜。

孔德（6）：上半场被迪马利亚耍得团团转，在迪马利亚被换下后，开始发挥作用。

瓦拉内（7）：依然是法国队防线最稳定一环，加时赛拼到受伤最终被换下。

于帕梅卡诺（6）：几次关键补防展现了身体素质，但决赛和整届赛事的发挥令人不放心。

特奥（3）：终于获得了在俱乐部的插上空间和机会，但从开场就显得过于紧张，多次丢失球权，进攻和防守顾此失彼。

楚阿梅尼（5）：需要为法国队上半场处于全面被动负责，作为中场全场20次丢掉球权，点球大战射失更是让法国队陷入绝境。

拉比奥（5）：和楚阿梅尼一样在上半场消失了，下半场略有提升，但整体表现不如世界杯的平均发挥。

格列兹曼（5.5）：作为此前6场表现最出色的球员之一，决赛发挥难言出色，没有在进攻端展现才华，此前体现的防守能力也似乎不见踪影。

登贝莱（1）：愚蠢送点让法国队早早陷入被动，在右路被迪马利亚完爆。

姆巴佩（9.5）：姆巴佩的出色发挥成就了史诗大战，在人们上半场认为姆巴佩将成为1998年决赛的罗纳尔多时，下半场姆巴佩及时调整状态，尤其是第二个进球，必然载入史册，此外，一场比赛三次面对点球全部罚中，体现了这位未来球王的心理素质。

吉鲁（2.5）：没能延续此前在进攻中对法国队的帮助，彻底迷失在了对手略显矮小的防守群中，上半场遭换下在情理之中。

穆瓦尼（8.5）：法国队在本届世界杯最大的发现，替补上场后成了姆巴佩之外最有威胁的球员，制造奥塔门迪犯规获得救命点球。唯一可惜的是，加时赛最后时刻错失了绝杀机会，但点球大战不辱使命。

马库斯·图拉姆（8）：和穆瓦尼一样帮助法国队扭转了局势，助攻姆巴佩打入了第二个进球，在前场的制空能力展露无遗。

卡马温加（7）：在左后卫的位置表现稳健，相比首发的特奥，在攻守两端都带来了更多帮助。

科芒（6.5）：抢断梅西造就了法国队的第二球，上场后在边路非常活跃，可惜罚丢点球。

优素福·福法纳（6）：上场后完成了德尚给予他的任务，保护了中场。

科纳特（6）：瓦拉内的受伤给了科纳特机会，最后时刻甚至充当起了边锋，还制造了角球。

迪萨西（-）：上场后比赛就结束了。

2022年12月18日，梅西手举金杯面向阿根廷球迷的看台庆祝，球迷们拉出一张有马拉多纳头像和大力神杯的横幅。马拉多纳虽已离开人世，但他的形象一直活在所有阿根廷人的心中。

天上迭戈，梅西天下

《体坛周报》特约记者
吴昊宇

卡塔尔世界杯落幕，阿根廷队与法国队奉献了一场悬念迭起的决赛。这场被很多人称为“最佳决赛”的终极较量，有着怎样的幕后故事？

当阿根廷队全员载歌载舞，带着刚刚捧起的金杯回到更衣室，他们彻底沸腾了。此时主教练斯卡洛尼还要出席赛后发布会，他只打开了一瓶香槟，就将弟子们留在更衣室，任由他们释放着一路走来的巨大压力。球员们在更衣室肆意欢唱，除了埃米利亚诺·马丁内斯那句在社交媒体上传遍的“为姆巴佩默哀一分钟”之外，法国队每一位球员的名字几乎都被他们编到了歌词里，当然不会是什么好话。得到同样待遇的，还有老对手巴西队球员的名字。每一个名字被唱出来，更衣室中都是一片躁动。

就在几小时以前，这场可以被载入史册的决赛，气氛一度让人紧张到窒息。从幸福到绝望再到最终的狂欢，卢赛尔球场中的每一个阿根廷人享受着这一伟大时刻。当然，作为输家的法国队并非绝对背景板，姆巴佩的历史级壮举和德尚的果断调整几乎让他们完成了不可思议的逆天改命，但到了最后的最后，他们几乎是将自己的身躯从草皮上拖了下来。

愤怒德尚激怒吉鲁

决战开始前，法国队的驻地遭遇了某种流感病毒的袭击，这扰乱了球队的准备工作。拉比奥、于帕梅卡诺、科芒、瓦拉内和科纳特都出现了不同程度的症状，主要是头痛、胃痛和疲劳感。法国队采取了一定防护措施，出现症状的球员被要求自行隔离，避免与队友直接接触。一些批评声音，则再度指向了卡塔尔各个球队驻地的空调环境。

主教练德尚在媒体面前淡化了这件事情的影响：“我对任何首发球员都不感到担忧，他们100%健康。”他还指出，比阿根廷队少休息了一天，对法国队而言是个劣势，同时也暗示主力球员在之前的比赛中出现了一些受伤状况。队长洛

健康？我身体很不好

世界杯决赛，法国队大半场梦游，外界怀疑是否与队内流感爆发有关。至少于帕梅卡诺、拉比奥、瓦拉内这 3 名首发球员以及替补出场的科芒和科纳特，被确认近期感染过病毒，吉鲁赛前也据传抱恙。德尚赛后称，首发球员都是“100% 健康”。不过，瓦拉内透露了相反的信息：“我的身体感觉不好。”他和洛里斯都说，大家“没力气”“很疲劳”，洛里斯称：“不是试图找借口，但过去几天很不易。尽管受到病毒困扰，我们仍尽力以最佳方式备战。而比对手少休息了 1 天，也是个因素。”

里斯也确认了这一点，他表示，队里的一些球员显得有些疲劳。

输掉决赛后，德尚在谈到法国队糟糕的开局时，没有直接提及病毒的影响：“我只是认为某些原因导致我们在开局时缺少活力，尤其是一些经验丰富的球员。在比赛开场哨吹响后的一小时里，我们没有和阿根廷队一样的动力。”

决赛开场后，阿根廷队展现出侵略性，但法国人并没有做出相应的回应。经历了 4 年前的捧杯之旅、但因为受伤缺席了本届世界杯的博格巴坐在卢赛尔球场的包厢内，他的表情显得难以置信。

阿根廷队当之无愧地确立了两球优势，德尚无疑对场上局势感到愤怒，上半场结束前便果断进行了调整。登贝莱被替换下场时，表情掠过一丝震惊和不解；吉鲁更是铁青着脸走向替补席，他在坐下时拿起一个水瓶，狠狠扔到了面前的草坪上，水花当即溅了出来。

中场休息时，德尚接受了法国电视台的采访：“还好我们挺过去了，没有继续丢球，我们预料到了会是这样，球员们被对手的侵略性所警示。我们要在下半场做很多事才能做出回应，阿根廷队像是在踢世界杯决赛，但我们不是，这很不幸。”德尚还解释了自己上半场没结束就换掉两人的原因，

上半场还没结束，法国队主帅德尚就在第 41 分钟用马库斯·图拉姆换下首发中锋吉鲁，对于这个换人吉鲁明显不悦，在下场时对德尚态度冷漠。

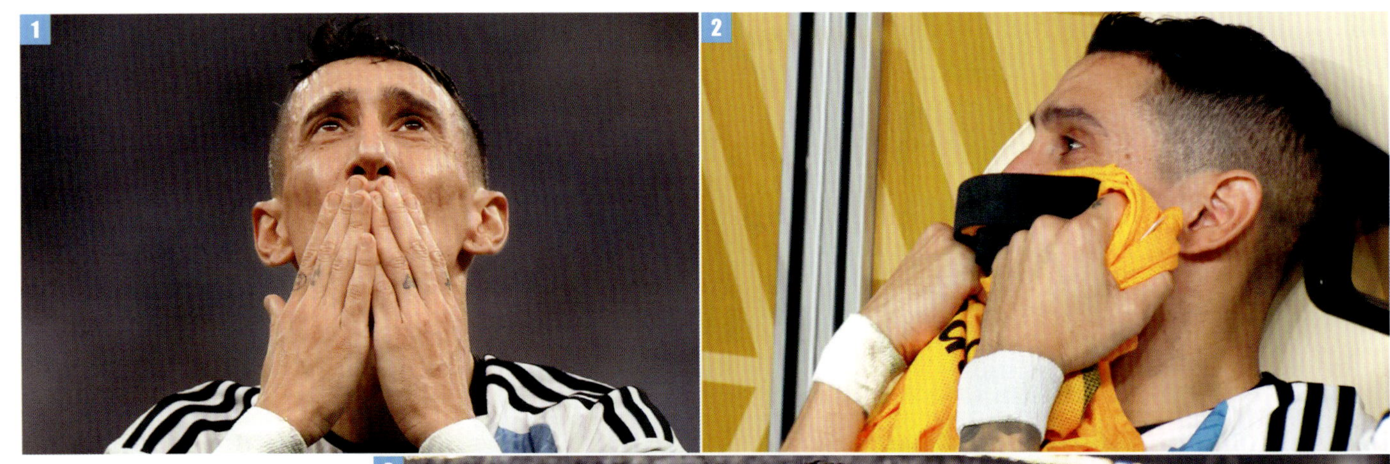

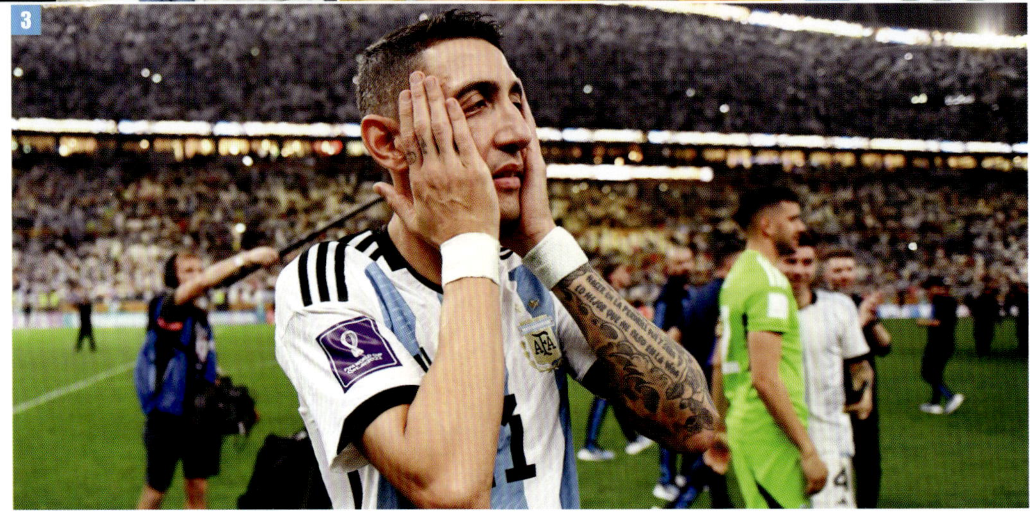

阿根廷队的决赛功臣迪马利亚经历了情绪的大起大落，至少三度落泪。他先是在上半场进球后激动流泪（图①）；当比赛进入加时赛，姆巴佩主罚点球之际，他瘫坐在替补席流下了担忧的眼泪（图②）；而最终夺冠后，他走入球场庆祝时又流下了喜悦之泪（图③）。

“我想做出一些改变，因为我们在场上没有显现应有的动力。”

决赛先生迪马利亚之泪

卢赛尔球场的贵宾看台上坐着无数名角，除了我们熟知的博格巴和法国总统马克龙等人外，还包括伊布拉希莫维奇、埃隆·马斯克、网球新星拉杜卡努、终极格斗冠军赛（UFC）明星努曼德莫多夫等，他们势必都被阿根廷队上半场展现的统治力所震惊。

巴黎圣日耳曼俱乐部主席兼卡塔尔世界杯组委会成员赫莱菲也在现场。鉴于他与巴黎的关系，他负责招待了梅西和姆巴佩这两名决赛双方的明星球员的家人。赫莱菲不止一次表示法国是除卡塔尔之外，自己的世界杯第二主队，不过，他也为所有参加世界杯的巴黎球员发去了祝福。

但场上最初吸引人们眼球的，是迪马利亚。实际上，对于斯卡洛尼安排自己首发的决定，迪马利亚本人都感到很意外，他甚至在赛前 90 分钟斯卡洛尼公布阵容时才确定了自己首发。他弥补了 8 年前在马拉卡纳无缘决赛的遗憾，进球后庆祝时已然热泪盈眶。迪马利亚再次在决赛中奉献优异表现，但在第 63 分钟便被换下。此时的他略显疲倦，阿根廷队则仍在场面上占据绝对上风，他断然不会想到之后的事情。

德尚的调兵遣将起到了效果，穆瓦尼的闪光和小图拉姆的妙传，让姆巴佩在短短 97 秒内将比分拉回同一起跑线。所有法国球员聚集在场边庆祝光速扳平比分——除了穆瓦尼，他被已经准备离场的特奥拉回到场内，这一举动是为了留一名球员在球场上，以避免开球后的阿根廷队直接面对空荡荡半场的局面。事实上，国际足联提到过，这一规则并不存在。这个举动也证明，世界杯决赛这样的场合，可以扰乱所有人的思绪。

两队的气势瞬间扭转，但当值主裁判对小图拉姆假摔的判罚似乎又让局势有所改变，梅西的远射被洛里斯拒之门外后，终场哨声也暂时结束了紧张气氛。阿根廷队球员四散开来，教练组成员分别指导每个人，法国队则紧紧团结在德尚身边，除了坐在草坪上接受理疗的姆巴佩。

大马丁的表演

当加时赛开始时，紧张的氛围也再度恢复。德尚在场边坐立不安，加时赛中场休息时，他大声训斥了小图拉姆。梅西的进球让比赛再度陷入疯狂，克里斯蒂安·罗梅罗近乎挑衅般在姆巴佩面前庆祝。赛后法国人说，如果严格按照规则，这个进球是可以取消的，因为在梅西进球一瞬间，有两名阿

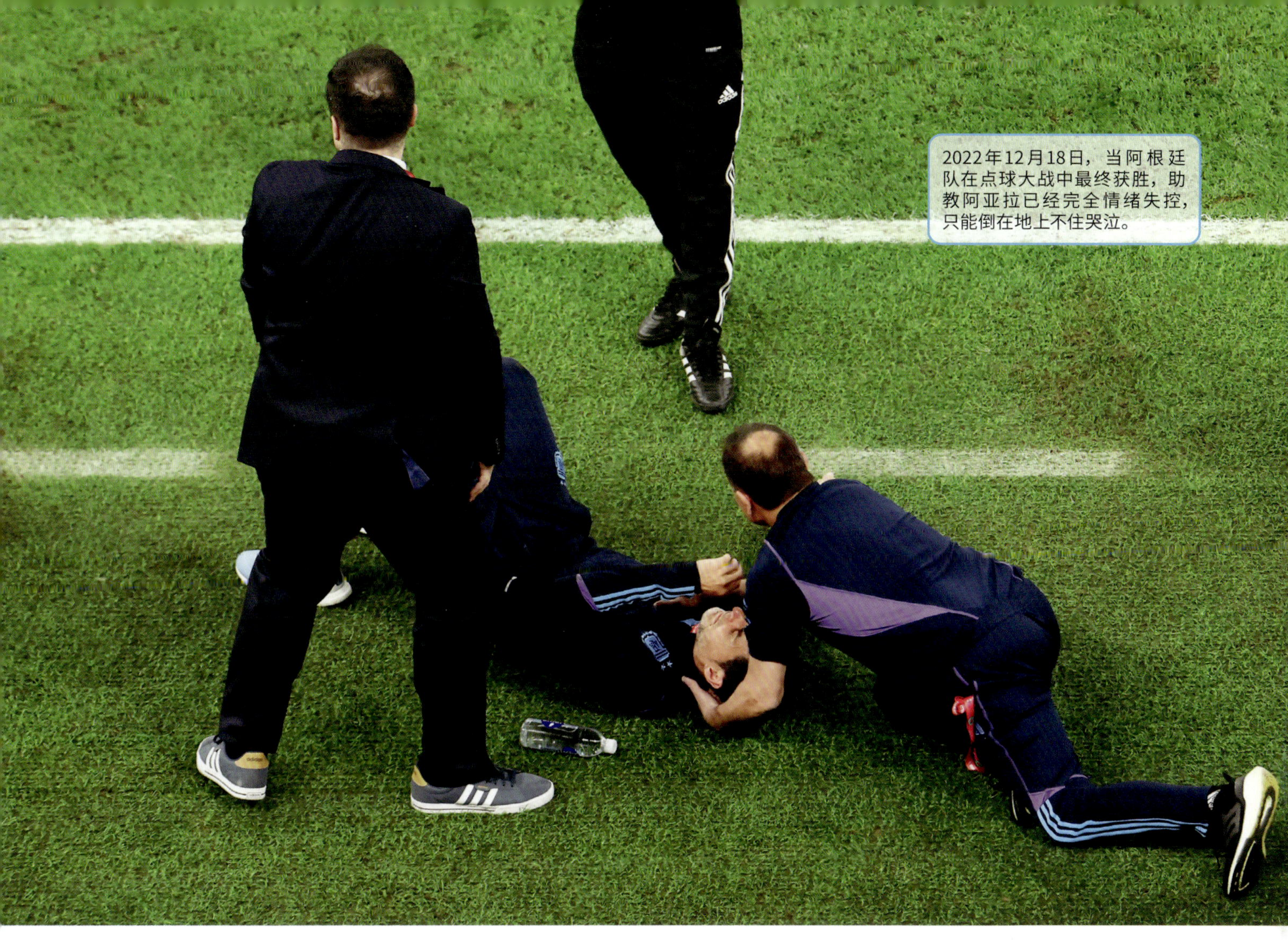
2022年12月18日，当阿根廷队在点球大战中最终获胜，助教阿亚拉已经完全情绪失控，只能倒在地上不住哭泣。

根廷替补球员进入场内。若法国队球员进行抗议，或是有人提醒当值主裁这件事情，而裁判又严格适用规则，梅西这个进球可以被取消。不过波兰主裁事后拿出证据，姆巴佩攻进点球时，法国也有 7 名替补球员进场。

法国队准备再度开球，而此时梅西回到场上，瞥向俱乐部队友姆巴佩。随后蒙铁尔的手球，让姆巴佩成了 1966 年赫斯特之后，第二位在世界杯决赛戴帽的球员，赫斯特也在之后发推祝贺了姆巴佩。此时镜头给到下场已久的迪马利亚，他的眼眶已经红润，他的内心似乎有不好的预感。

埃米利亚诺·马丁内斯扼杀了穆瓦尼的绝杀机会，劳塔罗也没有把握转换进攻中的战机，这场史诗级的决战只能用点球分出胜负。大马丁的表演正式开始，每次法国队的主罚点球队员登场前，他都展现出强大的“搞心态”能力。楚阿梅尼登场罚球时，大马丁先是将球拿起，随后向身后的人群挥挥手，并将球扔向一边。已经站定位置的楚阿梅尼只好将球拣回。显然，他的思绪已经乱了，射出的点球最终偏出了门柱。

蒙铁尔打进决定性点球前，梅西已经在向天祈祷，并没有看向球门。唇语专家说，梅西当时念叨着：“来吧，迭戈，在天上保佑我们。”几秒钟后，中圈里的阿根廷众将开始狂奔，而梅西只是跪倒在地，一些队友便又冲回来拥抱他。这是超越了 36 年的疯狂。

没趣的总统，送酒的主席

帕雷德斯、奥塔门迪、恩佐·费尔南德斯和阿库尼亚先后冲上来拥抱梅西，场边的斯卡洛尼被体能师巴里奥斯和助理教练艾马尔等人包围。全场阿根廷人已经陷入疯狂，而斯卡洛尼显得比较冷静，他迎接着一个个拥抱，并审视着现场的一切。

这种充满了情绪的时刻并不适合失利的一方，德尚和一些阿根廷教练组人员发生了激烈的冲突，他们并未在赛后握手。此前泪流满面的迪马利亚沉浸在喜悦中，还安慰了俱乐部队友拉比奥。而此时来到草坪上的马克龙试图安慰姆巴佩和德尚，但他们并没有对总统正眼相看。

姆巴佩一度到球员休息区独自沉默，但他还是与梅西进行了拥抱，并祝贺了斯卡洛尼。随后他上台领取了金靴奖，并与梅西、马丁内斯和恩佐三名获奖者合影。马克龙在姆巴佩领取完亚军奖牌后与之拥抱，随后他前往失落的法国队更衣室进行了演讲。他称赞了球员在 0 比 2 落后情况下的不放弃：“你们让数千万法国民众的梦想持续到了最后，你们如

阿根廷球员在夺冠后开始了疯狂庆祝：德保罗在球场上面对镜头展示冠军奖牌（图①）；赛后南美足联代表来到更衣室，给队长梅西赠送了一张1000万美元的支票（图②）；梅西站到更衣室的桌子上又唱又跳（图③）；只穿着内裤的门将埃米利亚诺·马丁内斯踩着舞步走来走去（图④）；主帅斯卡洛尼想拿奖杯和教练组拍个合照，结果被球员们用香槟和啤酒淋了个精湿（图⑤）；此前半决赛赛后有人指责阿根廷球员把交换回来的球衣扔进“垃圾桶”，其实更衣室内那个绿色的桶是专门用来收集脏衣服的，而为了回应这些指责，有阿根廷球员直接一头扎进了“垃圾桶”（图⑥）。

此接近胜利，我为你们感到骄傲。今晚虽然艰难，但明天起我们要重新出发。法国万岁！”法国队球员此时大多数凝视着地板，面无表情。

因凡蒂诺听到看台上球迷的些许嘘声。不过，在颁奖典礼上，梅西搓着双手从国际足联主席和卡塔尔埃米尔手中接过奖杯的一刹那，焰火随之而起，现场情绪也再度被调动。随后阿根廷全员在草坪上进行了庆祝，大家紧紧拥抱到了一起，梅西从土耳其网红老板“撒盐哥”身旁走脱，不知何故，“撒盐哥”也跑到了庆祝队伍中，甚至摸了摸大力神杯。

梅西似乎沉浸在喜悦之中，他的脸庞除了兴奋外还有些许茫然，随后阿根廷的随队厨师走上前来拥抱了他，梅西的脸上也绽放出笑容，老友阿圭罗上前将梅西托在了自己的肩膀上。球迷在看台上持续喧闹，他们有的紧紧相拥，有的已经跑进内场。

后来在更衣室内，南美足联代表送给梅西一张 1000 万美元的支票，上面印有西班牙语的“冠军”字样。梅西跳上更衣室的桌子，引领着球员们继续载歌载舞，一大箱子香槟被抬到了更衣室。阿圭罗与迪马利亚、奥塔门迪等老队员们开启了直播模式，他也在直播中嘲讽了卡马温加，大概因为他是皇马球员。

决赛后大约三小时，阿根廷球员才通过赛后混合采访区离开卢赛尔球场。此时法国队已经离开了很久，帕雷德斯将香槟喷向等待着的媒体记者，梅西始终高举着奖杯。球员们终于走上了大巴，大巴载着他们驶向位于卡塔尔大学的驻地。

奥塔门迪在离开球场的路上碰见了足协主席塔皮亚，他是阿根廷成就这一切的幕后功臣。

“嘿，奇基（塔皮亚的昵称），都好吗？带啤酒来了没？”奥塔门迪喊道。

“啤酒在路上了。”塔皮亚笑着说。

声音

阿根廷人可以跳十年舞

击败法国队夺得世界杯冠军后，阿根廷球员在球场上尽情舞蹈庆祝，曼联名宿罗伊 · 基恩开玩笑说，阿根廷球员可以在未来 10 年里随心所欲地去跳舞庆祝！此前，基恩抨击了巴西队在 1/8 决赛对韩国队的比赛中，球员和主帅蒂特跳舞庆祝的行为，认为这样做对对手缺乏尊重。当阿根廷队最终捧起大力神杯之后，基恩表示：“斯卡洛尼一直都和球员们之间保持着紧密的联系，我认为这种联系对于球员们来说是至关重要的。这是一场多么精彩的对决啊，真的是太精彩了，阿根廷人想跳什么舞就跳什么舞。他们今晚将在酒店跳舞庆祝，祝他们好运，他们能在接下来的 10 年里继续跳舞。当你赢得比赛的时候，就是你可以跳舞的时候。”

战略大师的战术赌局

2022年12月18日，法国队主帅德尚（左）和阿根廷队主帅斯卡洛尼赛前友好寒暄。

《体坛周报》足球评论员
王勤伯

决赛后几天看了一圈中文世界对世界杯决赛的战术分析，大多数洋洋洒洒的内容让人啼笑皆非。评述者总是在表达这种观点：德尚输掉决赛，是因为缺乏民间“懂哥”的上帝视角。

中文世界的战术评析，一个通病是忽略足球是一项在奔跑中进行的运动，所有的推演都基于阵形的摆设，像某种出自深度近视眼镜背后的作品。

这背后存在部分男性的自大情结，同时也是视野问题，例如以为自己看过很多场足球比赛就懂足球了，读过英国人威尔逊的书就已经从战术学院毕业。本届世界杯其实是对“战术分析帝”和“总结帝”不断打脸的过程，高歌控球必死、反击为王，就像找到了某种真理。而世界杯决赛阿根廷队击败法国队，阿根廷队是主攻一方，控球占优，射门次数（20 次）是法国队的两倍。这又怎么说？法国队又输在防守反击吗？

“地图视野全开”时代

本届世界杯的真正特色，是科技拉平了各队之间的差距。海量信息的收集和处理，针对性战术的预先准备，让强队的发挥受到了前所未有的限制。进入决赛的两支球队，法国队是世界杯首战才推出的新阵容，阿根廷队是小组赛

花絮

“法国请停止哭泣”

世界杯决赛后，法国《队报》找出一张比赛截图，上面显示梅西在加时赛进球时，有两名阿根廷替补球员进入了场内，《队报》据此认为梅西的进球应被取消。不少法国球迷认为判罚不公，在网上发起了签名请愿活动，要求国际足联重赛决赛。这个签名活动数日内征集到了 20 多万个签名。对此，当值的波兰主裁判马齐尼亚克亲自出面回应，他在新闻发布会上展示了一张姆巴佩主罚点球时的照片：“法国人没提这张照片，你们可以看到姆巴佩进球时有 7 名法国（替补）球员（违规）进入场内了。”另一边，阿根廷球迷也不甘示弱，他们通过请愿网站发起了“法国停止哭泣”的签名活动，并且很快取得压倒性的逆转，在一周内就征集到了超过 70 万个签名，他们的目标是最终收集到 100 万个以上签名。

斯卡洛尼安排迪马利亚主攻左路登贝莱一侧收到奇效，“天使”在上半场先是制造登贝莱犯规博得点球，随后还在反击中打进一球。

法国队替补上场的科芒第81分钟在中场断下梅西脚下球，随后法国队进攻由姆巴佩打进了2比2的扳平进球。

末轮才有了较为固定的阵容，这在无意中给对手的情报工作带来了较大干扰。

这是历史上第一次“地图视野全亮”的世界杯。这给各队主帅带来的考验是，可运用的战术手段面临枯竭，如何通过战略运用来获取相对优势。

没有多少人称赞斯卡洛尼是战术大师，但从战略角度来说，他比之前几届阿根廷队主帅更强，比法国队主帅德尚也更强。德尚的主力阵容里，中前场设置从首战到决赛都没有变化，对阿根廷队是“地图视野全亮”，而阿根廷队的433阵形却做到了局部地图隐藏。他是怎么做到的呢？

让我们看看决赛当天阿根廷和法国各自最重要的体育报纸。阿根廷《奥莱报》和法国《队报》一致认为，阿根廷队会使用532阵形，就像打荷兰队一样。斯卡洛尼对保密工作真的做到了极致，他从来不会专门演练一套阵容和打法，球队熟悉各种打法，最后斯卡洛尼在赛前才通知球员谁将首发。

赛前1.5小时到2小时左右拿到对方的名单，这时候德尚已经知道了阿根廷的433阵形，为什么还是没有一上来就进行针对性的布置呢？反倒是法国队被阿根廷队精准针对。梅西、迪马利亚等人主攻登贝莱身后，孔德频繁落单，后者的表现像极最早入选法国队时踢四后卫右侧那种极度的生疏感。

如果赛前认真阅读法国和阿根廷两国的媒体分析，以及各类足球谈话节目，可以发现，大多数人认为法国队的薄弱环节是在另一侧姆巴佩身后的特奥。所以，有一些关于迪马利亚首发可能性的分析，也是把迪马利亚放在了右侧，在梅西的协助下，将重点攻击这侧。

这可能是关于两队赛前信息战和技战术布置最大的疑点：法国队在临场得知迪马利亚首发以后，是不是也误以为阿根廷队将重点攻击法国队左路？之前英格兰队就是这样做的。

要理解法国队在决赛中的战略失常，需要回顾一下最近7届世界杯4进决赛的法国队的决赛攻略。法国足球容易被抨击为很“苟”，很机会主义，而法国队一旦进入决赛，开场后往往都会非常主动，试图用凌厉的进攻率先破门。法国队此前 3 次参加决赛，全都在前 30 分钟内率先破门。

偏偏 2022 年世界杯决赛，法国队整个上半时没有射门，球队试图通过退守换取反击空间和机会。这将是未来我们可以通过球员访谈等内容逐渐揭开面纱的关键内容，法国队是不是对阿根廷队赛前隐藏较好的战术体系感到陌生，而采取了保守应对的方式？

不学英格兰，不拼姆巴佩

世界杯到底是战术设计师的技术能力比拼，还是战略大师的赌局？如果没有世界杯决赛，格列兹曼绝对是本届世界杯最佳球员的有力竞争者，一个表现出色到几乎让你无法挑剔的球员。但是《队报》给他决赛中的表现只打了全场最低的 3 分，因为他几乎隐身。为什么？

这其实都是斯卡洛尼教练组的赌局。他没有采取英格兰队的做法，与法国队拼姆巴佩这一侧，如果阿根廷队在这一侧进攻多，也可能丢球多，这样无论如何姆巴佩拿球机会都会更多，而集中防范姆巴佩又可能会像英格兰队那样漏过格列兹曼等球员。防守姆巴佩的最好方式，是让他参与不了比赛。

所以阿根廷队集中攻击登贝莱身后，一个有利之处是一旦丢球，球距离姆巴佩较远，法国队找姆巴佩必须使用长传。同时阿根廷队的前场逼抢总是阻碍格列兹曼拿到球，这样姆巴佩更没有火力支援。

任何赌局都有破解的方法，阿根廷队赢得的是时间，而且在这段时间里他们取得了两个进球。德尚一开始试图像打摩洛哥队一样通过调整锋线获得突破，但中场不变导致阿根廷队的战术还可以继续运用得手。所以法国队真正的突破是从格列兹曼下场开始，科芒上场后的 424 阵形，单纯依靠的是速度高手的多点突击，法国队在 50 分钟内取得了三球，这 50 分钟里法国队对阿根廷队的比分是 3 比 1。

这里就不讨论如果法国队开场就这样踢会是什么效果了，此类话题属于教练、退役球员这种专业人士，我仅仅希望提供一个更广阔的视角。那些希望从本届世界杯获得一些启发的人，需要明白当今足球世界高科技运用和信息战的背景。斯卡洛尼在半决赛搬用河床的反击套路，决赛主动出击且同样做到出其不意，说明他当之无愧地站在了世界冠军的高度。

2022年12月18日，阿根廷队主帅斯卡洛尼在加时赛前紧张地给队员们交代战术要求。

2022年12月18日，阿根廷队夺冠当晚在卢赛尔球场外和球迷庆祝，主帅斯卡洛尼手捧金杯和决赛用球留影。

斯卡洛尼“出道”即巅峰

《体坛周报》赴卡塔尔特派记者
沈天浩

在卢赛尔的夜空中，斯卡洛尼被狂欢庆祝的声音包围。他的思绪回到了四年半之前，那时的自己还是桑保利在阿根廷队的助教。俄罗斯世界杯，阿根廷队在1/8决赛中被法国队淘汰，记分牌上的比分相当接近，但两队在场上展现出的实力与状态差距，远远比分差更加悬殊。2018年，阿根廷队在折戟世界杯之后，已经25年没有夺得世界大赛冠军了。斯卡洛尼在上任后不久的一次采访中表示：“每次赛事只有一个赢家，最近碰巧都不是我们。如果要重回胜利轨道，我们需要做的还有很多。”

四年过去，他终于做到了，对手恰好又是法国。命运给了斯卡洛尼和阿根廷人复仇的机会，可把握住这一机会，需要有超凡的决心与勇气。此役过后，蓝白间条衫上的星星变成了三颗，阿根廷国旗上“五月的太阳”似乎都更加灿烂。探戈军团三次站在世界之巅，有着不无相似的情节和背景：国内问题深重，开局磕磕绊绊，巨星挺身而出，少帅功成名就。从军政府到马岛战争，再到持续经年的经济危机；从最佳射手肯佩斯到天神下凡的马拉多纳，再来到梅西的加冕礼。在39岁的梅诺蒂和46岁的比拉尔多之后，44岁的斯卡洛尼也成了冠军主帅。

“公牛”的焦虑

记忆回到2013年，斯卡洛尼35岁，在意甲亚特兰大踢

2022年12月18日，世界杯决赛开始前，斯卡洛尼与助教艾马尔（左）、萨穆埃尔唱国歌。

决赛中，斯卡洛尼在场边指导胡利安·阿尔瓦雷斯逼抢对手，展示了其激情一面。

球，这也是他球员生涯的最后一站。彼时，亚特兰大尚未进化为如今的意甲一霸，但斯卡洛尼在“真蓝黑”效力的两个半赛季里鲜有登场机会。当时的队友回忆起斯卡洛尼，他在更衣室里扮演着重要角色，与队内的意大利和阿根廷球员关系甚笃，却和大多数阿根廷人一样沉默寡言。那时候，斯卡洛尼想得最多的问题是退役之后的生活。他不断问队友：“我们退役后应该干什么？需要为退役后的生活存多少钱？”

斯卡洛尼多虑了。然而在他执教生涯的起步阶段，很少有人能够想到他可以取得如此成功。球员时代的斯卡洛尼，留给人们的印象是趋于模糊的：他既不太高，也不太矮，习惯的位置是右后卫，在早年也踢边中场，又客串过后腰和中卫。他职业生涯的巅峰岁月，显然留给了拉科鲁尼亚，然而在那支不断制造惊喜的球队，斯卡洛尼似乎是不那么让人惊喜的球员之一。在球迷们怀旧的记忆里，提到当年那支“超级拉科”，最先想到的肯定不是斯卡洛尼。

2006 年 1 月，斯卡洛尼离开了效力八年半的拉科鲁尼亚，随后开始在各大联赛之间辗转：西汉姆联、桑坦德、拉齐奥和马洛卡，最终在亚特兰大挂靴。论声望，球员时代的斯卡洛尼当然算不上显赫；论位置，斯卡洛尼踢的并不是公认“出教练”的中场，而是边后卫；论风格，“勤勉”一词显然比“灵感”和“技术”更适合他，他的绰号“公牛”清楚表明了这一点。为什么这样一位球员在抬起教鞭之后，居然能率领阿根廷队创造 36 场不败的纪录，又赢得队史上的第三座金杯？

奉命危难之间

斯卡洛尼上任时，阿根廷队正处在信心的谷底。“我们（教练组）和球员们背负着取胜的义务。这个团队承载的心理压力实在太大了。”俄罗斯世界杯之后，桑保利对《马卡报》敞开了心扉。彼时，阿根廷队已经 25 年没有赢得国际大赛冠军——太久了。世界杯赛场上，2018 年之前的阿根廷人，已经连续三次倒在宿敌德国队脚下；美洲杯层面，巴西莱的球队在 2007 年被巴西“二队”击溃，随后的三届美洲杯，探戈军团主帅从巴蒂斯塔换成马蒂诺，球队三次倒在点球大战。阿根廷人渴望胜利，可他们越想赢，胜利似乎就距离他们越远。

决赛中，当迪马利亚为阿根廷队打进第2球时，教练组成员和替补队员们都在忘情庆祝，斯卡洛尼却面不改色，展现了其冷静的一面。

此前，斯卡洛尼只在塞维利亚和阿根廷队给桑保利做过助教。为什么要选他呢？原因很简单：在当时情形下，几乎没有人愿意接过这烫手的山芋。就在2016年，梅西因为对阿根廷足协不满，宣布退出国家队，尽管他在此后又重新披上蓝白间条衫，但后格隆多纳时代阿根廷足协的种种混乱，显然还没有彻底得到解决。

作为桑保利曾经的助教和继任者，斯卡洛尼并未一味沿袭前者的足球遗产。上任之后，他开始了渐进的变革。中场的恩佐·佩雷斯被放弃，洛塞尔索和帕雷德斯开始赢得机会，前锋线上阿圭罗逐渐淡出，劳塔罗·马丁内斯和阿尔瓦雷斯逐渐成为主角。探戈军团在年轻化进程中，围绕着梅西打造出了一支更加均衡的球队。

变阵带来胜利

俄罗斯世界杯上，桑保利的阿根廷队只踢了四场比赛，却换了三种阵形——比起主动的战术调整，这更像是球队在险恶的出线形势下做出的被动应对。桑保利在国家队任上，从未真正找到适合这支阿根廷队的打法，他带着对三后卫的执念上任，却发现这支国家队的人员配置，根本无法支持自己的战术构想。

斯卡洛尼的战术，同样不是一成不变的，但他的调整思路显然更加清晰。本届世界杯上，阿根廷队在小组赛首轮爆冷负于沙特队，球队442阵形中的四名进攻手，集体掉入雷纳尔治下沙特队的越位陷阱。比赛结束后几小时，笔者在多哈采访了卡佩罗，意大利老帅表示：“阿根廷队小组赛首轮输球未必是坏事，这有助于球队及时纠错。”

从第二场小组赛对阵墨西哥队开始，斯卡洛尼将阵形变为433，麦卡利斯特进入主力阵容，和德保罗组成三中场的两侧，而在居中后腰的位置上，本届世界杯大放异彩的恩佐·费尔南德斯很快坐稳了首发。四分之一决赛，阿根廷队迎来了本届世界杯的第一个强敌荷兰队，斯卡洛尼果断变阵352，将利桑德罗·马丁内斯推上首发，与奥塔门迪和罗梅罗搭档。荷兰老帅范加尔在赛前开启嘲讽模式：“阿根廷人模仿我们的阵形，是因为害怕我们。”然而在比赛中，阿根廷队在两

2022年12月18日，斯卡洛尼身着球员时代夺得U20世青赛冠军时的阿根廷球衣，手握大力神杯庆祝。

翼的比拼中完全胜出，右边翼卫莫利纳为球队首开纪录。

来到半决赛，阿根廷人的对手是此前淘汰了巴西队的克罗地亚队，蓝白主帅再次出人意料，他排出了一套442阵形，用帕雷德斯、恩佐·费尔南德斯、德保罗和麦卡利斯特组成了球队的中场线，前场的梅西和阿尔瓦雷斯因此得到了更大的自由度。最终，在“工兵中场”的支持下，阿根廷队反倒踢出了最华丽的进攻，梅西光芒四射，探戈军团三球大胜，蓝白10号奔袭半场、凌波微步，为门前的阿尔瓦雷斯送上助攻，注定将成为本届世界杯最具艺术感的画面。

激活最佳梅西

在斯卡洛尼治下，我们看到了梅西在国家队的最佳版本。2021年美洲杯赛场上，梅西打入4球、献出5次助攻，为球队终结28年冠军荒立下头功，也打破了个人层面国家队无冠的魔咒，然而在对阵巴西队的决赛中，为球队进球的不是梅西，而是迪马利亚。“为阿根廷队在决赛中进球”，成了梅西封神路上最后的一道关卡。来到卢赛尔的决赛场，阿根廷10号梅开二度，并且在点球大战中第三次将皮球送进了洛里斯的球门。

决赛前两天，卡佩罗在专访中对笔者表示：我们重新看到了那个巅峰状态的梅西。斯卡洛尼当然功不可没。在很长一段时间里，比起在俱乐部赛场上的无所不能，梅西在国家队都没有找到最佳感觉。我们经常看到梅西在巴塞罗那意气风发，回到国家队集训地却眉头紧锁——某种程度上来说，蓝白色成了梅西沉重的心理负担。如今的情况则完全不同：梅西已经离开巴萨，在新东家巴黎的开局也不甚理想，相比之下，国家队的梅西才是最快乐的梅西。

2006年世界杯，斯卡洛尼和梅西做过队友，现任国家队

声音

梅西让我卸下了包袱

世界杯开赛前，阿根廷队被本国乃至全世界的球迷寄予极大的期待，但这样的期待，对于球员与教练组来说，也意味着巨大的压力。世界杯夺冠后，主帅斯卡洛尼透露自己曾与梅西主动谈起压力。“在颁奖之前，我与梅西聊了一小会儿。其实在世预赛出线后，我和梅西就有过一次谈话。我给他打电话，因为我觉得接下来的情况可能会很艰难。我们在向人们传递着十分积极的信号，但之后他们可能也会面临巨大的失望。

“我告诉梅西，人们希望越大，失望也可能越大。他对我说：‘那又如何？我们继续，我们就这样继续，因为肯定会有好结果。就算结果不好，尽力争取也没有什么问题。’梅西给了我莫大的鼓舞，因为那时我有一种感觉，我不知道是不是焦虑，我感觉人们对我们有着太大的期待。我必须要和梅西谈谈，与他一同卸下压力。他的回答让我意识到，我们做得很出色。这一段经历，我希望与大家分享，因为我觉得这段经历非常美好。”

主帅彼时是阿根廷队替补边卫，他和梅西坐在板凳席上，度过了那届世界杯的大部分时间。在探戈军团的教练席上，斯卡洛尼并不是唯一的梅西前队友，那里还有萨穆埃尔和阿亚拉，以及梅西的昔日偶像艾马尔。教练组的几位名宿中，斯卡洛尼在球员时代或许最不起眼，但他成功打造了一支极具凝聚力的球队。当年19岁的梅西，现在已经成了35岁的老将，他在斯卡洛尼的国家队，找到了自己的心理舒适区，在自己的最后一届世界杯上终于圆梦。经此一役，斯卡洛尼将自己的名字写进了阿根廷足球历史的名人堂，而摆在他面前的执教生涯依然漫长。

2022年12月18日，阿根廷队主教练斯卡洛尼在决赛后亲吻球员帕普·戈麦斯。

2022年12月18日，梅西高举大力神杯和队友以及现场的阿根廷球迷庆祝夺冠。

最曲折加冕，最完美咏叹

《体坛周报》特约记者
杨健

120 分钟令人窒息的苦战，两次领先被追平、最终靠看家法宝点球大战制胜，这场集中了红牌之外全部戏剧元素的决赛，注定成为梅西生涯盖棺定论的终局之战。在后辈姆巴佩以世界杯历史上第二个决赛帽子戏法汹涌冲击时，同样用生涯最擅长的梅开二度高调回应的梅西，一战撕下了国家队全部的灰色标签，以最王道的方式在卡塔尔加冕。

此战之后，有关梅西与马拉多纳夹缠不清的比较，终于可以告一段落。战胜心魔的蓝白 10 号，正式在万神殿中再进一步。

金杯 + 金球，当之无愧

卢赛尔球场的决战夜，比起表情凝重、脚步迟滞的法国队众将，在双方首发 11 人中第二年长的梅西，却似乎恢复了青春，面对特奥·埃尔南德斯和于帕梅卡诺的联手绞杀，每每要面对铁桶阵的梅西，几乎每次触球都无懈可击。

而当被迪马利亚晃过的登贝莱，气急败坏地回追并上下其手送出点球后，在巴萨最后岁月被“香球王”数次坑惨的梅西，似乎是对 2018/2019 赛季欧冠半决赛首回合久违的补偿。那场比赛尾声，替补登场的登贝莱三次浪费了梅西的妙传，为次回合安菲尔德奇迹埋下了始料未及的伏笔。

此前 5 个进球中 3 个来自点球的梅西，没有重蹈对垒波兰队时赌门将率先移动失败的覆辙，射门前最后一步助跑显著的节奏变化，让提前移动的洛里斯彻底扑空，而在进球后，梅西露出了多年来决赛中罕见的笑容，这种轻松，也让高度紧张的蓝白军团，就此进入了熟悉的节奏。

而当梅西在中圈接球策动、麦卡利斯特长驱直入，远点接应的迪马利亚一锤定音时，这对从 2008 年北京奥运会一路搭档至今的“69 岁组合”，继上届美洲杯决赛后，再度成为阿根廷队的定盘星。而首战状态欠佳、随后逐步淡出首发的“天使”，进球后激动到热泪盈眶，也让这组 14 年搭档的谢幕之战，真正功德圆满。

毫无疑问，这场完胜恰是梅西淘汰赛节奏的延续。从 1/8 决赛开始，梅西的表现几乎是阿根廷队比赛进程的晴雨表：从对阵黑马澳大利亚队的一传一射，到对垒荷兰队复刻数据并在点球战首开纪录，直至半决赛贡献了注定载入史册的“犯罪式过人”，梅西不但在数据上领跑淘汰赛阶段的所有球员，对比赛的阅读，更近于炉火纯青。

在 97 秒连失两球后，加时赛的梅西，险些重现 1986 年阿根廷队的登顶剧本，然而他的补射，仍被拒绝认输的姆巴佩极限追平。点球大战时眼神坚定的梅西，仍然开启了全队 4 罚 4 中的完美输出，毫无疑问，这是这场历史上最佳决赛最完美的终结方式。

而伴随终场哨响，没有眼泪，只有畅快笑容的梅西，终于攻陷了 35 年人生看似最遥不可及的那座堡垒。在贝利、马拉多纳、克鲁伊夫、贝肯鲍尔、普拉蒂尼、齐达内和罗纳尔多们均无缘再战世界杯的 35 岁，渡尽劫波的梅西，终于

2022年12月18日，梅西主罚点球骗过法国门将洛里斯，为阿根廷队先拔头筹。

2022年12月18日，梅西首开纪录后滑铲庆祝，队友们也立刻聚拢过来参与欢庆。

完成了人生的全满贯。

2014年，正值生涯巅峰期的梅西，虽然以亚军＋世界杯金球，做到了非冠军队成员中的最佳，但那届梅西几乎将全部火力，都留在了小组赛，4个进球为蓝白军团全取9分，但淘汰赛除了助攻好友迪马利亚，被对手严密布防的梅西再无建树。高开低走，也令低调起航的阿根廷队，仍不免在决胜时刻，成为强弩之末。

彼时的梅西，有着独一档的传突射威胁，但体能的分配不均、比赛专注度的持续下降，在淘汰赛征程肉眼可见。但本届已经进入生涯暮年的梅西，体能、爆发力和恢复能力，都早已不可和2014年同日而语，但球迷看到的是一个在小组赛有意蓄能，在淘汰赛持续逆生长的“梅球王”。

而世界杯上的超神演出，也基本意味着来年金球奖悬念大降，毕竟，决赛前梅西和姆巴佩谁赢得决赛，谁就包揽金杯＋金球已是公论，尤其本赛季梅西俱乐部数据与姆巴佩不分轩轾的当口，巨大的情怀加持之下，还有比第8尊金球更完美的尾声吗？

历尽磨难，终成正果

青年队赛事所向披靡，成年队赛事运交华盖，这几乎是2021年之前梅西国家队生涯的集中概括。从18岁到21岁，梅西拿到了U23球员的两大核心奖项，而2006年世界杯的首秀与首球，几乎是下一个球王登基前格外顺畅的伏笔。

梅西首次挺进世界杯决赛，是在国家队首秀9年之后。功亏一篑，几乎成了梅西历届大赛的主旋律。尽管在俱乐部，但凡进入决赛几乎总是胜者的梅西，仍是十足的赢家，但在

愿发俩奖杯，梅西姆巴佩各一个

阿根廷队点球战胜法国队夺得冠军，两队的头号球星梅西与姆巴佩都效力于巴黎圣日耳曼。赛后，巴黎主席、卡塔尔人赫莱菲在接受采访时表示，如果可以，愿意给梅西与姆巴佩各颁一个奖杯："在我看来，这是世界杯历史上的最佳决赛。作为法甲俱乐部的主席，我为法国队感到难过，也为姆巴佩感到难过，他在这场比赛中的表现堪称完美。如果可以，我愿意颁发两个奖杯，一个给姆巴佩，一个给梅西。对我来说这个结果不易接受，因为我支持法国队。但我也为梅西感到高兴，他配得上赢得奖杯。姆巴佩还有很多时间去重夺世界杯。"

国家队，"千年老二"之于阿根廷队都一度是奢侈，更遑论多次命运乖离、阴差阳错的提前出局。

在 2021 年美洲杯之前，梅西国家队的磨难，几乎涵盖了所有巨星的失意方式：因位置和踢法与全队不合拍双输、创造出足够机会却被队友挥霍、成为足协权力交接和频繁换帅的牺牲品、身不由己地被裹挟到各类垃圾赛事走穴跑场。而 2016 年再度决赛不敌智利队后的负气退队，几乎将梅西悲情的国家队生涯推向了最高峰，即便两年后险些折戟小组赛、1/8 决赛在一场进球大战中被法国队冲垮，都无法与那一至暗时刻相提并论。

"梅西在场上可以，但在场下，他优先玩游戏机，而不是和队友聊天。对我来说，梅西是个很难说话的人。我们现

赛后颁奖仪式上，卡塔尔埃米尔阿勒萨尼亲手给夺冠后志得意满的梅西穿上象征王室身份的黑色丝袍。

赛后梅西的家人进入球场共同庆祝夺冠，梅西用手机为妻子安东内拉拍照留念。

在要求一个在比赛前上 20 次厕所的人成为领袖是没用的。”早在 2018 年，远赴俄罗斯观战、贡献各类表情包的马拉多纳，就对梅西的国家队生涯“终审宣判”。而这一曾应者云集的观点，不仅来自两人仅有一次的糟糕合作，更来自“人比人，气死人”的比较。一冠一亚的马拉多纳，贡献了世界杯历史上最卓绝的个人演出，而直到本届，梅西才在核心数据上与老马平起平坐。

但从上届美洲杯决赛那场崩断神经的巅峰对话后，门前数米错失绝杀、却仍不妨碍捧杯的登顶经历，不仅成就了梅西第 7 尊金球，也破解了萦绕梅西多年的业障。一个更从容、更平静、在关键时刻更靠得住、也不再刻意压抑情绪的梅西，终于找到了释放压力的法门。

上届世界杯，惨败克罗地亚队让阿根廷队成为惊弓之鸟，此后险胜尼日利亚队和溃败法国队，都是那场绝望情绪的蔓延。但在本届被沙特队“开门黑”、又对波兰队射失点球的“起步停车”，非但没有让小组赛毁誉参半的梅西就此泄气，反倒给了他在淘汰赛爆发的额外精神动力。

保三争二？坐二望一！

伴随着竞争 10 年的 C 罗提前告别卡塔尔，在重挫后原地重生的阿根廷队，史上第 6 次世界杯决赛终于捧杯而还，也意味着梅西终于以胜利者姿态，在足坛众神殿中再进一步。尤其 18 年职业生涯至今，梅西与马拉多纳的纵比横比从未止歇，如今，蓝白 10 号可以名正言顺地超越老马，成为阿根廷队史第一人。

尽管世界杯同为一冠一亚，但本届梅西的表现，相比

1986年马拉多纳的神奇表现，梅西在高光时刻和进球传奇性上逊色不少，但在决定比赛意义上却能等量齐观。本届梅西一改此前高开低走的惯性，成为世界杯历史上首位单届小组赛、1/8决赛、1/4决赛、半决赛和决赛都有进球的球员，尤其淘汰赛场场首开纪录，更是罕见的神迹。当然，彼时的马拉多纳要面对的是以许丁茂为首的“伐大树”，而梅西在视频助理裁判和更严厉的点球判罚尺度加持下，数据井喷、淘汰赛超神也并不出人意料。而在双方都格外失意的亚军征程中，2014年梅西的表现，显然更胜1990年被伤病困扰、最大亮点是1/8决赛助攻卡尼吉亚的老马。而在俱乐部层面，两人早已没有比较的必要。

捧起大力神杯，也意味着梅西和贝利在世界杯上的距离再度拉近。在捧起个人首尊金杯同时，梅西也在世界杯总产出上以13球超越贝利，与方丹并列历史第四。虽然在届数上，梅西是前五中用时最多的一个，但在单届绝对高度上，本届7场7球，且淘汰赛全部首开纪录的梅西，比起贝利封神的1958年，也着实难分伯仲。当然，在绝对数量上，一届封王的梅西，显然无法和世界杯头号代言人相提并论，但必须正视的是，16年间的阿根廷队，一直都不是历届世界杯的头号热门，哪怕在本届的期待值，也一度在巴西队和法国队之后。

而在俱乐部层面，梅西和贝利的比较一直是关公战秦琼，贝利全盛时代在桑托斯的一众成就，因媒介的不发达、数据统计的模糊，尤其是欧洲联赛缺乏有效参照，常常被无形低估，尤其是金球奖直至1995年才授予非欧洲球员，世界足球先生1991年才创立，个人奖项的缺憾着实无从弥补。而赶上新世纪媒介传播黄金年代，尤其是社交媒体兴起后的梅西，39个俱乐部赛事冠军，独占历史第一，而在体育领域之外，“破圈”程度比当年走到哪里被欢迎到哪里的贝利，有过之而无不及。

可以肯定的一点是，至少是21世纪最佳球员的梅西，与20世纪的贝利一样，是现代足球运动百余年来最不可逾越的两座至高山峰。

当地时间2022年12月19日，印度孟买古鲁古尔艺术学院的艺术家对梅西亲吻世界杯奖杯的画作进行最后的润色。

2022年12月18日，梅西和迪马利亚一起开心地欣赏美丽的大力神杯。

决赛之神，神的最佳配角

《体坛周报》记者
小中、吴昊宇

只要迪马利亚在决赛中进球，阿根廷队就夺冠！迪马利亚真是“天使”，给阿根廷队带来好运气！卡塔尔世界杯决赛对法国队，第 23 分钟梅西点球首开纪录，创造点球机会的正是迪马利亚。第 36 分钟阿根廷队快速反击，将比分改写成 2 比 0 的还是“天使”。打进那个进球后，迪马利亚情不自禁地哭了。加时赛上半场梅西再进球以及赛后庆祝，“天使”又哭了。尽管一波三折，惊心动魄，但阿根廷队最终还是赢了，时隔 36 年再夺大力神杯。

2014 年留有遗憾

2014 年巴西世界杯，阿根廷队杀入决赛，但他们在 1/4 决赛失去了梅西身边最好的帮手——迪马利亚，他在对阵比利时队的比赛中拉伤大腿，虽然主帅萨韦利亚决定在赛前不让迪马利亚首发，“天使”还是为出场做好了准备，但最终他没有等到出场机会，阿根廷队在加时赛中被替补出场的格策绝杀，0 比 1 输掉了世界杯决战，也目送德国队登上世界之巅。赛后领取亚军奖牌的迪马利亚眼含热泪。

迪马利亚曾在亲笔信中谈到 2014 年的那场决赛："我收到皇马的来信，我还没有打开就直接把它撕碎了，队医告诉我，皇马要求他们不要派我在世界杯决赛出场。但即使世界杯决赛后我的职业生涯就要终止，我也希望能够在比赛出场，我告诉主帅萨韦利亚，如果派我首发出场，我会跑到腿断了为止。"

"他们观看了世界杯决赛，知道我们输掉了比赛，但他们不知道我们当中有多少人，付出了多少努力，只为了站在这个舞台之上。他们不知道我的父亲在铁皮屋檐下辛勤工作，他们不知道我的母亲为了孩子，在寒风骤雨里骑着单车前行。"迪马利亚在亲笔信最后写道，他回顾了自己从小到大父母支持他踢球的旅程，小时候精力旺盛的他被父母送去踢球。而那个昔日只为踢球而生的调皮少年，无疑是梅西在阿根廷队身旁最优秀的帮手。

真正的大场面先生

"2008 年奥运会改变了我的一生。阿根廷国奥队给我打电话，希望我可以为他们效力，即便我还没有在本菲卡获得首发机会。我们在决赛中战胜了尼日利亚队，这大概是我生命中最难以置信的一天。"2008 年北京奥运会是迪马利亚与梅西第一次并肩身披蓝白战袍出战，那时的迪马利亚在本菲卡尚且不是绝对主力，也正是在奥运会决赛上的制胜进球，让他的职业生涯出现了质变。"我赢得了奥运金牌，随后我也开始在本菲卡出场，并得到加盟皇马的机会。"

梅西生于 1987 年 6 月 24 日，迪马利亚 1988 年 2 月 14 日出生，两人相差半岁多。阿根廷队世界杯夺冠，梅西和迪

↑ 迪马利亚是阿根廷队的决赛福星。2008 年北京奥运男足决赛，迪马利亚单刀挑射打入全场唯一进球；2021 年美洲杯决赛，天使再次在决赛吊射破门，帮助阿根廷队在马拉卡纳球场击败巴西队夺冠；2022 年 6 月的美欧杯，迪马利亚面对欧洲冠军意大利队，再次挑射得分；2022 世界杯决赛，迪马利亚再次建功，阿根廷队也再次获得冠军。

赛后颁奖仪式上，终于实现梦想的迪马利亚，为大力神杯献上深情一吻。

马利亚联手创下了一项纪录：他俩成为历史上头两位拿过U20世青赛冠军、奥运男足金牌和世界杯冠军的球员。所不同的是，梅西是2005年夺得世青赛冠军，迪马利亚比他晚了两年，拿到2007年世青赛冠军。

在成为大赛决赛先生之前，迪马利亚错过了三届大赛决赛。除了上面提到的2014世界杯决赛，2015年美洲杯决赛对智利队，他只踢了29分钟就因伤下场，2016年美洲杯决赛他同样因伤没能上阵。在错过三次决赛后，迪马利亚惊艳归来，有了2021年美洲杯、2022年美欧杯和2022年世界杯决赛的重要发挥。

2021年的美洲杯赛场上，原本已经在阿根廷队失去首发位置的迪马利亚，到了对决巴西队的决赛中为阿根廷队首发出战，他接到德保罗的传球，一记精彩吊射帮助阿根廷队终结了长达28年的冠军荒。这个进球让人回想起了鸟巢的那场奥运会男足决赛，同样是吊射破门，同样是帮助梅西收获了冠军。

60分钟？够用了！

虽然随着年龄的增长和伤病的影响，迪马利亚在本届世界杯上的戏份更加少，在首战阿根廷队输给沙特队后，主帅斯卡洛尼用了几场比赛确定了以阿尔瓦雷斯、麦卡利斯特等人担任梅西身边的副攻手角色的阵容。而进入世界杯淘汰赛以来，迪马利亚几乎没有得到出场时间。

因此在决赛前，很少有人猜到迪马利亚会直接进入阿根

沉甸甸的世界杯冠军金牌，和迪马利亚在本场决赛的表现一样货真价实。

廷队首发阵容，最终事实证明，弥补了2014年无限遗憾的迪马利亚在这场人生中最关键一战中迸发出巨大能量，他从开场第一分钟起就让法国队右侧防区无比狼狈。本场决赛的迪马利亚几乎让人看到了那个在皇马时的左路妖刀，每一次拿球几乎都制造出了威胁。

第22分钟，狡黠的迪马利亚让防守他的登贝莱吃了暗亏，裁判果断指向点球点，梅西主罚命中，随后迪马利亚在反击中再进一球，在法国队状态全无的情况下，两球领先的阿根廷队似乎已经锁定了胜局，主帅斯卡洛尼也在第63分钟将迪马利亚替换下场，一个60分钟体力的“天使”足以帮助球队距离冠军无限接近。

而后续的剧情让人猝不及防，而镜头也一次次给到已经被换下场的迪马利亚，他屡次捂住双眼，不敢关注场上的局势。好在，经历了疯狂的剧情后，上天仍然垂青了迪马利亚和他的阿根廷队，当蒙铁尔为阿根廷队罚入制胜点球，阿根廷全队陷入疯狂庆祝，而迪马利亚则紧紧拥抱着与自己经历过一切的梅西。

梅西2005年8月17日完成国家队首秀，迪马利亚2008年9月6日首次为阿根廷队上场。截至世界杯夺冠，梅西已为阿根廷队征战17年，“天使”为他做了14年的配角。在阿根廷队，梅西最好的朋友兼室友是阿圭罗，但梅西在阿根廷队的最好配角，无疑是迪马利亚。这十多年时间，如果说梅西是阿根廷队头号主角，那么迪马利亚绝对是梅西最好的配角，没有之一。

2022年12月18日，阿根廷门将埃米利亚诺·马丁内斯在加时赛最后时刻奋力挡出穆瓦尼的单刀球。

戴金手套的"恶人"门神

《体坛周报》特约记者
小五

在梅西上台接受顶礼膜拜之前，埃米利亚诺·马丁内斯先接过了代表本届世界杯最佳门将的金手套奖。卡塔尔世界杯真正的扑点高手只有两个，一个是波兰队的什琴斯尼，另一个就是马丁内斯，区别在于前者精于技术，而后者工于心计，其余看似强大，皆是时势造英雄，运气成分较大。

什琴斯尼本届大赛在常规时间就连扑两个点球，对沙特队是救命的，对阿根廷队算是于事无补，但他扑出的是梅西的点球。什琴斯尼的强当然源自他本身的扑救技术，但他的这一套是可以复制的，而马丁内斯的强是无法学习的，他的心理强大有先天的因素，也有后天的锻炼，如果不是在他的环境中走一遭，是练不出来的。

马丁内斯来自阿根廷贫困家庭，造就了他浑不懔的性格，他是年少成名和大器晚成的另类结合体。说他年少成名，是因为他早早被阿森纳看中来到了伦敦，说他大器晚成，则是因为在阿森纳蹉跎了整整10年。其间虽有过外租机会，但每次回到阿森纳，从来没有得到过真正的信任。马丁内斯的阿森纳首秀甚至是在欧冠当中完成的，巧合的是，球队长期的一号门将就是什琴斯尼。2014/2015赛季，马丁内斯是在什琴斯尼和二号门将奥斯皮纳都受伤的情况下，才捡得了几次出场机会，对多特蒙德，他因为出色表现还入选了欧足联官方评选的最佳阵容。但当什琴斯尼伤愈，马丁内斯自然而然失去了出场机会。

第二次转机已经是2020年了，主力门将莱诺受伤，马丁内斯作为首发帮助阿森纳获得了足总杯和社区盾的冠军，但历史再次重演，莱诺复出，马丁内斯再次失去主力位置。于是，在那年夏天，隐忍了10年的替补门将转投了阿斯顿维拉，正是在那里获得了阿根廷主帅斯卡洛尼的青睐，代表阿根廷成年队首秀的时候，他还差3个月就满29岁。

2021年，马丁内斯终于时来运转，被斯卡洛尼认定的先发门将阿尔马尼在美洲杯前几天被查出感染“新冠”肺炎病毒，于是马丁内斯顶上，首场就扑出了比达尔的点球，半决赛对哥伦比亚队点球大战更是贡献3次扑救，5个点球4次判断对了方向，而哥伦比亚队的门将正是马丁内斯曾经负责陪练的奥斯皮纳。马丁内斯的国家队扑点经历早在2009年就开始了，只不过那是在U17美洲杯上，尽管他扑出了两个点球，但阿根廷队还是在决赛中输给了巴西队。

马丁内斯的扑点总是在跟对手进行心理战，门线舞蹈、垃圾话干扰对手都是家常便饭，对性格柔弱的现代欧洲球员来说是个考验。马丁内斯花招极多，像鬣狗一样耐心寻觅机会突破对手的心理防线，比赛越是重要他越兴奋，能打进他的点球的都是真的勇士，姆巴佩两次主罚，马丁内斯都碰到了球，但无奈射门质量太高。科芒和楚阿梅尼可就没这个本事了，梅西打进，马丁内斯扑出，阿根廷球员的自信也就建立起来了。赛后激动落泪的马丁内斯透露：“我跟队友们说不要慌张，要淡定，因为我肯定会扑出两三个的……”

马丁内斯有这个底气，八强战荷兰队是他另一个杰作，同样是两次判断对了方向，两次扑救成功。赛后他还“大放厥词”，对比赛官员设定的超长补时表达了不满：“也许裁判希望荷兰队晋级吧。”点球大战开始前还有一幕，他在两个手套都吐了口水，来增加摩擦力，但此时裁判走了过来向他解释规则，马丁内斯顺势把口水也抹在了裁判的脸上……可怜这位西班牙裁判。

马丁内斯从某种意义上绝对是足球世界的“恶人”，不雅手势、不当发言，在世界杯抽签时，他因为阿根廷队抽到墨西哥队嘟囔了几句“简单，简单”还被批评过，只不过那也属于这个“普通人”的真实反应。马丁内斯从来拒绝做英雄，他认为是队友的努力才赢得的比赛。2021年美洲杯半决赛梅西曾在社交媒体上发表一段讲话，提到马丁内斯是他认为的世界最佳门将之一，这位出身平凡的阿根廷门将至今想到还浑身颤抖。不过，这次轮到梅西为他的扑救而颤抖了，所有阿根廷球迷也为之颤抖。

埃米利亚诺·马丁内斯凭借本届世界杯的出色表现，获得了代表最佳门将的“金手套”奖。

2022年12月18日，阿根廷门将埃米利亚诺·马丁内斯在点球大战中扑出了科芒的点球。

足球界的马基雅维利

体坛周报记者
小中

足球赢在技术，也赢在心理。卡塔尔世界杯决赛点球大战，阿根廷队4比2法国队，门将埃米利亚诺·马丁内斯功不可没。为赢那场点球大战，他使用了不少“花招诡计”。挪威体育科学学院教授盖尔·乔德特分析：马丁内斯“控制”了法国队罚点球员，“迫使”科芒和楚阿梅尼失误，他扑住了前者的点球，导致后者射偏。

乔德特说，马丁内斯所做的第一步是，当洛里斯作为法国队队长参加点球大战掷硬币分先后时，马丁内斯“控制”了将进行点球大战的禁区。“马丁内斯快速走到罚点禁区，等着洛里斯到来，就好像是在欢迎来自家的拜访者，‘现在，你到我家了’！”

接着，马丁内斯跟洛里斯和法国队第一位主罚球员姆巴佩握了手。乔德特分析道：“这是他的风格。开始时，可以是热情的，令人愉悦的，为了对方放松警惕，使对于在他稍后发动攻击时变得更为脆弱。这种模棱两可的做法本身就是不对的，是其战略的一部分。”

点球大战刚开始时，马丁内斯所施加的干扰是“无声的”“细微的”。据乔德特分析，他那样做，“可能为了试探一下主裁判，感觉一下他可以在哪里画线”。之后，姆巴佩主罚前，马丁内斯请求主裁判看一下法国前锋球摆得合不合适，主裁判同意了。在科芒主罚之前，马丁内斯又如法炮制。

乔德特解释说：“马丁内斯又多施加了一点压力，那使得主裁判有礼貌地进行了干预。主裁判又再次检查了球所放的位置，因此马丁内斯觉得他控制了罚点禁区，他可以开始全面工作了。”

科芒罚点，马丁内斯扑向右边，扑出了球。扑点成功后，马丁内斯三次高高跃起来庆祝。乔德特指出，那是为了向法国球员施加心理压力。他说：“在扑出点球之后，门将很少那样大肆庆祝，马丁内斯是个例外。研究显示，那样大肆而强烈的庆祝显示自信、控制和优越感，能积极影响其队友，而消极影响对手。”

轮到楚阿梅尼踢点球时，马丁内斯又使了小动作。乔德特分析说：“马丁内斯对他可以做什么、不可以做什么充满自信，他做得已经不那么细微。首先，他简单地抱起了足球，就像那是他的一样。当主裁判和法国球员（楚阿梅尼）在等着时，他不急不慌，掌控着时间，还向阿根廷球迷示意，呼吁他们的支持。”

接下来，马丁内斯又使出了一招。“他没有把球给楚阿梅尼，而是扔到他背后，迫使对手（转身）去捡球。缺乏尊重是清楚的，是明显的。主裁判没进行处罚。这对所有人都说明谁在掌控着局势。当楚阿梅尼准备好了，马丁内斯送给他自负的一笑。结果，楚阿梅尼射偏。”

阿根廷队第三个射点球的是帕雷德斯。“马丁内斯知道，洛里斯可能也会不再那么友好，对阿根廷球员使用同样的心理战术。因此，他迅速抓起球，递给了帕雷德斯，没给法国门将仿效他之前动作的机会。”

法国队第 4 个出场的是穆瓦尼，马丁内斯又开始拖延时间，主裁判忍无可忍，向他出示了黄牌。“马丁内斯首先似乎与阿根廷队替补席的某个人沟通，并做了个手势。之后，马丁内斯跟对手说了好几次，说自己已经研究过他，想吓坏对手。那时，黄牌已经是不可避免的了。但已经太晚了，马丁内斯基本上已经赢了”。

最后，乔德特得出结论：“马丁内斯的心理战术是不可预测的，是计算好了的。这是足球中的‘马基雅维利’，鼓励其他人效尤，制造出针对他的反击。在世界最大的舞台上有这样的表现，我现在很好奇，想知道未来会发展成什么样子。”

埃米利亚诺·马丁内斯扑出点球后高高跃起奋力挥舞拳头庆祝，而射失的科芒则抱头懊恼万分。

2022年12月18日，埃米利亚诺·马丁内斯在领取金手套奖时回敬法国球迷对他的嘘声。

足球世界需要他的野性

意大利《11人》杂志记者
达维德·科波

在地球的另一端，埃米利亚诺·马丁内斯获得了世界杯最佳门将的奖项。在妻子和两个孩子的注视下，他灵机一动，把奖杯夹在了两腿之间。我觉得这个人要么疯了，要么是个天才，又或许兼而有之——到头来似乎总是这样。

颠沛流离的“反派”英雄

实际上，马丁内斯的故事，包含着童话故事的所有必要元素。他绰号迪布，在2010年加盟阿森纳时，只有18岁。在那之后，他枯坐板凳很多年，并在不断的租借中消耗着自己的职业生涯。你可以在他的百科页面上看到一连串的俱乐部，读起来就像念珠一样。在赢得一个稳定的位置之前，他在青年队等了2年，在一线队等了8年，辗转了6支其他球队。他的贵人是阿尔特塔，2020年足总杯决赛对阵切尔西的比赛中，阿尔特塔让他首发。阿森纳最终取胜，马丁内斯在上半场做出了几次关键扑救。在颁奖仪式和赛后采访中，他哭了。

那时，距离马丁内斯离开阿根廷联赛的独立队，已经过去了10年时间。10年间，他未曾够到英超的门槛，只能在英冠和英乙打拼，甚至在那里他都不是首发。10年间，他有足够的时间环顾四周，并意识到即使自己并不放弃，儿时梦想的职业生涯也从未实现，并且永远不会实现。小时候的马丁内斯留着长长的红头发，长着满脸雀斑，或许有点疯狂，所以大家叫他迪布，就像一部 20 世纪 90 年代肥皂剧中吵闹的小男孩主角。

在人们的偏见里，红头发的孩子往往是害羞的，经常被欺负。但对于小时候一头红发的迪布来说，当他在 28 岁时终于在阿森纳迎来首发机会，他已经变成了一个相当疯狂、时而非常激动的巨人。在泪洒温布利之后，迪布在几个月的时间里，在英格兰和南美赛场上，直至最重要的世界杯舞台，为我们展示了“疯狂门将”的定义。

“疯狂门将”的说法不是最近的心血来潮，也不是陈词滥调，而是一个源远流长的传说。几年前，乔纳森·威尔逊在《局外人》中写到了这一点，这是一部关于守门员角色的人类学史。有种理论认为，足球的起源之一是北美原住民的一种仪式，在游戏中，人们将代表太阳和月亮的球体放置在树洞或地洞里，以此来祈祷丰收。因此，守门员是一种现代的发明，是唯一可以阻止球体入洞的角色，是邪恶的神灵和精神，抑或是魔鬼本身。回到足球规则本身，对于一支球队、甚至一个国家多年来的努力，守门员是那个“说不”的人。他就是破坏者，是足球游戏内置的反派角色。

梅西：马丁内斯是个现象

阿根廷在历史上并不以出产优秀门将著称。当迪布在 2020 年被阿斯顿维拉从阿森纳买下时，他很快接到了斯卡洛尼的电话。值得注意的是，迪布成为阿根廷队的首发门将，

效力阿根廷独立时的马丁内斯，还是一头红色卷发。

2021年7月6日，阿根廷在美洲杯半决赛点球大战淘汰哥伦比亚，埃米利亚诺·马丁内斯在言语干扰耶里·米纳后，扑出了对方的点球。

并不是因为教练心血来潮，也不是因为无人可用，而是因为他在职业生涯中第一个以首发身份出战的完整赛季，就追平了由弗里德尔在 2009/2010 赛季创造的阿斯顿维拉不失球纪录（15 场零封）。

在那之后，迪布在世预赛代表阿根廷队出战 2 场，收获 2 场平局，再之后就是 2021 年美洲杯。这届杯赛本该于 2020 年在阿根廷和哥伦比亚进行，正如梅西在决赛前的演讲所言："上帝把它带到了这里（巴西），为的就是让我们在马拉卡纳举起奖杯。"那次演讲中，梅西也提到了迪布："关于过去的 45 天，我需要感谢你们。我们从未抱怨旅途、食物和住宿，我们在 45 天的时间里没有见到家人。迪布当了父亲，却无法见到他的女儿。"

彼时，迪布在阿根廷队才待了几个星期，和梅西之间的关系却变得亲密，尽管他们的性格看起来截然相反。美洲杯期间，迪布表示："我希望赢得这座奖杯，首先是为了梅西。"梅西则说："马丁内斯是个'现象'。"

梅西的那句话，出现在美洲杯半决赛对阵哥伦比亚队赛后，这场比赛中的迪布，就是卡塔尔世界杯上阿根廷门神的预演。双方在 120 分钟时间里战成 1 比 1 平，阿根廷队通过点射获胜，迪布扑出了 3 个点球。在这场比赛中，我们解开了迪布神话的奥秘：夸德拉多罚中第一个点球后，达温松·桑切斯走上了点球点，迪布开始对他说话："兄弟，不好意思，但我会吃了你。"

这些"垃圾话"在电视转播中可以听得一清二楚，因为比赛是空场进行的。桑切斯一脚低射，迪布判断对了方向，将球封出。哥伦比亚队的下一个主罚者是耶里·米纳，迪布走近他，随后慢慢后退，直视着他的脸说道："你在笑，其实你很紧张，对吧？你紧张吗？"紧接着，迪布对裁判说道："球的位置不对，太靠前了。"主裁前去查看，球的位置没问题，迪布也拿他开涮："嗯，睁一只眼闭一只眼……"紧接着，迪布继续对米纳说道："我可认识你！看着，我知道你会往哪儿踢，我会扑出来。兄弟，我会吃了你。"米纳终于起脚打门，迪布将球扑出，镜头对准米纳，他的表情很茫然。

用英语脏话怼荷兰老帅

对阵巴西队的美洲杯决赛没有点球，但马丁内斯依然做出了几次出色的扑救，他的位置感和反应都很出色。迪布不仅是扑点专家、疯狂门将和垃圾话爱好者，还是个身高两米的大个子，运动能力惊人。在英超赛场上，你可以在阿斯顿维拉的比赛中发现：迪布的很多扑救完全用手完成，因为他人高马大，无须在比赛中过多利用双腿，尽管他在世界杯决赛中用腿完成了一次疯狂的扑救。

在英超，迪布的点球心理战也变得远近闻名。他“欺凌”对手的目的并非为了恐吓本身，而是精心准备的战术。在维拉对阵曼联的英超比赛中，红魔赢得点球，布鲁诺·费尔南德斯和C罗同时在场，迪布知道前者将会主罚，但他指着C罗说道:“罗纳尔多，如果你有种就过来罚这个球。”C罗回复:“罚球的是B费。”迪布则坚持道:“不不不，你来罚，你来。”

迪布说话的时候，离B费不到一米，但他彻底无视了这个人。最终，B费犯了错，他的点球放了“高射炮”。迪布转向球门后方，面向曼联球迷看台，跳起弹簧舞，这让人想到利物浦门将格罗贝拉，后者在1984年冠军杯决赛对阵罗马的点球大战中，跳起了著名的“面条舞”。球迷们的辱骂如雨点般打向迪布，但他或许乐在其中。

那场比赛发生在2021年，彼时迪布已经在英格兰待了十多年，他能听懂球迷们的所有侮辱。虽然许多阿根廷球员并不擅长说外语，十年多的时间已经足够学好一门外语，而迪布的英语说得又格外好，他在采访中透出浓重的伦敦腔，以至于人们将他的话剪辑到英国乐队布勒的名曲《居无定所》中。迪布的英语表达，也发生在本届世界杯阿根廷队与荷兰队赛后，这一次，他的目标是另一个垃圾话爱好者范加尔。在球队晋级后，迪布边离开球场边朝范加尔喊叫：“继续放×吧，你个××！”在赛后采访中，迪布表示：“范加尔需要闭嘴。”

足球是战争的模拟

决赛中，迪布的心理战很少被人提及，但这一次同样充满天才的灵感与马基雅维利式权谋。这种心理战并不意味着失礼——谢天谢地，足球不仅仅意味着运动能力和速度的比拼，不仅仅是一种缺乏感情的运动，抑或更糟糕的虚伪礼节。足球是战略，是智慧，是战争的模拟，也是对战争的驱魔。迪布竭尽全力，追逐胜利，穿过规则的灰色地带。如果说姆

2022年12月9日，阿根廷队对荷兰队的1/4决赛，埃米利亚诺·马丁内斯故技重施，在科普迈纳斯踢点球前对其展开了心理战。

埃米利亚诺·马丁内斯因为干扰对手射点球，被决赛的波兰主裁判马齐尼亚克口头警告。

巴佩是一个二维明星，冷酷地望向权力和成功，迪布就是一个不守法的高乔人：他只能尽力而为，而狡猾是他最好的武器。

正如媒体上一个帖子所解释的那样，迪布率先来到禁区内，昭示自己才是这里的主人，而当法国人走到罚球点时，他会和每个人握手。之后，迪布开始抗议球的摆放位置，正如他在美洲杯对阵哥伦比亚队时所做的那样。迪布离开门线，走近主罚者，指向点球点，裁判告诉他管好自己的事，但在这一过程中，他已经成功向姆巴佩和科芒施加了压力，而科芒果然犯了错误。

轮到楚阿梅尼时，法国人已经就位，但球还在迪布手中，他鼓励现场的阿根廷球迷发出更多声音。裁判命令迪布将球交给主罚者，但他将球扔到了禁区边缘。楚阿梅尼不得不去捡球，迪布如愿以偿，他控制了裁判，也控制了对手。楚阿梅尼主罚，球不可避免地偏出球门。

↑ 2022年12月18日，世界杯决赛点球大战，埃米利亚诺·马丁内斯在楚阿梅尼射失点球后跳舞庆祝。

↓ 2022年12月18日，埃米利亚诺·马丁内斯展示自己的世界杯冠军金牌。

2022年12月18日，蒙铁尔为阿根廷队在点球大战第4轮出场。他不辱使命，稳稳地打进了这粒载入史册的制胜点球。

"德国人"兑现阿根廷之梦

《体坛周报》记者
曹知远

卡塔尔世界杯决赛，阿根廷队在常规时间和加时赛阶段都取得过领先，却又都没能守住优势，比赛被拖入点球大战。在法国队的科芒与楚阿梅尼先后罚丢的情况下，第4个出场的阿根廷右后卫蒙铁尔稳稳命中，阿根廷队赢下了命运的轮盘赌，收获了第三个世界杯冠军，梅西终于圆梦。

人狠话不多的"德国人"

打入制胜点球的蒙铁尔，在拥有梅西、迪马利亚的阿根廷阵中，显然并不起眼。26岁的蒙铁尔目前效力于英超诺丁汉森林，与众多年少成名后就前往欧洲闯荡的阿根廷天才相比，蒙铁尔直到2021年夏天才来到欧洲赛场。此前，蒙铁尔一直为阿根廷河床效力。这位低调的右后卫，是怎样成为阿根廷队决胜点球的主罚者，站在聚光灯下的呢？

这或许要从他为河床效力时说起。2017年，蒙铁尔从河床二队被提拔至一线队，并在之后获得了越来越稳定的出场机会，成为这家老牌豪门的右路铁闸。而蒙铁尔也在这段时期里，收获了一个外号：德国人。阿根廷队历史上，有过海因策这样的正宗德裔球员，并非德裔的蒙铁尔，为何会得到这样的外号？与很多性格开朗外放的阿根廷球员相比，蒙铁尔性格安静且沉稳严肃，对德国人的“刻板印象”，成了这个外号的来源。蒙铁尔在性格方面，成了阿根廷球员中的另类，但这也赋予了他强大的心理素质。

时任河床主帅加拉多就曾这样评价蒙铁尔：“他就像个德国人一样，像德国人一样训练、比赛，他是个单纯的小伙子，话很少。但之后你就会发现，他就是为足球而生。他非常好胜，不想输掉任何一场比赛，训练和比赛中的表现十分一致，这是他的优点。他根本不需要为比赛进行心理准备，因为他在训练中的状态就和比赛一样。他才20岁，这可不一般。”

严谨对待训练，年少却又沉稳，对于蒙铁尔来说，这份性格与心理素质，成了他最大的天赋。年龄不大又司职边后卫的他，也因此被加拉多更多地委以重任，成为点球主罚者的选项之一。

2020年南美解放者杯，蒙铁尔在河床与民族队的1/4决赛两回合较量中十分出彩。两队首回合交手之前，河床在点球主罚上遇到了很大的难题，阵中多位点球手罚丢点球。在1/8决赛次回合德拉克鲁斯失点之后，河床主帅加拉多做出

打入制胜点球的蒙铁尔如释重负，脱去上衣庆祝夺冠的胜利一刻。

赛后颁奖仪式上，蒙铁尔领完金牌经过大力神杯时，忍不住伸手摸一下这个梦寐以求的奖杯。

了一个让外界有些出人意料的决定：蒙铁尔将出任第一点球手。对阵民族队的首回合，蒙铁尔不辱使命，在河床获得点球机会后罚中，而在次回合比赛中，蒙铁尔还上演了助攻帽子戏法，帮助球队大胜晋级。

加拉多对蒙铁尔信任有加，不仅因为其沉稳的性格，也是由于他在训练中展现出的极佳命中率。在升入一线队之前，蒙铁尔就是点球手之一。而在河床的日常训练中，加拉多经常会安排点球加练，蒙铁尔在这些训练中也表现优异。根据阿根廷媒体的统计，蒙铁尔在 2020 年至 2021 年间，共 5 次在常规比赛时间中为河床主罚点球，无一失手。而若算上其他时期的主罚，包括点球大战，蒙铁尔一共 10 次主罚，弹无虚发。其中三次都是“No look”式的主罚——不瞄球门，直接出脚。其心理素质与主罚技巧，可见一斑。

背负重压，制胜一击

也正是因为蒙铁尔在河床时期展现出的这份稳健，知人善任的斯卡洛尼对其委以重任。其实在本届世界杯上，蒙铁尔在位置竞争方面并不占优，7 场比赛，蒙铁尔只在小组赛次战对阵墨西哥队时首发出战，纳韦尔·莫利纳是斯卡洛尼在右后卫位置上的优先选项。不过在关键时刻，斯卡洛尼总会派上蒙铁尔，尤其是面临点球大战的可能性时。

西班牙队与英格兰队都曾因点球大战前专门换人主罚而吃大亏，而这样的情况，似乎在蒙铁尔身上不适用。如同加拉多所言，心理素质超强的蒙铁尔，登场前无须过多心理建设。阿根廷队与荷兰队的1/4决赛，蒙铁尔在加时赛阶段登场，并在点球大战当中第3个出场主罚命中。到了决赛，蒙铁尔再一次以替补身份命中点球。

决赛点球大战之前，蒙铁尔背负的压力或许难以令人想象。加时赛梅西破门，阿根廷队再次领先，但姆巴佩的射门造成了蒙铁尔的手球，法国10号将球罚进，高卢雄鸡又一次扳平，这对阿根廷队的士气是相当大的打击，而如果最终失利，蒙铁尔也很难逃得过“罪人”的名号。但这份沉重到令人窒息的压力，并没有击溃蒙铁尔，“德国人”的主罚骗过了洛里斯，阿根廷队迎来荣耀时刻。

打入决胜点球后，一般是怎样的场景？可以回想一下，世界杯上一次通过点球决战产生冠军时的情形：“伟意左”格罗索罚中点球，张开双臂奔跑，回头看向中圈的队友，开始狂欢。而蒙铁尔在罚入这粒点球后，则是脱下上衣，掩面而泣。背负着太大压力的他，那一刻或许只是感受到了解脱。阿根廷媒体评价道：“他不是德国人，他是阿根廷人，是全体阿根廷人民的骄傲。在卢赛尔球场，他完成了最后一击，所有阿根廷人因为他，喊破了喉咙。”

斯卡洛尼之所以在点球大战中对蒙铁尔委以重任，原因是蒙铁尔在点球点上的发挥十分稳定，之前1/4决赛对荷兰队，他就曾在点球大战稳定命中（图①）。而在效力河床（图②）和塞维利亚（图③）时期，他都有过不少主罚点球的经历，其中代表河床5次在正式比赛罚点弹无虚发。

1

2

3

麦卡利斯特是世界杯决赛上发挥最出色的阿根廷球员之一。此外他在对波兰队的比赛中被评为当场最佳，也是梅西之外唯一拿到本届世界杯当场最佳称号的阿根廷队员。

蓝领艺术家给天使插翅

《体坛周报》特约记者
吴昊宇

昔日登陆英超赛场时，因为长相与梅西有几分相似，麦卡利斯特一度成为社交媒体上众人关注的对象，很多人笑称这位前布莱顿中场是梅西与拉莫斯的结合体。作为阿根廷英国移民后裔，他有一个比较“英国”的姓氏；长相很有特点；是昔日的阿根廷国脚、后来进入政坛并成为阿根廷体育、教育和娱乐部长的卡洛斯·麦卡利斯特的儿子——曾经的麦卡利斯特身上存在着这样的几个标签。

如今，他已经是世界杯冠军成员，而他也堪称阿根廷队在本届世界杯上的最大发现之一。正是在他和恩佐·费尔南德斯两人上位成为中场绝对主力后，阿根廷队才能够一路披荆斩棘，并一举登上世界之巅。

对阵法国队的决赛上，继续首发的麦卡利斯特成了阿根廷队的进攻之源，开场后他与迪马利亚共同出现在左路，两人也联手将法国队的右路防区搅得天翻地覆，一次次冲击着对手腹地。而在迪马利亚制造点球，并由梅西将球打进之后，麦卡利斯特也为迪马利亚送出恰到好处的助攻，帮助“天使”为阿根廷队扩大比分。

在完成助攻之前，麦卡利斯特还亲自策划了这次攻势，他将球直接传给梅西，与梅西、迪马利亚三人联手缔造了阿根廷队开场后的领先优势。法国队中场在麦卡利斯特和恩佐·费尔南德斯、德保罗组成的中场面前形同虚设。下半场迪马利亚被替换下场，而阿根廷队中场肋部的攻防也交给了麦卡利斯特来处理，也正是他几次出色的防守和充满灵性的带球推进，让被瞬间扳平比分的阿根廷队没有自乱阵脚。

决赛前，布莱顿官方为麦卡利斯特送出了祝福，而他也成为这家俱乐部历史上第一位出战世界杯决赛的球员。布莱顿10号在英超赛场上是绝对的实力派，名气不大，但他是海鸥军团最近几个赛季跻身英超积分榜前列的最大功臣之一。麦卡利斯特大概就是这支除梅西之外星味不算浓重的阿根廷队的重要代表，实力未必顶尖却足够勤勉，能够为球队提供不俗的活力，不断围绕在梅西身旁奔跑着。麦卡利斯特与恩佐·费尔南德斯和德保罗都是这样的球员，他们的不断奔跑和积极逼抢也让格列兹曼领衔的法国中场碌碌无为。

敢于起用麦卡利斯特这样名气不大但十分实用的年轻球员，也是斯卡洛尼最终能够带领阿根廷队登上世界之巅的重要原因。阿根廷队小组赛首战负于沙特队，次战面对墨西哥队上半场表现不尽如人意的情况下，斯卡洛尼果断拿下已经担当球队主力多年的劳塔罗、帕雷德斯等人，而启用麦卡利斯特和恩佐·费尔南德斯、阿尔瓦雷斯这样的球员进入首发阵容，让阿根廷队的表现一场好过一场，并最终拿下了大力神杯。相比之下，法国队主帅德尚未在吉鲁、于帕梅卡诺、特奥等人决赛前状态明显不在最佳的情况下，大胆起用穆瓦尼、科纳特、卡马温加等球员，也导致决赛开局就挖下大坑。如果穆瓦尼们能够在决赛开始阶段就出场，结果是否会不一样呢？

↑ 2022年12月18日，阿根廷球员在卢赛尔球场外与球迷共庆，麦卡利斯特举着金杯，与一众队友和“大金碗”合影留念。

2022年12月18日，梅西赛后举着大力神杯在人群中庆祝，摄影师拍摄的画面不巧让劳塔罗出现在梅西的头上。

无功"劳"？有苦"劳"！

《体坛周报》特约记者
小五

破坏构图，"罪孽"深重。在阿根廷队赛后的夺冠图中，有这样一张珍贵瞬间：梅西被队友众星捧月一般托起，和1986年马拉多纳那一幕无比相似，不同的是，有一个人破坏了美感：劳塔罗独自跨在了门楣上，与梅西发生了重叠，但位置却更高，使得梅西这张照片有了在宝塔或电线杆正下方合影之感，景是好景，人是良人，可惜没有摆正位置。

其他人也就罢了，"抢戏"的偏偏还是决赛中频频浪费机会的劳塔罗，这让很多球迷无法忍受，扬言要"P掉"他以示惩罚。劳塔罗在加时赛上场，仅仅两分钟后，他就在禁区内得到了梅西送出的绝佳助攻，但劳塔罗的一停一射太中规中矩，很好预判，被于帕梅卡诺长腿挡出。又过了一分钟，劳塔罗反越位成功直接面对门将，但临门一脚有些迟钝，再次被于帕梅卡诺破坏。补时的读秒阶段，劳塔罗还有一次近距离头球机会，再次被他顶偏。

如果最终阿根廷队没能夺冠，梅西没能加冕，劳塔罗很可能成为一大罪人。与伊瓜因的所谓大赛软脚不同，劳塔罗这几次浪费机会更多是技术特点造成的。在国米4年多，他变得越来越全面，但从来没能成为一名犀利的射手，他在禁

虽然劳塔罗浪费了几次好机会，但梅西加时赛的进球其实源自劳塔罗射门被门将挡出。赛后梅西没有责怪劳塔罗，而是与劳塔罗一起拥抱庆祝。

区内的进攻手段大家也看到了，是比较匮乏的。第一球他完全可以直接起脚，或是假动作骗过已经将身体扔出去的于帕梅卡诺，第二球也有调整的空间，第三球则更加可惜，因为这本是劳塔罗所擅长的。

这已不是劳塔罗头回浪费梅西的好意了，十六强对阵澳大利亚队，他就曾“拒绝”了梅西喂到嘴边的饼。在对波兰队丢掉主力位置后，他的出场时间进一步下降。本来以为对荷兰队点球大战最后的终结是一个转折，但劳塔罗仍然未能在整届比赛当中打进一个进球（点球大战除外）。

不要怀疑劳塔罗的心理素质，不然他也不会在世界杯决赛浪费 3 个进球机会之后，还好意思爬上球门庆祝，坏了梅西的好图。早在劳塔罗效力阿根廷竞技俱乐部时，球队曾聘请过心理咨询师。这位咨询师有次特意找到主教练问：“劳塔罗踢得怎么样？”教练以为劳塔罗的心理水平很差，没想到心理师说：“因为我们做了一次心理测试，劳塔罗得了满分！”

其实劳塔罗也是有功劳的，在他上场前阿根廷队已经有段时间没有获得什么机会了，随时有被法国队翻盘的风险，替下阿尔瓦雷斯之后，他的背身和做球立刻让阿根廷前场有了活力。本场他浪费的第一个机会其实来自他在前场的拿球分球，梅西在加时赛的进球，劳塔罗的功劳也有至少一半，他先是接队友的高球直接连停带卸交给梅西，之后的射门造成法国门将洛里斯脱手，梅西这才补射得手。

这球劳塔罗的射门依然缺乏技巧，在这个角度只能选择一脚抡，抡成什么样他也没有把握。卡塔尔世界杯周期，劳塔罗全面败给了后辈阿尔瓦雷斯，后者也能跑能抢，但速度和技巧性更强，不过劳塔罗最后用一种另类的方式将关注全部抢了回来。

这就是劳塔罗，一个优缺点鲜明的球员，不说对阿根廷队不可或缺，至少还是能起到一些作用。抢梅西热点自然只是一句玩笑话，最终的世界杯冠军属于梅西，也属于劳塔罗，属于迪巴拉、帕普·戈麦斯这些没成为主角的球员。往高一个层次，受伤的尼古拉斯·冈萨雷斯也参加了赛后的庆典，退役的阿圭罗也相当活跃，阿根廷队能走到这步也有很多人的努力。

↑ 颁奖仪式上，劳塔罗深情地亲吻梦寐以求的世界杯金杯。

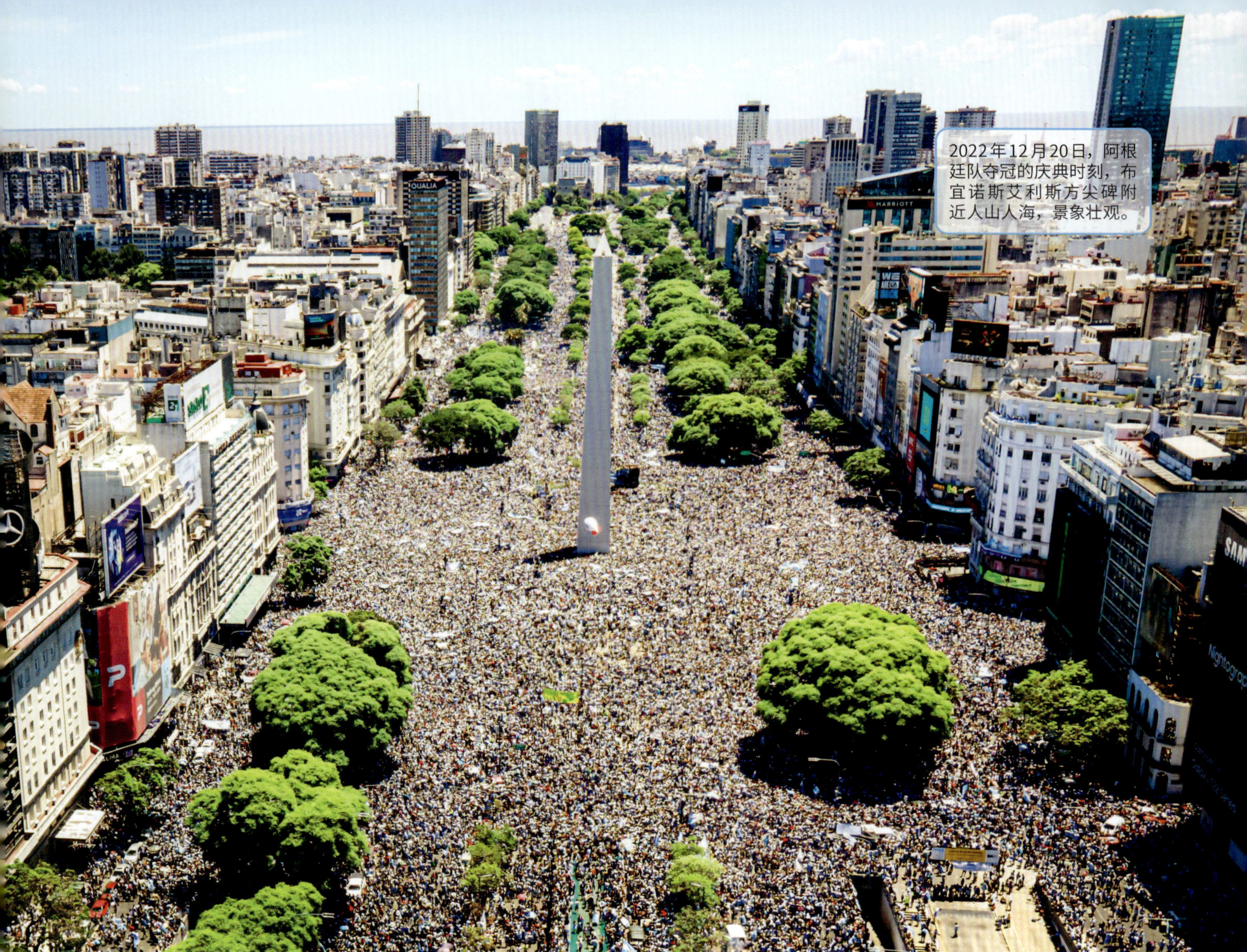

2022年12月20日，阿根廷队夺冠的庆典时刻，布宜诺斯艾利斯方尖碑附近人山人海，景象壮观。

足球，让我们认识阿根廷

《体坛周报》记者
马克欣

2022 年 12 月 19 日的那个凌晨，中国的社交媒体上，阿根廷是最走红的热词之一。那场神奇的世界杯决赛之后，一个与中国很难算关系紧密的国家，在东方这片土地上不知令多少人燃烧着肾上腺素，度过了一个不眠之夜。

我觉得，很多中国人知道阿根廷这个国家，都是因为足球。1978 年，中国首次转播世界杯，阿根廷队史上首次捧杯，中国球迷对这项赛事的初步印象就是冠军阿根廷。尽管那个时候有飞翔的荷兰人，有波兰球星拉托，有秘鲁传奇库比拉斯……但中国球迷的记忆中满是阿根廷队身材消瘦的主教练梅诺蒂，长发披肩的球星肯佩斯，还有纪念碑体育场像雪片一样飘落的碎纸。盛夏时分，中国街头巷尾的街坊邻居们聚在 9 英寸（22.86 厘米）电视机前，伴随着宋世雄老师连珠炮式的解说词："阿根廷队的 10 号，肯佩斯……"

因足球而爱屋及乌

1986 年世界杯在墨西哥举行，当时中国已可完整看到转播。那个时代属于马拉多纳，尽管在 1985 年的尼赫鲁金杯赛上，中国队曾爆冷 1 比 0 击败没有马拉多纳的阿根廷队，但那届世界杯上，阿根廷队依旧是最受中国球迷欢迎的球队。在阿兹特克体育场，马拉多纳面对英格兰队的上帝之手和连过五人，制造了 1986 年或者说世界杯历史上最经典的两个瞬间。从那时起，中国球迷或许对阿根廷足球留下了这样的印象，尽管球星才华横溢，但为了胜利也会不惜鸡鸣狗盗。

对很多中国球迷而言，世界杯的回忆是伴随着阿根廷捧杯队开始的。即便从 1993 年开始，阿根廷队长期未能夺冠，但中国的阿根廷球迷还是对每一代阿根廷球星如数家珍，从马拉多纳到卡尼吉亚，再到雷东多、巴蒂斯图塔、梅西……

一次次翘首以待，并未收获圆满的结局：1990 年决赛倒在布雷默的点球前，1994 年马拉多纳禁药事件，1998 年博格坎普神奇绝杀，2002 年小组出局巴蒂洒泪，2006 年点球大战不敌德国队，2010 年再负德国队，2014 年决赛功亏一篑，直到 2018 年姆巴佩横空出世后的一场进球大战最终饮恨。8 届世界杯，32 年时间，中国球迷再也没能见证阿根廷队捧起大力神杯，在此期间，甚至连美洲杯冠军都从 1993 年开始一等就是 28 年。

从地理位置来说，中国和阿根廷算得上“天各一方”。有人开玩笑说，从北京打一个地洞穿过地心，在地球的另一端出来就到了阿根廷首都布宜诺斯艾利斯。两个国家既不是一衣带水，也说不上一脉相承，但中国球迷不仅对阿根廷足球了如指掌，甚至还对这个国家的文化和历史耳熟能详：人们关注这里的作家博尔赫斯，喜爱这里的探戈舞曲，学习这里的语言西班牙语，甚至还有户外爱好者前往阿根廷去征服南美第一高峰阿空加瓜峰。

如今，人们更是因为对阿根廷足球的喜爱，也对阿根廷烤肉和马尔贝克红酒爱屋及乌，就连梅西、德保罗等阿根廷球员喜欢的马黛茶，也已出现在了中国球迷的购物车中。足球是中国球迷了解阿根廷的方式，也是世界关注阿根廷的介质。正是一代一代阿根廷球星，让这个国家的文化传遍世界每一个角落。

2016 年初，本文作者在梅西第 5 次获得金球奖后对他进行了专访。

与梅西同步的职业生涯

我觉得自己算是幸运，入行时正好赶上梅西初出茅庐，所以我的职业生涯几乎和他同步。因此，我有机会在不同的时间节点见过梅西本人。2007 年美洲杯，梅西初次代表阿根廷队参加大赛，我们在委内瑞拉的马拉开波第一次相遇。那时候，在里克尔梅、艾马尔、克雷斯波的身边，他还是个涉世未深的少年。2016 年初，梅西五夺金球，我在巴塞罗那对他进行独家专访，年近而立的梅西面对记者已是落落大方，谈吐自如。我印象最深的是，当时把北京的兔儿爷送给梅西作为礼物，我告诉他这既是因为兔儿爷是我所在城市的象征，也因为 1987 年出生的他在中国的生肖中属兔，梅西对这个巧合很感兴趣。

阿根廷队的追随者们是幸运的，因为几乎每一个时代，都会有一批如雷贯耳的球星相伴。同时，中国的阿根廷球迷又很煎熬，因为如果没有世界杯冠军就不算成功。这些年里，失望又总是如影相随，尽管这丝毫不会影响球迷们对阿根廷足球的热爱。

我想起 2019 年夏天在北京的鸟巢和阿根廷足协主席塔皮亚的一次长谈。当时，阿根廷经历了 2014 年世界杯、2015 年美洲杯、2016 年美洲杯连续 3 次大赛的亚军之后陷入最低谷，阿根廷足球一言九鼎的人物格隆多纳去世，足协重组，随后阿根廷队 2018 年世界杯 1/8 决赛出局，主教练桑保利下课，少帅斯卡洛尼临危受命担任临时主帅，梅诺蒂担任国家队技术总监。

斗转星移，就在此后 3 年间，阿根廷队在 2021 年美洲杯一解奖杯之渴，2022 年世界杯更时隔 36 年再登顶峰。对广大球迷来说，这是一个期待已久的惊喜，既在情理之中又在意料之外。冠军阿根廷，这一刻，对于梅西、阿根廷队、阿根廷足球，还有阿根廷球迷来说，没有遗憾。

前线后记

如果问我 2022 年世界杯最难忘的感受，那一定是蒙铁尔射入第 4 个点球那一刻，如释重负中伴随的一丝喜悦和激动。但我无法像前一排几位阿拉伯国家记者那样尽情拥抱欢跳，首先是因为当时手里还有必须在两小时内交出的 4000 字稿件，最重要的是这么多年过去了，这个冠军更像是经历了千辛万苦的磨炼后获得的，而没有了一丝天降彩票的庆幸。

世界杯对我而言更像个“副业”，我的主业是报道西甲。我作为编辑记者的职业生涯始于 2003 年，报道了梅西一路走来的几乎所有事件，从他 2004 年初出茅庐到现在终于举起大力神杯。国家队比赛期间，我的工作就转为报道阿根廷队，因为梅西，也因为西班牙语对于巴萨报道和阿根廷报道的通用性。到了 2015 年，此前专攻阿根廷队的程征老师退休，我需要更加专注于阿根廷队的报道，这就是体坛的风格，为了报道有专业性，对于每支强队都需要专人长期跟踪，每个记者需要知道这支球队的前世今生，这样写出来的东西才最深刻。

这么多年跟踪报道梅西，我也不知道自己写过 20 万还是 50 万字关于梅西的稿件。如果说他在巴萨获得什么成就都不足为奇，那么我从来没有对他的阿根廷队有过太高期望。从 2006 年他首次参加世界杯到本届赛事，其间还夹杂着多届美洲杯，阿根廷队总是有各种问题，有足球上的，也有文化上的。从一开始他和里克尔梅是否相融，到后来阿根廷媒体对他的苛刻批评，甚至认为他因为早年就去了欧洲，不具有阿根廷人坚韧的性格，当然还有为什么他在巴萨踢得好，在国家队就踢不好等各式争议，双方似乎就是命中注定无法和谐。这些对我来说都是闹剧，如果一名球员每个周末都能踢好，而一去国家队就踢不好，问题出在哪显而易见，因为你没有一套配得上他的阵容，因为你的中场不是哈白布。

转变出现在 2016 年美洲杯后梅西宣布退出国家队。阿根廷媒体和球迷发现，自己的莽撞让自己失去了国家队最宝贵的球员。很快，梅西就回来了，媒体和球迷给了他完全绝对的支持，对于梅西的争议消失了。

本届世界杯开赛前，阿根廷队再度成为最大热门之一，他们 2021 年刚战胜巴西队夺取美洲杯，又在 2022 年美欧杯中 3 比 0 大胜欧洲冠军意大利队，世界杯前的 3 场友谊赛则都是大胜对手。但我对这种热度并不认同，意大利队是在世预赛折戟后踢的那场“超霸杯”，毫无生气，而阿根廷队的热身赛对手都是洪都拉斯队、牙买加队和阿联酋队这样的弱旅，球队在那 3 场友谊赛中打不出快节奏，甚至连在预选赛频频踢出的一脚传递进攻配合也没有，大多数人疲态尽显，这样盲目的信心能有几分价值？果然，首场对阵沙特队，阿根廷队就爆出大冷输球。

第二场艰难战胜墨西哥队，阿根廷队踢得也不好，很多人认定本届世界杯不属于阿根廷队，但我反而觉得他们有了好气象，因为主帅斯卡洛尼已经开始大幅调整首发，让缺乏状态有老伤在身的球员去替补席。我知道，阿根廷这支球队只要还有一口气，都有望从火坑里爬出来。果然，一步一摇台的阿根廷踢得越来越好，以富有说服力的方式一路淘汰了澳大利亚、荷兰和克罗地亚闯入决赛。尽管对荷兰踢了点球大战，但我基本同意梅西的说法：这是一场裁判主导的人造加时赛和点球大战。

决赛的对手法国队，是一支纸面实力肯定强过阿根廷队的球队，此前的对手完全无法比拟。决赛前，那么多人谈论着梅西理应利用这次机会举起大力神杯，甚至我们在采访1994年冠军巴西队的著名前锋贝贝托时，他也是这个论调。贝贝托慈祥的目光和热情的言语让我们印象深刻，但我在想，他可能太老了，远离球场太久了，在这片绿茵沙场上，没有理应，没有人会慷慨送给你任何东西。

梅西最后一届世界杯应该夺冠的论调从开赛前就有，我从来没当回事，记者不能被这些非理性因素干扰判断。但当我在决赛当天下午3点半顺着人潮，带着满身汗水从卢赛尔地铁站挤出来时，我有些动摇了。不只是来自阿根廷的球迷，而是来自世界各地的球迷，不同国家、不同民族、不同信仰的球迷，都在高喊着“梅西”，稍有几声“姆巴佩”就会立刻被“梅西、梅西”的喊声压下去。我早就知道当晚的卢赛尔肯定是阿根廷的主场，但在这样的环境感染下，我忽然感觉到，有这么多人众志成城的意愿，这一晚可能真的属于阿根廷队，特别是属于梅西。

比赛中我再次感受到了相信的力量，这次不是来自球迷，而是梅西。如果他是25岁，那个10年前拿下自然年历史进球纪录的梅西，我相信他可以以一己之力拿下这场决赛。但他已经35岁了，甚至当法国队扳回一球，我看到他在左路想依靠自己的力量把忽然转强的法国队打回去、却被科芒断球导致阿根廷队被扳平时，我觉得他已经高估了自己现在的实力。然而，他凭借超强信念在加时赛再次为球队带来领先时，我觉得我的客观冷静和理智已经被击碎，我看到了世界杯和足球中一些不可名状的东西似乎是可以打破时空的。他第一个主罚点球时冷静射中，他已经没有什么可以输的了，他已经赢了。

一个文字工作者，是不能允许自己的文章没有结尾没有句号的。但作为一名书写事实的记者，这个句号是美丽的还是无奈的，并不由我们决定。最终让我如释重负的是，梅西和他的阿根廷队，给所有书写过他的人，还有那些抱着必胜信念为他助威、为他祈祷的球迷，终于带来了这个完美的句号。

梁宏业

《体坛周报》资深记者，报道评论国际足球20年，世界杯期间赴卡塔尔跟队阿根廷

adidas

后冠军时代

2023年8月，梅西手捧北美联赛杯最佳射手和最佳球员奖项，世界冠军已翻开新篇章。

冠军的再启程

《体坛周报》记者
闫羽

2022年卡塔尔世界杯就像是一场童话，又或是一部史诗电影。它有主角起步的坎坷，逆境中奋起而战的励志，以及一路过关斩将的豪迈，最终遭遇的“大魔王”也是绝顶高手，所以也贡献了世界杯有史以来最为精彩绝伦的决战之一。从这个角度来讲，败军之帅范加尔的说法倒也不像是完全胡诌。“梅西拿冠军是内定剧本！”输球的荷兰人在时隔数月后抛出了阴谋论。这当然是没有证据的猜测，却也正好表明阿根廷夺魁是有多么传奇。

然而传奇并不会在最风光的一刻后终结，这终究不是童话或者电影，打出“剧终”就代表着一切结束。梅西和他的伙伴们还有新的故事，也许不如在卡塔尔轰轰烈烈，但也足够让人充满期待的望向明天。

异域新篇

当阿根廷 10 号终于捧起人生中的第一座大力神杯，相信有不少旁观者曾有如此想法：他已经圆满了，GOAT 当之无愧，所以接下来做什么选择都可以理解。然而现实还是距离曾经的预想有不小差异，“在法甲养老”的计划并没有持续足够长的时间，而是在世界杯过后半年就戛然而止。

是什么原因，让当初兴师动众将梅西请来的巴黎圣日耳曼选择了“提前放弃”，原本合同中包含的延长一年选项就不执行了？那时的说法不少，有说是俱乐部需要缩减开支的，为规避财政公平的制裁，所以要放走高薪的梅西；也有表示是内部矛盾的，暗示巴黎想留住姆巴佩，因此要巩固法国前锋的绝对老大地位，已经 36 岁的梅西只能靠边站。

这些传言未必都是真的，但基本可以确定的是，梅西的巴黎之旅并不是特别浪漫。包括最初的不适应生活（尤其是孩子不适应），以及长期遭到质疑（尽管球队的缺陷更为明显），都让这位曾长住巴塞罗那超过 20 年的阿根廷人感觉不太自在。也正是在这种前提下，梅西注定要在“了却心愿”之后开启职业生涯的新篇章。

美国，不少人眼中的足球荒漠，却因为阿根廷球王的降临有了世外桃源的感觉。不过在我们细品这段“童话续集”之前，还是该重温一番来龙去脉，因为确实有不少故事情节不能忽略。当初坊间盛传的“大新闻”有两种：一是梅西要回巴萨，与老东家破镜重圆；二是沙特王室已经出手，将用 3 年 16 亿欧元的“宇宙第一薪”招揽阿根廷人。

这两种可能最后都没有成为现实。其中前者几乎纯粹是球迷的一厢情愿，以及巴萨官方的空城计——西甲豪门烂账一堆世人皆知，根本没钱请回梅西。而有钱的沙特则不是梅西的菜，尽管他也出任过该国的旅游形象大使，但去那里踢球则不同，长期居住对家人影响太大，尤其在梅西看来不利于自己孩子的成长。所以兜兜转转，阿根廷人还是在 2023 年夏天决定奔赴美国，成为迈阿密国际的一员。

通常情况下，去美国就意味着彻底远离世界足球的中心，是“养老”“退役”等的代名词。在 2023 年这个大批球星被石油金元吸引而涌向沙特的夏天，感觉上还要“更没有追求一些”，尤其迈阿密国际当时在美国职业足球大联盟的排名还是倒数第一。但就是如此看上去只能“随便踢踢”的选择，还是被梅西玩出了花样，玩出了大新闻。

只用不到一个月的时间，鱼腩就变成了杯赛冠军，这种天翻地覆的变化是源于梅西，而变化的过程则堪称又一部史诗电影。就像前英格兰中场贝克汉姆所说的那样：“人们口中‘这是安排好的吗？’在我看来也是对球员的最大褒奖，因为这确实就像一部电影。只要你看他们的比赛就会被感染，一切都非常的美。”

作为迈阿密国际的老板之一，贝克汉姆也算是“导演”中的一个。能将梅西招揽至麾下，这支 2018 年才组建，2020 年才开始正式参赛的俱乐部绝对不是“恰巧走运”而已。他们早在 3 年前就开始了游说梅西的工作，很多事情在很早以前就打下了基础。而梅西本人大概也早有“远赴重洋”的打算，在多年以前就曾于迈阿密购置房产。这也是理想的选择——阿根廷富人的选择，因为迈阿密就像是拉丁美洲在美国的“离岸首都”。在祖国有农场和土地，在欧洲有朋友和交际，在迈阿密还有房子，阿根廷有钱人的幸福生活莫过于此。

不过，梅西到迈阿密享受的幸福，恐怕远比不上他给迈阿密带来的美妙。竞技上，阿根廷人把一支不入流的球队瞬间提升了数个档次，带队过关斩将在 8 月拿下北美联赛杯冠军，简直就不像是真事。但这仍旧只是一小方面，诸如球场爆满、球票价格上涨数倍甚至十余倍的情景几乎每周都在上演，不仅仅是普通球迷愿意支付高达数百美元的球票来一睹梅西的风采，各路演艺明星、社会名流也趋之若鹜，以至于二级市场的高价票甚至能卖到 1.7 万美元。

梅西、姆巴佩和内马尔的组合看似强大，但一直没有达到球迷预想的效果。

2023年8月19日，迈阿密国际点球大战取胜拿下北美联赛杯，球队老板贝克汉姆激情拥抱梅西。

↑ 2023年8月，恩佐·费尔南德斯（左）对抗麦卡利斯特，两人都在世界杯后改换了门庭。

美国疯狂了，为梅西而疯狂，不仅仅迈阿密国际收获颇丰，整个美国足坛都将因此大大受益，包括转播美职足的电视频道也迎来了巨量的订阅用户增长。依照美国人的估算，梅西的到来将极大提升美职足的商业价值，让他们有望追赶上美国传统的四大职业体育联盟，而迈阿密国际的营收能力也将挤进全球足球俱乐部前20的行列，2024年的营收目标会是2022年的近4倍。

这听上很宏大，也有点玄乎，但可以肯定，所有人都希望梅西的故事会继续下去。

众星

关于自己的未来，梅西曾在中国接受采访时表态：原则上不考虑参加2026年世界杯，但他并没有把话说死，还要看“将会发生什么”。而接下来的事实，是梅西并没有失去对足球的热爱与动力，甚至还在即将36岁之际刷新了自己的最快进球纪录，包括去往美国之后也屡献精彩破门和助攻。所以“油”还是有的，要相信这位球王级的巨星能够继续创造奇迹。当然，足球是11个人的运动，梅西和阿根廷队的未来在哪里，更要看其他伙伴们的状况。

如果要简单地概括阿根廷队的“后世界冠军时代”，可以用“有喜有忧”四字。好的部分应该更多一些，除了梅西，大部分国家队成员可以说过得也都不错。他们在载誉而归后被奉为所效力俱乐部的英雄，一些人的队内地位提升，一些则顺势跳升到更大的平台。麦卡利斯特、胡利安·阿尔瓦雷斯，这两位大概就算其中的代表人物。在卡塔尔世界杯前，他们只是中小球队的主力以及豪门俱乐部的替补，名字让人觉得眼熟，却也还算不上什么明星人物。但在卡塔尔，世人开始意识到阿根廷足球不仅仅拥有梅西，那些围绕在他周围的好帮手们，同样也身怀绝技。

虽然不是世界杯结束马上就转会，但时隔半年后就从布莱顿转投利物浦，麦卡利斯特的被看好显然也是受了大力神杯余热的影响。小伙子一到红军就立马受到克洛普重用，俨然有些球队新“阵眼”的感觉。这是高难度的挑战，但也是阿根廷中场再度升级的机遇。至于“梅西的小跟班”阿尔瓦雷斯，很快就随曼城夺得欧冠、英超和足总杯的三冠王，荣誉满贯，还在2023/2024赛季等来了与挪威中锋哈兰德搭档的绝佳机会。德布劳内的受伤把中锋身后的位置让了出来，正好让“小蜘蛛”充分磨炼自己的全能性。

还有热刺后卫罗梅罗、勒沃库森中场帕拉西奥斯等等，由于所在球队的变化，感觉也在2023/2024赛季迎来了更好

↑ 2023年6月，阿尔瓦雷斯（右一）参加曼城三冠王游行，年纪轻轻已荣誉满身。

↑ 2023年9月，阿根廷轻取玻利维亚，世预赛开局两连胜。

的开端。包括回归本菲卡的老将迪马利亚，远离是非之地尤文图斯之后，在葡超破起门来也显得更加惬意。不过也总是会有不如意的人，比如“通过世界杯一鸣惊人”的恩佐·费尔南德斯。这位出生于 2001 年的年轻中场很快就因为夺冠而受益，在 2023 年 1 月即从本菲卡转会至英超豪门切尔西，并且还创造了当时的英超引援纪录：1.068 亿英镑。

以身价论，这就叫一举跃升至超级巨星的档次，但后来我们都知道了，由美国富商伯利领导的英超蓝军买人溢价严重，建队也没有成熟有效的方案，所以恩佐也就成了好事者口中的“笑话”之一，表现远不匹配身价，也无法阻止切尔西陷入混乱——无论是由出身寒门的波特执教，还是让名宿兰帕德带队。如此不得不让人担心，阿根廷足球会被毁掉一根栋梁，如果恩佐无法继续成长，这将是世界冠军的巨大损失。

除去在斯坦福桥受难的恩佐，在英超曼联效力的利桑德罗·马丁内斯和加纳乔也在 2023/2024 赛季开始后经历了不少惨案。其中出生于 2004 年的边锋加纳乔并非卡塔尔世界杯成员，2023 年在北京工体对澳大利亚的友谊赛才上演国家队首秀。他也许代表着阿根廷的未来，但其在俱乐部的成长之路似乎已注定不会平坦。

不过话说回来，有难处的球员虽然不少，作为整体的阿根廷队在世界杯后却也没有经历多少波折。2023 年上半年的两场友谊赛，对手巴拿马和库拉索的实力很弱，阿根廷更像是在放松训练。梅西两场球总共破门 4 次，包括 7 比 0 横扫库拉索时的帽子戏法。而到 6 月中国之行，他们对澳大利亚踢出了一场高强度高水平的热身，2 比 0 完胜，然后又是同样比分击败印尼。

再后来就是世界杯预选赛了，漫长的 4 年周期重新开始转动，上届冠军要从头开始，在总共 18 轮的南美区预选赛中争取拿到直接晋级美加墨世界杯的门票。这项任务看上去并不困难，毕竟 2026 年扩军之后南美将拥有 6 个直通名额，预选赛第 7 还可以参加附加赛，只有 3 队会遭到淘汰，但阿根廷队还是拿出本事来了一番漂亮的再启程：先是凭借梅西的任意球 1 比 0 力挫厄瓜多尔；又在没有梅西的情况下客场 3 比 0 完胜玻利维亚，进球者也包括在俱乐部不顺的恩佐；接下来的两个月，他们又取得 3 胜 1 负的成绩，6 轮战罢雄踞榜首。胜场中，还有客战巴西关键的一球小胜。

这代表了什么？也许什么都没有，但热爱阿根廷足球的人们，已然可以开启又一场对未来的憧憬了。

2023年6月15日，梅西带队走进工人体育场，一场非同一般的友谊赛即将上演。

球王行，中国情

《体坛周报》记者
闫羽

世界杯冠军和中国，仿佛风马牛不相及，尤其是在中国足球发展颇为艰难的今天。但在2023年，世界足球的焦点从卡塔尔挪开的次年，冠军之师阿根廷确曾又一次在神州大地掀起热浪，并且比以往更加猛烈，尽管不再是最巅峰的对决，却因为能够近距离地接触而产生了一种“前所未有”的感觉，2023年6月的“阿根廷中国行”绝对算得上是轰动事件。诚然，它留下的回忆并不完全都是美好的，但你也必须承认，能够在家门口欣赏到梅西和队友们最漂亮的表演之一，仍旧是中国球迷之万幸。

黑暗中的光

如果去翻查当初那些关于中国行的报道、评论，相信你

梅西与阿圭罗在炫耀北京奥运会金牌，2008年他们代表阿根廷夺冠。

不难找到许多带有负面要素的文章。原因倒也简单，总括为一句话大概就是“主办方的能力远远小于球迷的热情”，所以很多事情都显得杂乱、匆忙，不尽如人意。但世界冠军终究是来了，而且与澳大利亚贡献了一场精彩纷呈的对决，结果大体上是好的。

至于过程中的“煎熬”，或许是从一开始就注定了，因为这并不像是一场经过长期谋划准备充分的计划，而更像是一个“天赐良机”，在各种机缘巧合之下恰好没有被浪费。阿根廷队想要找对手热身，顺带借着捧起大力神杯的余威为本国足球牟些利益，这是很早就广为流传的消息，但中国有没有本事把他们请来，那又是另一个问题。

从2022年年末开始，中国足坛刮起了一场猛烈的反腐风暴，多名重要人物先后被查，走入“至暗时刻”的中国足球，着实与站在世界顶端的阿根廷队八竿子打不到一起。但足协不行，国家队也不行，最终还是有“外行”站了出来，在中阿两国建交的第51年促成了这场奇妙的盛会。

回想起来，当时的不愉快“杂音”不可谓不多，从最初质疑“为什么中国队不踢还要请外人来”；到传闻反复变化，球迷嘲笑不过是空想一场；再到阿根廷队真的要来了，各种准备工作又显得杂乱无章，再加上传说中“超高价格”的门票，一时间令舆论惊呼：“这难道不是有人把中国球迷当羊宰？”

然而有些事情，在经过时间的沉淀之后，大概率会让人感到释然。就像票价这回事，并不只有中国才“人傻钱多”。当梅西在2023年7月正式到美职联迈阿密国际报到，该队原本平均只卖30美元出头的球票，瞬间也暴涨了几倍甚至十几倍。这说明了什么？至少有一点可以确定，那就是当世阿根廷球王的魅力着实令人无法抵挡，甘愿付出“超额代价”也要近距离一睹风采。

北京情缘

对于梅西本人而言，中国倒不是一个陌生的国度。早在2004年，还只有17岁的阿根廷人就曾经来到这里。那时梅西只是西甲巴塞罗那队的一名青训球员，未曾在西甲首秀，可谓默默无闻。再后来，越来越著名的梅西又多次以个人身份或者跟随团队来华，到2023年这一回，已然是第8次。

在8次到访之中，不乏极为美好的回忆，其中2008年的北京奥运会之旅，对梅西本人而言也是宝贵的记忆。那一年阿根廷奥运男足一路过关斩将，最终决赛1比0力挫尼日利亚捧杯，梅西和他的小伙伴们又一次品位到了站在“世界

阿澳友谊赛赛前，大批球迷在场外集结造势。

之巅”的感觉。2005年，梅西和阿圭罗等同辈就曾拿下世青赛冠军，而奥运会夺金无疑再度预示了这一批球员的美好前程。

有些可惜的是，2008年的金牌得主，大部分都没有等到2022年的辉煌，除了梅西，只有当年在奥运决赛破门的迪马利亚坚持到了卡塔尔的胜利时刻。而以世界杯冠军的身份来到中国，迪马利亚自然也紧跟着自己的老搭档。两位阿根廷老将算是“有始有终”，在收获国际大赛的至高荣誉之后，又回到了他们梦想的起飞之地。

严格来说，这次“回归”确实不太顺利，少了一些其乐融融的面对面，却多了不少流言蜚语，诸如“梅西因护照问题滞留机场数小时”的说法就一度流传甚广。在这个信息爆炸的短视频时代，“编故事”的成本变低了，但假话之所以传播得更快更广，还是因为阿根廷队来访、梅西又来了这件事本身太过引人瞩目，想借机蹭点热度的人群不计其数。

中国球迷的热情，也高到连跟队的阿根廷记者都发出感叹：“这是我见过最狂热的球迷氛围。”话语中也许略带客气和恭维的成分，毕竟阿根廷人对于足球的爱世人皆知，但中国足球虽然水平不济，球迷的热诚以及对于最美好事物的向往却也是无与伦比。他们期待看到世界冠军，期待再看到梅西，所以不仅仅球场座无虚席，机场、酒店、球队大巴必经之道……每一处球王有可能现身的地方，全都是密密麻麻的人头，几乎挤得水泄不通。

热情太盛，让原本就是生手的主办方愈发乱了阵脚，“计划中”的球迷见面会取消了，不仅梅西没有与球迷面对面，整支阿根廷队也几乎没有在比赛之外的时间出席任何线下活动，唯一例外是门将埃米利亚诺·马丁内斯。大马丁成了全队的“代表”，在一场规模并不算太大的活动中来了一回“真情互动”。这可以算是一个交代，但无疑距离中国球迷的期待差得很远。

不过话说回来，纵然因为策划匆忙、准备不周，为期近一周的阿根廷中国行留下了许多遗憾，作为主角的梅西却始终保持着谦逊而专业的态度。在接受老朋友《体坛周报》的专访时，这位早已将无数荣耀收入囊中的男人显得坦诚而超然。他的回答很直率，没有遮遮掩掩的片汤话，也没有超级巨星的架子。梅西就是梅西，他已经无所不能，但也依然是那个让人感觉很亲切的足球大男孩。

老将新纪录

怀疑与欢呼声混杂，为原本只是一场带有商业性质的友谊赛增添了一笔奇特的色彩。可能有人更想看笑话，毕竟“阿根廷队就是来赚钱的”。另外也有人担心自己的期待得不到满足，所以“合同规定梅西至少踢45分钟”这个说法，一时间也常常被提起。

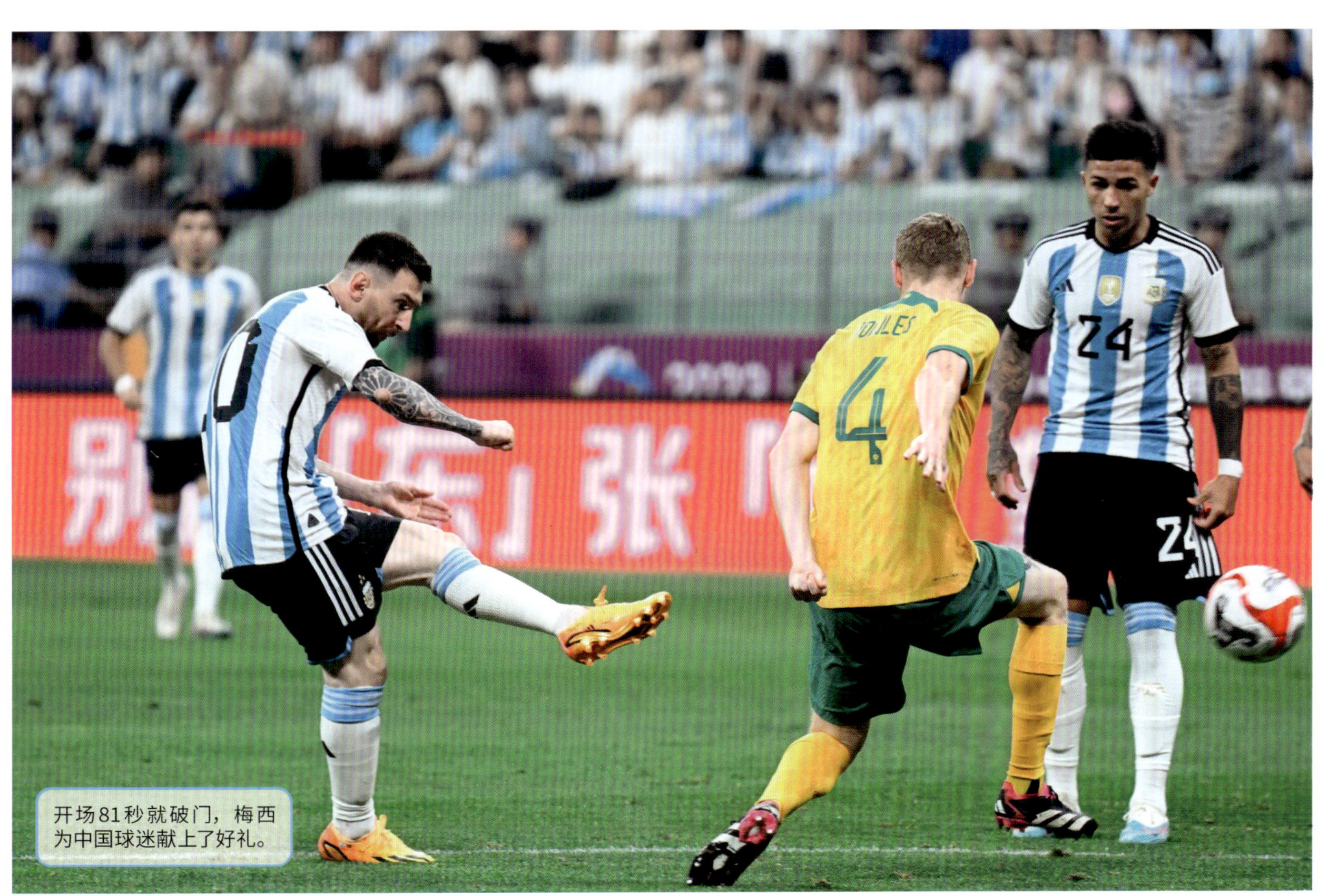

开场81秒就破门，梅西为中国球迷献上了好礼。

↑ 面对强大的梅西，澳大利亚人一直不遗余力在围追堵截。

理论上，这确实是一场可以走走过场的较量，因为 2023 年的夏天并没有诸如世界杯、美洲杯这样的大型赛事，国家队热身也不需要太认真太有针对性。但结果恰恰相反，不夸张地说，来访的阿根廷和澳大利亚踢出了一场完全不亚于世界杯水平的比赛，也是一场可以被“写入历史”的较量。

如果依照“最初的设想”，请阿根廷队来与中国国家队交锋，效果会不会更好？这样的假设我们已经找不到准确答案，但可以肯定是，“替补上位”的袋鼠军团显然完美地扮演了“反派”角色。他们凶猛、顽强，且具备一定实力，正好再度烘托出“主角”的强大。其实在卡塔尔世界杯，两队就有过一次对垒。那是在 1/8 决赛，阿根廷 2 比 1 取胜，澳大利亚人则略微心有不甘。倒不是输得不服气，而是他们最后确实曾努力冲锋，距离把后来的世界冠军拖进加时仿佛差得也不是太远。

当赛场从卡塔尔换到中国北京，已经开始新老更替的袋鼠军团换了不少队员，身体对抗强度却是有增无减。而阿根廷则大体保持着他们夺得世界冠军时的模样，有些新人，但味道一点没变。和那场世界杯淘汰赛一样，首开纪录，将比赛天平倾斜之人还是梅西，只是这一回他更快，并且是“前所未有的快”。开场仅仅 81 秒，阿根廷队前场抢断成功后发起快攻，恩佐·费尔南德斯分球给梅西，后者闪开三四名黄衣球员的封堵，禁区弧顶一记左脚弧线球从人缝中穿过，擦着立柱攻破了对方门将的十指关。

作为当世乃至足球史上最伟大的球员，梅西可谓拥有无数的纪录，而能够在北京工人体育场见证他的一项“个人新高”，也是中国球迷的幸运。这粒妙到毫巅的弧线破门是梅西职业生涯最快的进球，尽管此时他距离自己的 36 岁生日只剩下不到 10 天。虽然早已让整个世界都熟知自己，梅西却仍旧像是一本永远读不完的巨作，总是能让人常看常新。

“友谊”留经典

就这样，一场原本有可能“平平无奇”的友谊赛从纪录开始，迅速踏上了成为经典的路程。绝对主角还是梅西，阿根廷 10 号丝毫没有“亮过相就收工”的感觉，又是妙传队友几乎造出单刀，又是挑射门将只可惜稍稍高出。如果运气能更好一点，世界冠军或许上半场就能把对手打爆，当然，澳大利亚肯定是一个好对手，他们不仅有对梅西的围追堵截，也一度通过简单有效的传中战术造出杀机。在门柱的帮助下，门将马丁内斯才保住了英雄的身份。

力拼半场，好戏做足，接下来就该是走马换将做实验，

↑ 阿澳双方在禁区内展开高空争夺，远处的看台则是一片蓝白色的海洋。

对抗性和观赏性逐步下降，一般来说这就是热身赛的常规套路。但或许因为两队在世界杯有过恩怨，又或者是受到了现场热烈气氛的感染，工体的温度不仅没有降低，还在下半时又贡献了几处绚丽画面。诚然，第 68 分钟打进第 2 球的选手是替补登场的中卫佩泽拉，但为他铺路搭桥的却是梅西和德保罗两位主力先发。其中梅西尽管不是直接助攻者，但他留在场上就足以让人感到欣慰。

另一个巨大的惊喜则出现在第 78 分钟。看比分和时段，像是快到“垃圾时间”，但梅西却有如天神下凡般突然来了一段绿茵探戈——他在 3 名澳大利亚球员的反复围堵拉拽下杀出一条血路，左突右晃并最终成功将球传出。这就是球王级别的表现，世界冠军级别的发挥。而梅西的用力，更将现场球迷的情绪再度推向了最高潮。有人说，这场阿澳之战就像是梅西的个人演唱会，而全场球迷作为他的粉丝，自然是如痴如醉。

如此表演也是中国球迷应得的，毕竟他们拿出了最热忱的心。虽然比赛也有过一段小插曲，“不速之客”的乱入扰乱了现场秩序，也为那个夜晚增添了几分戏剧性，但球迷整体一直都是满怀热情，从在场外急切盼望阿根廷队的抵达，到比赛第 10 分钟“依照巴萨传统”开始呼喊梅西的名字，还有下半时用西班牙语发音高喊“阿根廷”，所做一切都为来访的“探戈军团”营造出了绝佳的比赛氛围。到 90 分钟结束，阿根廷队也一度留在原地向中国球迷谢场。这种场景似乎并不常见于中立场地，但它就这么出现了，说明语言不通、文化不同的中国球迷与阿根廷队已然建立起奇妙的情感联系。

↑ “乱入”球场的球迷遭保安拖离，这一绝对不宜模仿的行为却也给阿澳之战增加了些许别样感觉。

2023年6月，到访中国的梅西接受了《体坛周报》记者的专访。

专访梅西：第八个金球来不来已不重要

《体坛周报》记者
梁宏业

梅西夺得世界杯后，已经成为这个时代成就最高的球员，也被公认为足球史上最好的球员之一。2022 年卡塔尔辉煌之旅后，除了在阿根廷本土，梅西第一次随阿根廷队访问的国家就是中国，这里的球迷一直在等待着梅西。同样，《体坛周报》也在等待着梅西，并且成为本次中国行最早采访梅西的媒体。梅西愉快地出现在我们面前，接受了《体坛周报》和快手的联合专访。

从 2009 年在巴塞罗那代表《体坛周报》第一次采访梅西开始，这是记者第 4 次采访梅西。我们看到了梅西的成长，通过近 20 年的努力，他拿下了包括世界杯在内的所有重要奖杯。这次对话中，梅西回答了是否会继续参加下一届世界杯，以及是否期待第 8 座金球奖等球迷们关心的重要问题。

瓜帅是最佳，我不当教练

《体坛周报》（以下简称“体坛”）：您能谈谈这次来华的感受吗，这已经是梅西第 8 次来到中国了？

梅西：非常荣幸能在这里向所有的中国球迷问好。就像以前一样，一直都是这样，这里的人一直对我们有很多的爱。这么多次来到中国，我们非常感谢球迷们的厚爱，还有所有公众的厚爱。我们非常高兴来到这里。

体坛：到北京后，您有没有看欧冠决赛的直播？怎么看这场曼城夺冠的比赛？

梅西：我看了这场比赛。这是一场典型的欧冠决赛，一场非常难踢的比赛，一场非常势均力敌的比赛，我就像一名球迷一样在享受这场比赛。

体坛：瓜迪奥拉在比赛前说，没有梅西是不可能获得在巴萨的成就的。那么您现在和瓜迪奥拉联系还多吗？怎么评价瓜迪奥拉这次夺得的欧冠奖杯呢？

梅西：我和瓜迪奥拉有很多话说，还保持着频繁的联系。我对他夺得的成就、最近一次拿下欧冠奖杯感到很高兴。他是世界上最好的教练，尽管对我来说，他不用再拿下这次欧冠冠军来证明这一点，但事实更加证明了他是世界最佳教练，这是他配得上的成就。

体坛：您曾说过不打算当教练，但齐达内以前也说过不想当教练，最后却成了一位成功的教练。获得世界杯冠军会改变您的想法吗？

梅西：不，原则上，我一直都说我不想当教练。我们知道未来会发生很多事，但我现在还是保持不会当教练的想法。

体坛：您在家里看电视的时候看球吗？是喜欢和家人们一起看，还是喜欢独自一个人看？

梅西：我喜欢看球，会看很多比赛。总的来说，各种足球比赛，不管是哪支球队，都会看。我喜欢和我的孩子们一起看，他们也很喜欢看比赛，这是享受家庭时光的一种方式。

体坛：本赛季最后几场比赛，巴萨球迷一直在呼唤您的名字。现在看到这样的场面，您有什么感想呢？

梅西：很明显，我看到这样的场景很高兴。我在巴萨效力了很长时间，度过了很多快乐的时光，经历了很多事情，我的孩子们也在那里度过了很长时光。尽管我不在那里还听到他们呼唤我的名字有点奇怪的感觉，但我还是很感谢巴萨的球迷。

瓜迪奥拉和梅西这对师徒，无疑是巴萨球迷的美好回忆。

↑ 梅西在2021年就已经7夺金球奖，采访结束后不到半年时间，梅西已将个人第8座金球奖收入囊中。

第 8 座金球？没那么在乎

体坛：梅西在世界杯前曾表示，不会参加 2026 年世界杯。但夺得世界杯冠军后，想法有没有改变？

梅西：不，事实上我说过一次，我不会参加下届世界杯。这届世界杯是我最后一次世界杯。尽管我们现在还要看会发生什么，但原则上我不会参加下次世界杯。

体坛：您现在是今年金球奖的热门人选，您期待第 8 次金球奖的到来吗？

梅西：到我职业生涯这个时候了，就像我之前一直所说的，团队奖杯永远都比个人奖杯重要，世界杯对我来说是最重要的。在我职业生涯这个阶段，这个个人奖项（第 8 次金球奖）能来当然是好事，但如果来不了也没什么。之前，世界杯是我所缺少的，我现在拿到了。世界杯才是所有奖项中最重要的。

体坛：梅西是否还会经常看这届世界杯自己的比赛？

梅西：我没有看过任何一整场阿根廷队的比赛，我的确看了很多集锦，但一场 90 分钟的完整比赛都没看过。

阿根廷不止有 3 位球王

体坛：斯卡洛尼和您以前的教练相比有什么特别之处吗？

梅西：斯卡洛尼对于我们这个团队里的所有球员来说都很重要，因为他的理念、他的工作方式、他的平易近人，还有他的沟通方式。所有教练都是不同的，但斯卡洛尼对这支球队来说，对我们所有获得的重要成绩来说，都是特殊的。

体坛：世界杯后，斯卡洛尼谈到您的领袖气质时表示，他世界杯前感到焦虑，球队因为伤病等原因状态不佳，但球迷的情绪似乎达到了顶点，斯卡洛尼很怕会让球迷失望。您当时告诉他“我们只管争取夺冠，剩下的都不要管”，您当时是怎么说的，怎么想的？

梅西：就像您说的这样，我当时说，我们要像所有赛事一样去争取夺冠，争取拿出我们的全部，最后比赛结果就是比赛结果。我们要做我们自己，要像夺得美洲杯和美欧杯一样打出自己的东西。我们做好自己的事，然后如果没有完成目标，也没什么，比赛有可能赢也可能不赢，这在足球中都可能出现。但最终什么都没有发生，我们完成了目标，拿下了世界杯冠军。夺得世界杯是最难的。

体坛：世界杯的两个时刻对我们来说是最惊人的，一个是小组赛第二轮您对墨西哥队的进球，让阿根廷队获得了重生，另一个是半决赛对克罗地亚队时，您突破了格瓦迪奥尔的防守并送出助攻，而他是一位被称为新生代最佳中卫的球员。为什么梅西总能在重要比赛重要时刻打出竞争性?

梅西：与墨西哥队的比赛对我们非常重要，因为我们第一场输了。我们首先要冷静，要知道只要战胜墨西哥队，最后一场能否取得小组第一还是取决于我们自己。这是一个非常重要非常困难的时刻，对我们后面的成长起到了很好的作用。对克罗地亚也一样，这是一场特殊的比赛，我们知道只要过了这场比赛，我们就可以又一次打进世界杯决赛，我们要做到精神上和足球上的完美才能进入决赛。这对我们是一个快乐时刻，因为我们打进了决赛。

体坛：1/4 决赛对荷兰队，阿根廷队一度 2 比 0 领先，后来被追到 2 比 2 平。梅西作为队长，是怎么激励全队重新振作的?

梅西：当时被扳平，对任何球队来说都很困难，特别是在世界杯，这就是更艰难的时刻。当你两球领先，局势完全控制在手，却在最后时刻被扳平，然后还要打加时赛……不过，并不需要我做什么，因为当时球队精神上很强大，全队很团结。这场比赛也展示出，我们是一支在一起战斗了很久的球队，所以我们克服了这个困难，就像什么事都没有发生过一样。

↑ 2023年3月阿根廷主场对巴拿马，阿根廷球迷挥舞印有两代球王的旗帜。

体坛：阿根廷出产了三位球王——迪斯蒂法诺、马拉多纳和梅西——几乎每 30 年就能出现一位球王。阿根廷有什么魔力能出产这样的球王?

梅西：阿根廷一直都可以出产高水平球员，不只是每 30 年才出一个，而是一直在产出，过去是，现在也是。现在也有很多高天赋、高水平、前途光明的青年球员涌现。原因在于我们阿根廷人对于足球的热情，也在于体育对我们意味着

2023年6月工体一战，中国球迷坚定站在梅西一边。

↑ 2023年7月，初到美国的梅西就送上了任意球绝杀。

什么、足球对我们意味着什么。足球一直都是阿根廷人最热爱的。

任意球秘诀？天天练

体坛：您是任意球效率最高的球员之一，您有什么秘密？还是勤于练习？是不是罗纳尔迪尼奥和马拉多纳给您带来了灵感？

梅西：就像所有人一样，训练会让你变得更好，你每天多练一点任意球，就可以一直变好，我从很久之前就开始保持练习。是的，我和小罗在一起分享了很多东西，马拉多纳在当教练时也给了我一些帮助。但最重要的是，你要一直训练，一直学习，然后就会变得更好。

体坛：在您的队友中，谁给您的传球最舒服？

梅西：太多了，我很有幸能在巴萨效力很长时间，和很多顶级球员一起踢球。就像小罗、德科、埃托奥、苏亚雷斯、哈维、伊涅斯塔、布斯克茨，我有幸能和最好的球员们一起踢球，和他们一起享受比赛。说到这里，因为人太多，我差点把内马尔给忘了，肯定还有很多名字我没提到，我很荣幸能和一群最好的球员一起踢球。

体坛：您给谁的传球最舒服？您可以提一些名字吗？

梅西：和上个问题一样，也有太多人了。我有幸能和那些最好的球员一起踢球，和最好的前锋一起踢球。像内马尔、埃托奥、苏亚雷斯、伊布和比利亚，还有很多。我和所有前锋都踢得很舒服，和他们一起踢球很简单。

体坛：哪些后卫是让您最痛苦的？

梅西：我不知道，太多人了。我踢了差不多20年，一直在面对很多伟大的后卫、伟大的球队，我一直在踢最高水平的比赛，面对世界上最好的球队和球员，他们都是很重要的后卫。

体坛：您长期保持着高水平的职业生涯，对下一代球员您有何建议？

梅西：谈不上建议。一个人最重要的事，就是享受自己爱做的事情。我们都在做我们喜爱的事情，那就是踢足球。从我的年龄来看，职业生涯飞逝，重要的是享受职业生涯的每一个时刻，因为一切都过得很快，当我们再想回到过去的时候，你发现回不去了。所以，要享受你的职业生涯。

2023年6月，接受《体坛周报》采访的梅西展示他多年前受访时留下的照片。

梅西领取个人第8座金球奖杯后，参加颁奖典礼的众人起立鼓掌，向梅西致敬。

金色盛典，永恒的“8”

《体坛周报》特约记者
吴昊宇

巴黎的夜空下，梅西实现了“八星连珠”的成就，这个夜晚的夏特莱剧院，全世界的目光再一次聚集在梅西身上。2022 年梅西甚至没有进入金球奖 30 人初选名单，卡塔尔世界杯上率领阿根廷队夺冠的完美表现，帮助梅西再度捧回这个他已经无比熟悉的奖杯。

世界杯夺冠，无疑是梅西本次加冕的最重要砝码。作为阿根廷队的队长和绝对核心，梅西在 7 场世界杯比赛中攻入 7 球贡献 3 次助攻，职业生涯就此圆满。世界杯淘汰赛阶段，梅西的表现尤其完美，半决赛他贡献传射，决赛梅开二度并在点球大战出场命中。俱乐部层面，梅西在 2022/2023 赛季收获法甲冠军，整个赛季贡献 21 球和 20 助攻，获得法甲助攻王。

老板贝克汉姆“送助攻”

这一夜，巴黎星光熠熠，梅西再度携妻子安东内拉和三个儿子踏上夏特莱剧院的红毯。压轴大戏在颁奖典礼的最后时刻上演，在主持人德罗巴念出颁奖嘉宾贝克汉姆的名字时，答案似乎已经提前揭晓——作为迈阿密国际股东的贝克汉姆，如今算是梅西的俱乐部“上司”，由他给梅西的荣耀时刻送上“助攻”，是再好不过的安排。

在对刚去世不久的查尔顿爵士进行了简短缅怀之后，贝克汉姆讲出了最激动人心的一句发言：“2023 年男足金球奖得主，利昂内尔·梅西。”梅西稍稍整理了一下西装，缓缓走上这个已经无比熟悉的领奖台。台下所有来宾一同鼓掌，并在随后纷纷起立致敬，为梅西送上由衷的祝贺。

在绵延的掌声中，梅西走向话筒前，轻轻放下金球，发表了自己的获奖感言："感谢所有人，尤其是我的队友们，感谢所有投票给我的人，这座金球奖对于整个阿根廷队而言是一份很伟大的礼物。这座金球奖来自阿根廷队所获得的成就，这是送给阿根廷全队和整个教练组的一份礼物。今天我的队友们也来到了这里，有劳塔罗、胡利安（阿尔瓦雷斯）还有迪布（埃米利亚诺·马丁内斯）。"

在主持人德罗巴的邀请下，梅西的三个儿子上台共同庆祝。二儿子马特奥从梅西手中接过金球，梅西笑容洋溢，这样的一幕，为颁奖典礼增添了更多温情。

"我也不会忘记哈兰德和基利安（姆巴佩），他们度过了伟大的一年，令人惊叹，未来几年内他们也会赢得这个奖杯。哈兰德同样配得上获得这个奖项，他赢得了英超冠军和欧冠冠军。今年我们看到了很多年轻球员的出色表现，我们也将继续享受足球带来的乐趣。"梅西也称赞了曼城众将在上赛季的精彩发挥，"所有的奖项都非常特别，但我总是强调团队的重要性，曼城上赛季收获了伟大的成就。"

梅西还对马拉多纳进行了缅怀："最后，我想提一下迭戈，今天是他的生日，我认为没有什么地方比这里更适合祝他生日快乐了，因为他热爱足球。迭戈生日快乐，这座奖杯也是献给你的。"

之后，现场播放了向梅西致敬的一段视频，这段视频回顾了梅西夺得8座金球历程当中的高光时刻，以及他在国家队经历过的挫折与荣耀。视频结尾，8位足坛人士对梅西的8句评语交错排列，每句话中的一个字母，在纵向汇成一个词语：无限。象征着梅西夺得金球奖次数的阿拉伯数字"8"，也在此时被横置，成为无限符号。

主持人德罗巴希望在此时引导梅西继续发言，但他只喊出了一声"利昂内尔"，便被现场热烈的掌声打断。德罗巴随后说道："利昂内尔，8座金球，就像是无限一样。你是否意识到，你正在创造历史，你是否真的意识到，你取得了怎样的成就？"

梅西答道："就像我此前多次说过的一样，我从未想过在职业生涯中能够有如此多的收获，感谢上帝，我实现了所有的目标。在足坛取得如此多的成就，其实很不容易，我非常幸运，我身处世界上最好的球队和历史上最优秀的球队，所以我才能够赢得如此多的个人奖项。我经历过很糟糕的时光，尤其是在国家队，但我从来没有放弃努力，一直希望争取赢得美洲杯和世界杯，我没有放弃，所以我感到自豪。"

迈阿密国际股东贝克汉姆担任颁奖嘉宾，为梅西送上金球。

"关于世界杯，我对此确实感到惊喜，因为人们都非常希望我拿到这个冠军，这种感觉奇异而又美好。其实对于参加典礼领取奖项这件事情，我仍然不太习惯，但我也已经逐渐放松。我第一次赢得金球是在2009年，已经过去很久了，如今我又拿到了一座，现在我感觉更放松、更平静。我不知道我的职业生涯还剩多少时间，但在经历了这样的职业生涯之后，接下来我要继续去享受。我一直在享受足球，从很小的时候就热爱足球，也一直在从事着自己热爱的事业，接下来我会用不同的方式去享受这一切。"

此外梅西也表示，他非常高兴能够加盟迈阿密国际，在这里他能够和

梅西手捧金球，与参加颁奖典礼的国家队队友埃米利亚诺 · 马丁内斯、劳塔罗 · 马丁内斯、胡利安 · 阿尔瓦雷斯合影。埃米利亚诺 · 马丁内斯获得了雅辛奖。

家人度过更多时光，他也对贝克汉姆促成他加盟迈阿密国际表示了感谢。梅西本次获得金球奖，也创下了一项历史，他成为历史上第一位以美职足球员身份收获金球奖的球员。

主持人德罗巴邀请梅西的孩子们上台，他们一同走上来与父亲拥抱，台下的安东内拉继续为丈夫送上掌声。对于梅西一家人而言，这是一个无比美好的时刻。2023 年夏天，梅西面对众多邀约，最终选择了迈阿密国际，这一选择更多是为家人考虑。有家人陪伴在身旁，梅西的荣耀时刻也更加美满。

随后梅西被问起还会在赛场上停留多久，对此梅西表示："我也不知道，最近我经常被问起这件事，我希望继续享受足球，只要身体条件允许，我还会继续踢下去，像之前一样继续比赛。我不知道还有多久，在足球世界中，总会有很多变数，但我希望我还可以踢很久。"

之后，梅西微笑着出现在夏特莱剧院的新闻发布厅："能够在家乡人民面前展示金球奖是非常美好的事情，对我来说，这个奖项是颁发给整个阿根廷队和所有在世界杯上收获成就的队友们的。"梅西也承认，自己仍然关注着巴萨，"我会一如既往地关注巴萨，因为这是我热爱的俱乐部，也是我生命中意义非凡的俱乐部，我认为现在的巴萨可以在欧冠和西甲联赛中为冠军而竞争。虽然上周巴萨输掉了国家德比，但这支球队能够以更强的姿态归来。"梅西在谈到巴黎时则表示："我在这里居住了两年时间，这里有很多美好的回忆，来到法国总归是很好的。我很喜欢巴黎这座城市，我的孩子们也很喜欢这里。"

来自对手的称赞

在评选结果揭晓之前，多家欧洲媒体就已报道称，梅西将成为 2023 年金球奖得主。这一晚出席颁奖盛典的各位候选人和嘉宾，纷纷为梅西送上祝贺。阿根廷国门埃米利亚诺·马丁内斯在现场接受采访时表示："没有任何球员能够达到梅西在职业生涯中的成就，金球奖就应该颁发给世界上最好的球员，梅西应该获奖25次，我要向与他同时代的人说声抱歉。"胡利安 · 阿尔瓦雷斯表示："我同意瓜迪奥拉说的，他们应该给梅西颁发一个金球奖，再给其他人一个，梅西作为最佳球员赢得了世界杯，他配得上赢得金球奖。"

那不勒斯前锋克瓦拉茨赫利亚表示："梅西应该赢得金球奖，他赢得了世界杯，我无法用语言形容他的发挥。"而作为梅西世界杯精彩表现的"受害者"，法国队主帅德尚表示："梅西带领阿根廷队赢得了世界杯冠军，金球奖是他应得的荣誉，虽然这对于法国队而言是不幸的。”收获科帕奖的贝林厄姆在发表获奖感言时也表示：“梅西在世界杯上的表现非常出色，他应该赢得金球奖。”

一切尘埃落定后，金球奖官方社交账号发布了以“M8SSI”为主题的动态，横置的阿拉伯数字“8”，象征梅西在金球奖评选中的永恒成就。梅西效力过的三家俱乐部官方社媒账号，均发布了祝贺梅西收获金球奖的动态。巴萨官方社媒账号写道：“The Goat（Greatest Of All Time，历史最佳）再次做到了这一切。”巴黎官方社媒账号公布了梅西、姆巴佩和穆阿尼的金球奖排名，为三人共同送上祝贺。梅西如今效力的迈阿密国际，则直接将社媒头像更换成梅西金球奖主题，队徽边框被更换成金色，中间的白鹭被换成了山羊（寓意 Goat），同时也标注了梅西的名字。梅西在职业生涯不同阶段的前队友和好友，也纷纷祝贺他再度收获金球。

在颁奖过后的混采区采访中，梅西被问到参加 2026 年世界杯的相关话题。“我不考虑长远的未来，我只想享受当下的生活，目前我们在期待明年的美洲杯。”梅西的辉煌生涯仍未停下，他将在足坛舞台上继续书写自己的传奇故事。

↑ 金球奖官方社媒也发布了“M8SSI”的主题动态，其中横置的“8”成为无限符号。

MESSI IS INFINITY

↑ 无限，是此次颁奖典礼的主题。在播放完致敬梅西的短片后，大屏幕一直显示着“梅西即无限”的字样。

《冠军阿根廷：2022年世界杯夺冠典藏》编辑委员会名单

总 编 辑： 骆明

总 经 理： 李绍龙

总 策 划： 彭雷

执行编辑： 郭磊/曹知远/黄荣基/李静宜/王峥/闫羽

版式设计： 刘宏智